从零开始学
筹码分布

短线操盘、盘口分析与A股买卖点实战

第 2 版

杨金◎著

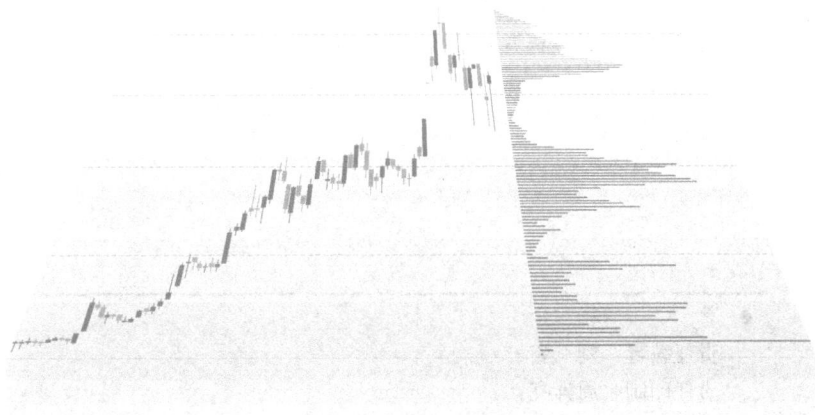

人民邮电出版社

北 京

图书在版编目（CIP）数据

从零开始学筹码分布：短线操盘、盘口分析与A股买卖点实战 / 杨金著. -- 2版. -- 北京：人民邮电出版社，2020.10
ISBN 978-7-115-54491-9

Ⅰ. ①从… Ⅱ. ①杨… Ⅲ. ①股票投资－基本知识 Ⅳ. ①F830.91

中国版本图书馆CIP数据核字(2020)第130529号

内 容 提 要

筹码交易技术是股市博弈中的重要技术手段。为帮助读者快速、系统地掌握这门技术，本书从技术视角、全局视角、基础筹码形态与含义、趋势、主力动向、量价、筹码形态综合实战、黑马股筹码形态等多个角度对筹码交易技术进行了全方位、系统性的讲解。筹码交易技术看似简单，但还是需要投资者对其进行系统和深入的学习，要知道同样的筹码形态可能蕴含着不同的信息。本书的任务就是揭示筹码形态的本质，力图将筹码交易技术运用于复杂的股市实战中，以帮助投资者打开获利之门。

本书以实战讲解为核心，内容由浅入深，既为投资者入门做好了铺垫，也对多变的股市实战进行了深层次的阐述，是一本可帮助投资者从入门到进阶的实用性操作手册。

- ◆ 著　　　杨　金
　　责任编辑　刘　姿
　　责任印制　周昇亮
- ◆ 人民邮电出版社出版发行　　北京市丰台区成寿寺路 11 号
　　邮编　100164　电子邮件　315@ptpress.com.cn
　　网址　https://www.ptpress.com.cn
　　涿州市般润文化传播有限公司印刷
- ◆ 开本：700×1000　1/16
　　印张：15　　　　　　　　　　　2020 年 10 月第 2 版
　　字数：245 千字　　　　　　　2025 年 9 月河北第 21 次印刷

定价：59.80 元

读者服务热线：(010)81055296　印装质量热线：(010)81055316
反盗版热线：(010)81055315

在"博弈"中胜出的筹码交易技术

股票市场中既存在着机会，也蕴藏着风险。从中长线的角度来看，过分追逐绩优股、大盘股，就如同跟随大盘指数，并不是明智之举，因为从 2007 年的 6 124 点到 2020 年的 2 685 点，A 股市场并没有步入稳定的慢牛格局。在这期间，股市的大起大落、众多个股的翻倍式上涨，都让我们体会到股市仍旧魅力十足，但我们的交易方式却需要改变。

传统的 K 线理论、量价理论，在用于分析大起大落、热点转换频繁的 A 股市场时，往往显得"势单力薄"，所以我们需要一种更好的技术分析手段。我们知道，股市有两种本质上的特性：一种是融资性，这主要体现在一级市场中；另一种是二级市场的交易性，这主要体现在买卖双方的博弈中。

博弈是股市最重要的特性，也是我们参与股市前最需要了解的内容。股票市场中的多空博弈在一刻不停地进行着。当多方力量占据优势后，即使个股业绩平平、净资产较低，其股价也可以翻倍上涨，且该个股也可能成为黑马股；而那些业绩喜人、净资产颇高的大盘蓝筹股，由于多方力量薄弱、市场认可度不高，连年都没有好的表现。只关注基本面而不重视盘面的投资方法，正是忽视了股市交易的核心——博弈，投资者即使怀有美好的愿望，也往往难以获利甚至不断亏损。

股票市场的走势存在"二八格局"，即少部分股票表现强势，大部分股票则跟随大盘，表现不佳；对于投资者来说，同样也存在着这种"二八格局"，即少部分人获利，大部分人亏损。投资者中存在着"主力"与"散户"，其中主力在信息、专业性等方面的能力较强。很多散户没有理解股市的博弈特性，且不懂得运用适当的博弈工具，自然是亏多赚少。

什么是博弈？简单来说，就是买卖双方在心态、判断、操作上的交锋。一只股票在多方博弈胜出后就会上涨，反之则会下跌。部分投资者由于对盘面的理解仅仅停留在日 K 线形态及量能上，因而常常成为博弈中的输家。但是，若投资者掌握了有力的工具，则情况将发生改变。这些技术性的分析工具就是近年来逐渐被市场接受的、越来越受关注的"筹码交易技术"。

在股市中，多、空双方互为对手。若某种工具的熟知度越高、使用频率越高，则它的可靠度就越低，即使用频率与可靠度成反比。当这种工具被超过 50% 的投资者使用后，它的可靠度也将至多有 50%。筹码交易技术则不同，虽然近年来较受重视，但它只被极少部分投资者掌握及使用，不高的使用频率使它的效果更为突出，而且筹码交易技术是一种相对完善的技术工具，既有理论支撑，又有实践经验支撑。在实盘交易中，若能将筹码交易技术与量价、主力分析等内容相结合，将会使投资者得到更为准确的主力参与信息，进而提高获利的概率。

筹码分布可以反映主力参与的情况、多空交锋情况、市场成本变化趋势等，可以帮助投资者理解股价运行轨迹，预测个股的发展方向。在捕获黑马股的实战中，它也是一种利器，当大多数投资者还不是十分了解这种技术工具时，能提前掌握并运用它的人无疑将占有先机。

筹码分布分析法属于技术分析法，它是一个相对冷门而又十分有效的技术分支。如前所述，在股市中有一个定律，即"一种分析方法被越多的人使用，它的效用就越弱"，这是因为股市是一个博弈的场所，而能够胜出的往往是少数人。因此，若某种分析方法被大多数投资者熟知和使用，那么它未必是最有效的方法。从这种观点来看，筹码分布分析法便是值得我们付出精力来学习和使用的分析方法。

第1章　技术视角下的筹码分布

第2章 全局视角下的筹码分布

第 3 章　基础筹码形态与含义

第 4 章　筹码实战中的趋势攻略

第 5 章
筹码分布与主力动向

第6章 "量在价先"技巧解读

第 7 章　筹码形态综合实战

第 8 章　黑马股抄底逃顶筹码实战

第1章

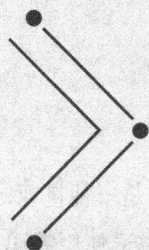

技术视角下的筹码分布

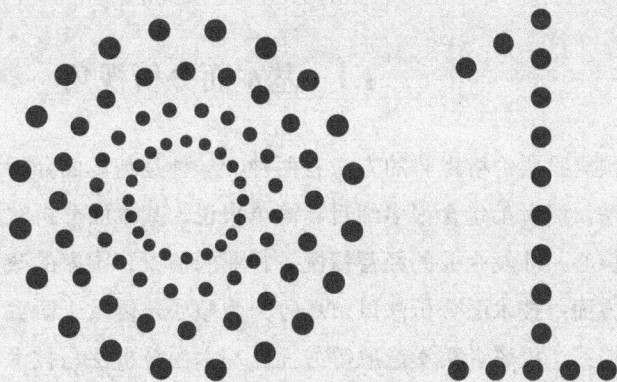

筹码分布也叫流通股票持仓成本分布，它属于技术分析的范畴，是一种直观、立体、操作性强、针对性突出的技术工具。从博弈的角度来看，由于使用筹码分布这种工具的投资者相对较少，因而它的有效性及准确率都相对较高。在本章中，我们会从零开始介绍筹码分布的基本概念，并结合技术分析理念及博弈思想，快速切入筹码分布这个领域。

1.1　基本面分析视角

预测股票价格走势的方法有两种，一种是基本面分析法，另一种是技术面分析法，两者都包含很多细目。简单来说，基本面分析法以企业价值和发展前景为核心，涉及企业的经营情况、行业的前景、国家的政策导向、宏观经济情况等方面；技术面分析法以市场行为为核心，侧重于研究多空力量对比格局、市场情绪、投资者买卖意愿等方面。基本面分析法与技术面分析法相辅相成，虽然我们以技术面分析为主导，但对基本面分析也应有所了解。

1.1.1　基本面分析法的构成

基本面分析法也被称为基本分析法，是指对宏观经济、行业前景、企业价值等决定股票内在价值的基本因素进行分析，并以此来判断股票的价值、衡量股价高低的分析方法。其中，企业价值是基本面分析法的核心要素。

一般来说，进行基本面分析时，要关注经济周期、经济指标、行业前景、企业价值等因素。

1. 经济周期

经济周期是指在经济发展过程中，经济活动扩张和经济活动收缩交替出现的过程。一个完整的经济周期可以分为 2 个阶段，即扩张阶段、收缩阶段，或细分为 4 个阶段，即复苏、繁荣、衰退、萧条。经济周期如同潮起潮落，是一种自然规律，且不以人的意志为转移。

经济周期的表现形态常常是：经济过热之后，往往会快速转冷；经济长期低迷之后，就会迎来回升。但是，经济周期各阶段的持续时间和强度往往不好判断，因此，人们常常只能事后总结、归纳经济周期的特点，这也使得对经济周期的研究长期停留于理论层面。

2. 经济指标

经济指标是指反映一定的社会经济情况的数值，它将经济情况以数字的形式表现出来。不同的经济情况可以通过不同的经济指标来反映。简单来说，经济指标反映了宏观经济的运行情况，是我们用来把握经济运行情况的重要因素。

经济指标很多，一般来说，以下 4 个指标较为常用：国内生产总值（Gross Domestic Product，GDP）、居民消费价格指数（Consumer Price Index，CPI）、银行利率（interest rate）、存款准备金率（deposit reserve rate）。

GDP 反映了市场价值总量，GDP 增速较高（高于 7%）是经济发展加速的标志，GDP 增速较低（低于 4%）是经济发展放缓的标志。一般来说，GDP 不会出现负值，这是因为经济总量的不断扩大是一种客观规律，除非出现战争、灾害等破坏性因素。除此之外，GDP 的增长也是牛市出现的前提条件。例如，2003 年至 2007 年，我国的 GDP 年均增速持续高于 10%，这是经济高速增长的信号，也正是在此背景下，2006 年至 2007 年出现了大牛市行情。

CPI 是物价变动指标，可以反映通货膨胀的情况。当 CPI>3% 时，表明已发生通货膨胀；当 CPI>5% 时，表明通货膨胀较严重。经济学专家认为 CPI 为 1%~3% 时有利于经济发展。CPI 过小，说明市场的购买力较低，这是通货紧缩的表现，不利于企业发展，也不利于经济发展；CPI 过大，则会造成经济发展的不稳定。

银行利率也被称为利息率，是指一定时期内利息量与本金的比率，通常用百分比来表示。

存款准备金是指各金融机构为保证客户提取存款和资金清算的需要而准备的存放于中央银行的存款。中央银行要求的存款准备金占其存款总额的比例就是存款准备金率。股市是资金驱动型市场，当利率升高、存款准备金率上调时，就会有更多的钱流入银行、流出股市；而当利率下降、存款准备金率下调时，股市的资金面就会更宽。因此，依据利率及存款准备金率的变化趋势，我们可以大致明确股市的中长期发展方向。

3. 行业前景

在相同的经济环境下，经济发展的阶段不同、政策导向不同，会使得不同的行业有着不同的前景。有的行业刚刚兴起，有的行业正在飞速发展，而有的行业却因产能过剩而处于落后或淘汰阶段。

例如，前些年比较侧重于基础工业（如钢铁、煤炭、有色金属等）的发展；而现在基于环保及生产能力的提高，更侧重于高新技术、新能源、生物医药等技术含量相对较高的前沿产业的发展。

在一定时期，国家会重点扶持一些行业，这些行业中的上市公司无论是在税收政策方面还是在国家的贷款政策方面，都会受益良多，而且这些行业的市场前景也是极为广阔的。

4. 企业价值

企业价值是一个综合性的概念，它由多种因素决定，既包括企业所处的行业、企业规模及竞争力，也包括管理层人员结构、企业的发展方向、目标愿景等。

在关注企业的基本面情况时，我们可以从3个方面着手。一是看企业在同行业内的竞争力及规模，一般而言，规模适当、有核心竞争力的企业的价值更为突出；二是看企业的发展方向，好的发展方向是保证企业快速成长的重要前提；三是看企业是否拥有独特的资源，这种资源既可以是技术方面的，也可以是独特的天然资源。

1.1.2　应关注的基本面信息

即使进行了技术面分析，个股的基本面也是需要考虑的要素。在实战操作中，从控制风险的角度来讲，参与那些基本面相对较好的价值型、成长型股票，远远好于参与那些只有题材、概念，业绩却一塌糊涂的股票。一般来说，对于个股的基本面情况，我们可以从以下几个方面进行了解。

1. 资产、收益情况

在股票行情软件中，按【F10】键可以查看个股的基本资料，可以看到诸如每股净资产、每股收益等财务指标，它们是用来衡量个股资产、收益情况的具体数值。

净资产也被称为股东权益。净资产＝资产－负债；每股净资产＝净资产÷总股数。若净资产过低（例如不到 1 元，甚至为负值），一般来说，这种股票的实际价值很低，在大盘向下调整的波段较大时，其跌幅往往更大。

在收益情况中，要注意上一年度的收益，若企业连续两年亏损，其股票就会被特别处理，股票名字前也会被加上"ST"，这无疑是较明确的利空。因此，如果企业上一年度亏损，而本年度盈亏情况又难以预测，那么在参与这样的个股时，就应格外注意了。

2. 估值

企业再好也应对其进行合理的估值，如果股价中短线涨幅过大，"透支"了企业未来几年内的成长空间，则会认为对企业的估值过高，也就是我们所说的股价有"泡沫"。若要了解估值市况，可以通过市盈率、市净率来分析。

市盈率也称"本益比"，是某种股票每股市价与每股盈利之间的比率。市盈率是最常用来评估股价水平是否合理的指标之一，且通常用来比较不同价格的股票是否被高估或低估。进行比较时，既要横向比较（与同行业的其他企业进行比较），也要纵向比较（查看个股不同时期的估值状态），这样才能得到相对可靠的估值，当然这也要结合企业的成长情况来分析。

市净率指的是每股股价与每股净资产之间的比率，比值越低意味着风险越低。好的企业应该是净资产稳定增长，且市净率保持在合理范围之内。市净率的高与低，同样也要通过横向、纵向这两种方式来进行比较。

3. 每股经营现金流

每股经营现金流是指用企业经营活动的现金流入（收到的钱）减去经营活动的现金流出（花出的钱）所得到的数值除以总股本后的最终数值，即经营活动产生的每股现金流量净额。每股经营现金流是最具实质性的财务指标之一。企业现金流强劲在很大程度上表明其主营业务收入回款力度较大，产品竞争力强，企业信用度高，经营发展前景较好。在正常情况下，如果每股经营现金流为负，则比较令人担心。但是，也要分行业、分企业来看待，应该大体了解该企业为何出现这种情况。例如，在房地产行业，一些企业的每股经营现金流就是负数，其原因往往是企业需要用卖房收回来的现金继续去买地，而且仅靠经营发展得来的现金还不够，必须抓住机会进行融资，从而占据一定的市场份额，于是便出现了每股经营现金流为负的情况。

1.1.3 基本面分析法案例导读

基本面分析法遵循着经济学的基本原理——价格围绕价值上下波动，即可通过分析上市公司的内在价值或潜在价值来预测股票价格的中长期走向。在股票市场中，广为人知的"价值投资""买成长股"等方法其实都属于基本面分析法，只是两者的侧重点有所不同。

"价值投资"侧重于关注"股价"与"公司价值"之间的关系，当股价明显低于公司的价值时，是买入时机；反之，则是卖出时机。"买成长股"则着眼于公司的发展动力，这不仅要求投资者要关注公司当前的情况，还要准确预测公司未来的发展情况。下面我们结合案例来进行说明。

图1-1是深圳机场2011年6月至2020年2月的走势图。如图中标注所示，股价在低位徘徊，且低于净资产。作为盈利稳定的防守型股票，这显然是股市低迷所造成的股价被低估的情况。

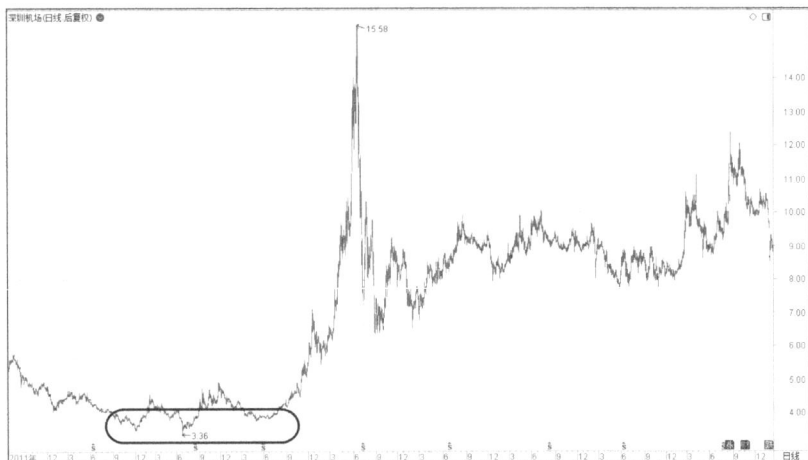

图1-1 深圳机场2011年6月至2020年2月的走势图

根据价值投资的理念——在低估时买入，可知当时显然是买入布局的时机，但布局的时间可能相对较长。因为在个股成长性不高的情况下，只有等股市回暖后，市场才会给它一个更为合理的估值。

图 1-2 是贵州茅台 2001 年 8 月至 2020 年 2 月的走势图。在 10 多年的股市运行中，虽然大盘涨涨落落，指数也没有稳步上涨，但该股由于具有极高的成长性，股价上涨几十倍，这就是基本面分析法中的"成长股"。

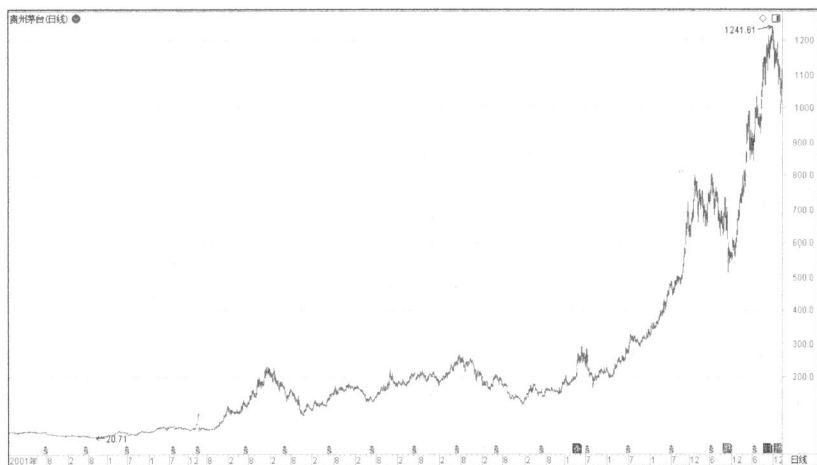

图 1-2　贵州茅台 2001 年 8 月至 2020 年 2 月的走势图

值得注意的是，此类高成长性股票凤毛麟角，若想准确地买入此类股，则需要投资者敏锐地把握企业的发展情况。股市的魅力最大程度地体现在此类股上，但我们事先是极难把握的。换句话说，一旦选错了股票，又不愿放弃，那么我们将错失很多其他机会，而选中高成长性股票的概率又是极低的。

1.2　技术面分析视角

基本面分析法关注企业的"当前价值"与"潜在价值"，其中"潜在价值"最为重要。由于影响企业发展的不确定性因素太多，而且长期持股的方式也可能使投资者错失更好的机会，因而就实用性而言，对于广大投资者来说，基本面分析法更适宜作为辅助工具，主导工具还应选择技术面分析法。

技术面分析法从市场交投行为本身着手，通过价格走势、成交量变化、技术指标、趋势运行方式、主力参与过程等方面来分析、预测价格的后期走势。由于技术面分析法侧重于市场行为，因而用它来预测价格的中短线走势将更为准确，而这种方法也更适合投资者使用。

1.2.1　技术面分析法的3个命题

同基本面分析法所依据的"价格围绕价值上下波动"原理一样，技术面分析法也有着坚实的基础。所谓基础就是3个真命题。以这3个命题为基础，技术分析大厦可稳稳挺立。这3个命题分别是"市场行为涵盖一切""价格依趋势运行""历史往往会重演"。

1. 市场行为涵盖一切

它是指所有影响价格走势的因素都将通过实际的交投数据（包括价格、成交量等）反映出来，因而我们只需要研究这些已经出现的交投数据即可。

其实，在股票市场中，情况也恰恰如此。重大事件、金融政策、自然灾害、投资者对未来的预期等因素都会在被市场认知后，进一步通过价格运行体现出来。而且，由于影响价格运行的因素太多，我们无法一一顾及，所以以将目光转向"市场行为"无疑是较好的方法。市场会给出对于这些因素最正确的解读，所以我们更需要倾听市场的声音，而不是陷入主观的猜测之中。

2. 价格依趋势运行

趋势是股票市场运行的客观规律，更是人们对客观事物的抽象总结。如果不了解趋势，我们对技术分析的理解也就只能停留在表面。趋势是指价格中长期的整体运行方向，依据运行方向的不同，一般可将趋势分为上升趋势、横盘震荡趋势、下跌趋势。这个命题告诉我们，要以更大的视角来审视股市，价格不是随机波动的，它是有趋势的。回顾股市的历史运行情况，我们会发现事实的确如此。

3. 历史往往会重演

"历史往往会重演"，是指相似的盘面形态往往会演绎出相似的后期价格走势。这一命题是有充分的依据的。研究表明，价格走势、成交量等盘面形态可以很好地反映投资者的心理倾向、做多或做空的预期，因此，盘面形态虽只是一种表象，但它所反映的信息却决定着后期的价格走势。

1.2.2　技术面分析法的类别

技术面分析法的类别较多，它们的侧重点虽有所不同，但它们所依据的都是市场行为，都是一种由"果"（市场行为）及"因"（多空双方的情况），进而再预测未来走势的方法。我们简单介绍几种常见的技术面分析法，以帮助投资者深入理解技术面分析法。

1. 形态分析法

形态分析法也被称为 K 线分析法，K 线蕴含了丰富的市场信息，K 线形态可以直观、形象地反映出多空力量的转变情况。无论是单根 K 线形态，还是多根 K 线的组合形态，只要我们善于挖掘，就能从中更好地把握多空力量对比格局的转变。

2. 量价分析法

成交量是一种重要的盘面数据，在价格走势的基础之上，它可以很好地反映股市及个股的动力情况。道氏理论认为，成交量可以有效地验证趋势的运行情况。实际情况也确实如此，在趋势运行的典型位置处（如底部区、上升途中、顶部区等），我们常常可以看到一些固定的量价配合关系。例如，上升途中出现的"量价齐升"、顶部区出现的"缩量滞涨"、底部区出现的"放量企稳"等，都是我们用来确定趋势运行情况的可靠信号。

量价分析法就是在结合 K 线形态的基础上，关注成交量的变化情况，以进一步了解市场真实的交投情况，因而从效果上来看，它的预测也更为准确。

3. 主力分析法

主力是一个笼统的称呼，它包括多种类型。一般来说，我们可以依据资金性质及参与时间这两个因素来对其进行分类。依据资金性质的不同，主力可以分为基金、券商、投资机构、合格的境外机构投资者（Qualified Foreign Institutional Investor，简称 QFII）、大股东、民间资本等；依据参与时间的长短，主力可以分为中长线主力、短线主力。

主力分析法就是结合股票市场及个股的运行特征，发现主力的存在、分析主力的类型、研究主力的行为，进而选择好的时机进行买卖。例如，主力建仓之后，是我们买股布局的时机；主力参与拉升时，是短线投资者快速出击的时机；主力无意拉升、陆续派出筹码时，投资者也应选择离场。

相对来说，主力分析法的综合性较强，我们既要懂得形态、量价等基本的技术面分析法，也要结合消息面、基本面、题材来进行分析，只有这样，才能更好地分析主力的类型，把握主力当前的行为。

4. 指标分析法

股价在波动过程中会产生很多有用的交易信息，比如每天都会有开盘价、收盘价、最高价、最低价这4个价位的信息以及成交量大小的信息。指标分析法就是依据某一原理来建立一个数学模型，这个模型以基本交易数据为输入值，其输出值是体现市场情况的数值。

可以说，在使用指标分析法时，我们是从定量的角度出发去分析市场某些方面的特征的，将所得到的每个指标数值连成线，就会得到指标线。指标线的用处在于指示当前价格的运行方向，以及对价格是否到达重要的价格区域发出预报。通过研究计算所得的指标数值、指标数值之间的相互关系及指标线之间的交叉关系，可以分析市场某些方面的特征，这将有助于投资者做出正确的买卖决策。一般来说，可以将指标分为以下5类：趋势类指标、能量类指标、摆动类指标、大盘指标、主力指标。每一类指标都反映了股市或个股某方面的特点，所以要想在股市中准确把握个股的走势，就不能局限于某一个指标或某一类指标。

5. 筹码分析法

在股市中，我们常用"筹码"这个词语来指代可用于交易的股票。筹码和现金是可以互换的，投入股市的资本都是现金，二级市场的交易保证了现金和筹码互换的可行性，筹码分析法就是研究筹码和现金互换的理论。

通过交易，实现了筹码换手，投资者的持仓成本也在不断变化，投资者的持仓成本状态、持仓成本的变化方式对股价的走势有着极为重要的影响。筹码理论的核心问题是筹码的成本，筹码分析法是指通过分析个股的持仓成本分布状态、流通筹码的转移情况等来预测价格的后期走势。

在实际操作中，我们可以从筹码的静态分布情况、动态转移情况、筹码汇聚情况等多个角度着手，并结合量价、主力等因素来进行综合分析，力图全面地把握市场运行情况，进而提高预测的准确性。

1.2.3 技术面分析法案例导读

技术面分析法，从表面上看关注的是各种盘面形态、数值等，但其侧重点则是对市场行为的研究。不同的盘面形态反映了不同的市场信息，盘面形态是抽象的结果，我们只需要熟识相应的盘面形态就可以相对准确地把握市场的运行情况。在实际操作中，我们也常常会遇到同样的盘面形态却演绎出完全不同的后期走势的情况，因而技术面分析法绝不是静态、片面的分析方法，它需要我们结合当时的市况、个股的表现等来进行分析。下面我们结合案例来看看如何利用"量价"来展开技术分析操作。

图 1-3 是深中华 A 2019 年 7 月至 2020 年 2 月的走势图。在该股持续稳健攀升的途中，在图中标注的区域，该股的走势发生了一定的变化，这几个交易日的成交量明显放大，且每个交易日的盘中振幅较大，大阳线与大阴线交错出现，从而使得股价上涨受阻。

从技术层面来分析，这是典型的"放量滞涨"。当其出现在上升波段中时，是多空分歧加剧、空方抛压剧增的信号，多预示着在短期内个股将深幅调整；若恰好遇到同期大盘调整，则个股的跌幅往往会更大。在了解了这种量价形态的含义之后，在实盘中正确地操作就是"卖股离场、规避风险"。

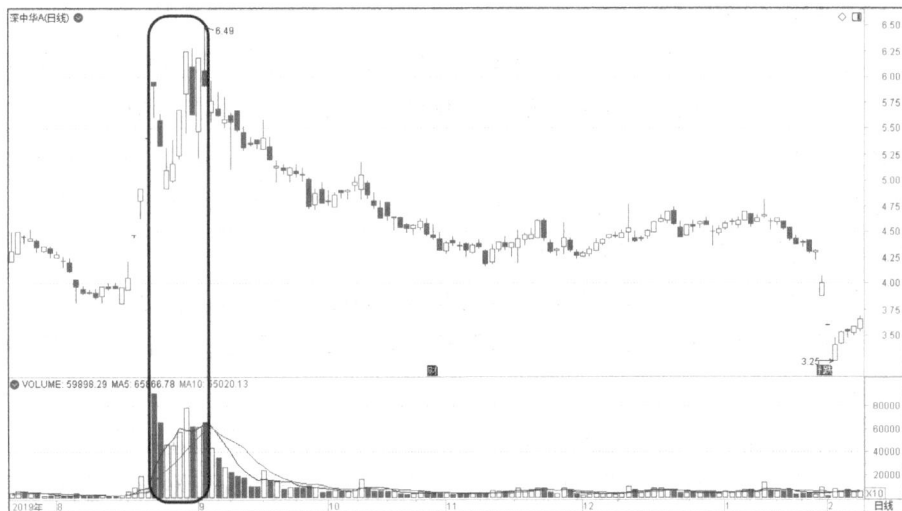

图 1-3　深中华 A 2019 年 7 月至 2020 年 2 月的走势图

1.3　"筹码分布"概念解读

要想熟识一种事物、掌握一项技能，我们需要从最基本的概念入手，由浅入深地进行把握。筹码分布并不难理解，但想将其成功地运用于实战之中，仅仅靠形态来识别是不够的，我们还需要了解每种筹码形态的形成原因、市场含义等，而这些相对深层次的内容又需要我们深入理解筹码分布的概念。

1.3.1　什么是筹码

"筹码"是一种形象化的说法，它可以指金钱替代物。在某个特定的环境中，我们可把钱换成筹码，当然也可再将筹码换回钱。由于股市中的股票与筹码有着极为相似的作用，即需要它的时候，可以从别人那里买来，不需要它的时候，只能将其转手卖给别人，因而可将其称为筹码。可以说，筹码是持有人证明自己拥有某种权利的文书和凭证，股市中的"筹码"是指用于投资的股票。

由于个股的股本是有限的，大盘股能达到几十亿、上百亿股，而小盘股往往只有几亿股。我们可以假设每1股代表1个筹码，那么，当我们说买入6 000股时，结合筹码的定义来看，就是买入了这只股票的6 000个筹码。

1.3.2　筹码分布模型

筹码分布也称为流通股票持仓成本分布，就是指在某一时间点上，某只股票的流通盘在不同的价格位置上的股票数量分布情况。在股票行情软件中，会以图形的方式显示个股的筹码分布情况。筹码在反映股票的持仓成本分布时会显示出不同的形态特征，而这些形态特征正是对股票成本结构的直观反映，不同的形态特征具有不同的形成机理和不同的实战含义。

筹码分布是一个静态的概念，通过筹码分布图，我们可以相对准确地了解个股在某一时刻、某一价位上分布着多少流通筹码，全部的流通筹码是密集分布在某一个狭小的价格区间内，还是广泛分布在一个开阔的价格区间内。

下面我们以一个简单的模型来看看什么是筹码分布。假设在模型中有一家公司，它有1000股的流通筹码，经过交易之后，这些筹码被4位投资者持有，持有方式如下。

投资者A以6元买进100股，6.5元买入200股，共持有300股。

投资者B以7元买入150股，7.5元买入200股，共持有350股。

投资者C以7.5元买入120股，8元买入180股，共持有300股。

投资者D以8.5元买入50股，共持有50股。

我们用"*"代表筹码数量，每个"*"代表10股，那么用图形来表示这个筹码分布模型的效果如下。

| 8.5元 | ***** | 共50股 |
| 8.0元 | ***** ***** ***** *** | 共180股 |

7.5 元	***** ***** ***** ***** ***** ***** **	共 320 股
7.0 元	***** ***** *****	共 150 股
6.5 元	***** ***** ***** *****	共 200 股
6.0 元	***** *****	共 100 股

每个价位的股数不同（即筹码数量不同），这样便构成了一个简单的筹码分布模型。上述模型只是一个简单的描述模型，如果换成真实的上市公司的股票，那么一家公司的流通盘最少也有几千万股，其分布区间是相当广阔的。

1.3.3　静态的筹码分布图

图 1-4 是深华发 A 2020 年 2 月 17 日的筹码分布图。筹码分布图位于日 K 线图的右侧，并且与日 K 线图共用一个坐标系，这是因为它们都要以"价格"为纵坐标。

当大量的筹码堆积在一起时，筹码分布图看上去像一个旋转后的群山图。这些山峰实际上是由一条条从左向右的横线堆积而成的，每个价格区间都有一条代表持仓量的横线。持仓量越大则横线越长，这些长短不一的横线堆在一起就形成了高低不齐的山峰，也就构成了筹码分布状态。

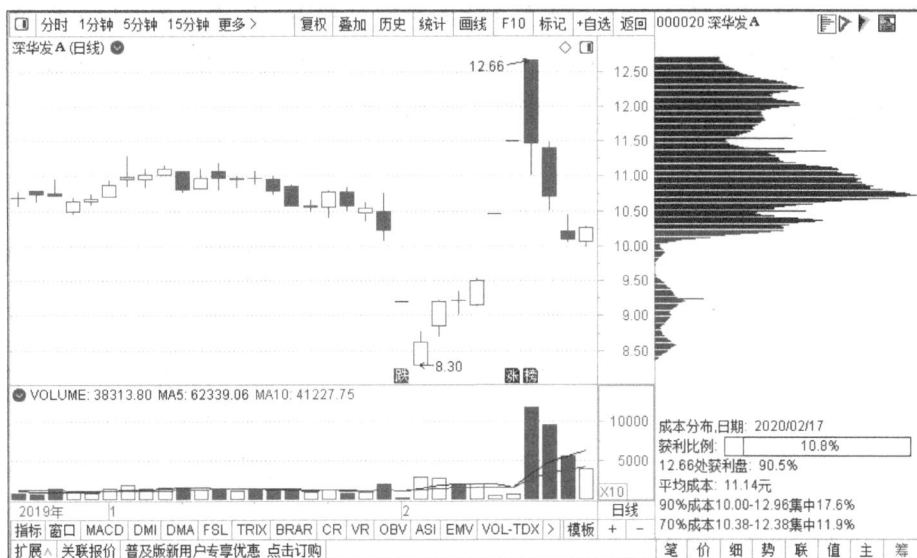

图 1-4　深华发 A 2020 年 2 月 17 日的筹码分布图

在关注筹码分布图时，要注意以下两点。

（1）我们要关注左侧的日 K 线图。一般来说，将左侧的日 K 线图的区间放大，可以更好地看清价格走势。当然，由于左侧的日K线图的放大或缩小将会改变纵坐标的价格范围，因而右侧的筹码分布图也会发生相应的变化，不过这只是一种"放大"或"缩小"的变化，筹码分布图的实际分布情况并不会因此而改变。

（2）我们要关注获利盘与亏损盘的比例。在筹码分布图中用两种不同的颜色来分别代表获利盘与亏损盘。在某日的筹码分布图中，位于当日收盘价上方的筹码是亏损盘，位于当日收盘价下方的筹码是获利盘，两者的比例也大致反映了多空力量的整体对比情况。

1.3.4 筹码分布图的满屏、半屏状态

当左侧的日K线图的时间范围相对较小时，由于股价波动范围较小，右侧的筹码分布图往往会处于"满屏"状态；当左侧的日K线图的时间范围相对较大时，由于股价波动范围较大，右侧的筹码分布图往往会处于"半屏"状态。

"满屏""半屏"只是一种形象的说法，其实它们的形态是完全一样的，只是由于视距不同，所呈现的形态也就看似不同。

图1-5是深天马A 2020年1月8日的筹码分布图。图中左侧的时间跨度约为3个月，全部筹码均分布在17.93元下方，而且日K线图的价格也都位于17.93元下方，从而使得筹码分布图呈现为"满屏"状态。

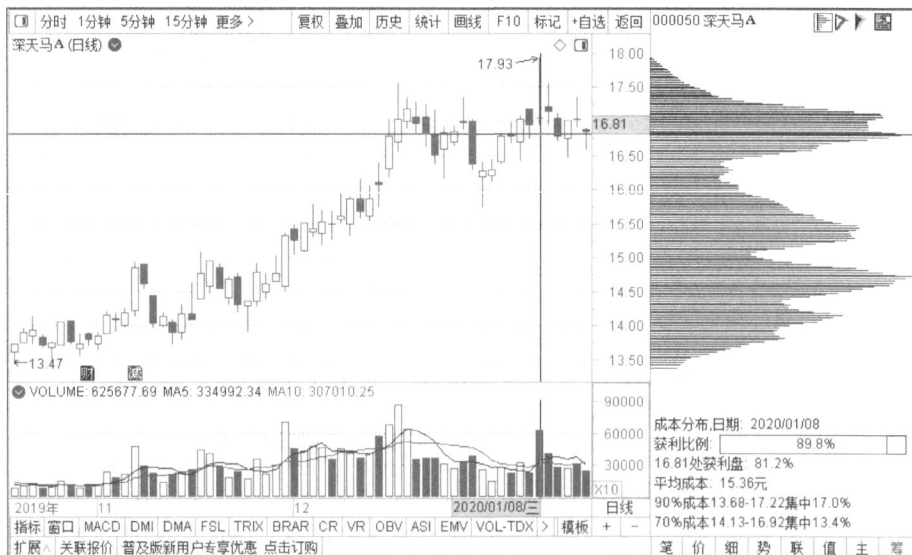

图1-5　深天马A 2020年1月8日的筹码分布图

图 1-6 同样是深天马 A 2020 年 1 月 8 日的筹码分布图。图中左侧的时间跨度约为 10 个月，由于期间的股价超过了 20 元，所以筹码分布图的纵坐标区间将更宽阔，但由于 17.93~20.79 元这个区间内没有流通筹码分布，因而，筹码分布图呈现为"半屏"状态。

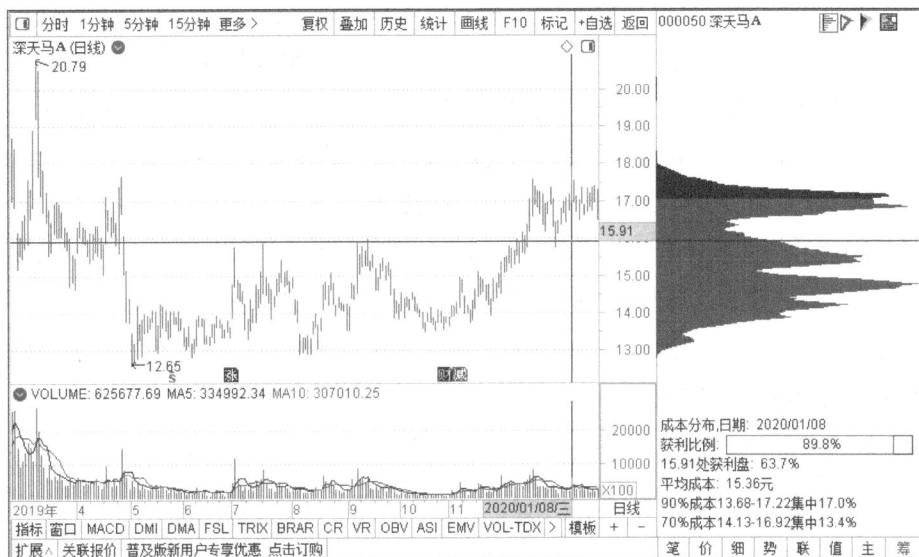

图 1-6　深天马 A 2020 年 1 月 8 日的筹码分布图

1.4　筹码的流动与形态变化

对于任何事物，我们都不应孤立、静止地观察，而应该将其放在一段时间内的同类事物中进行对比，只有这样才能更好地理解与运用该事物。筹码分布图也是一样的，单张筹码分布图只能呈现某一时刻的情况，而要想理解市场的发展方向，我们就一定要学会观察筹码分布图的变化情况。在本节中，我们就来看看筹码的流动与形态变化。

筹码分布图只呈现了某一时间点（以交易日为单位）的静态的筹码分布情况，但随着时间的推移、交易的继续，买家、卖家在不同价位进行交易，筹码会在投资者之间流动，而投资者的持仓成本也会不断变化。在日 K 线图中，随着光标的移动，系统在日 K 线图的右侧便会显示出随着股价的变化，筹码是如何变化的,而这就是筹码的流动。一般来说,个股在短期之内的交投越激烈、换手越充分,筹码形态的变化也越大。

1.4.1 缓和状态下的慢速流动

缓和状态,顾名思义,是指市场交投较为缓和。从成交量来看,量能相对萎缩,市场整体较为低迷。在这种背景下,股价的上下波动幅度往往较小,筹码的流动(从高位向低位流动,或者从低位向高位流动)速度也相对较慢。一般来说,若无外界因素干扰(如消息面),这种缓和状态是最具持续性的。

图 1-7 是北方国际 2019 年 11 月 18 日的筹码分布图。从高位区跌落后,在低位区由于题材不突出、不符合市场热点,且当时的市场又较为低迷,所以该股的交投较为缓和,筹码的流动速度也极为缓慢。对比图 1-8 可见,经过一个月的交投后,高位区被套牢的筹码只有一部分流向了低位区,仍然有很大一部分套牢盘处于持股观望的状态。

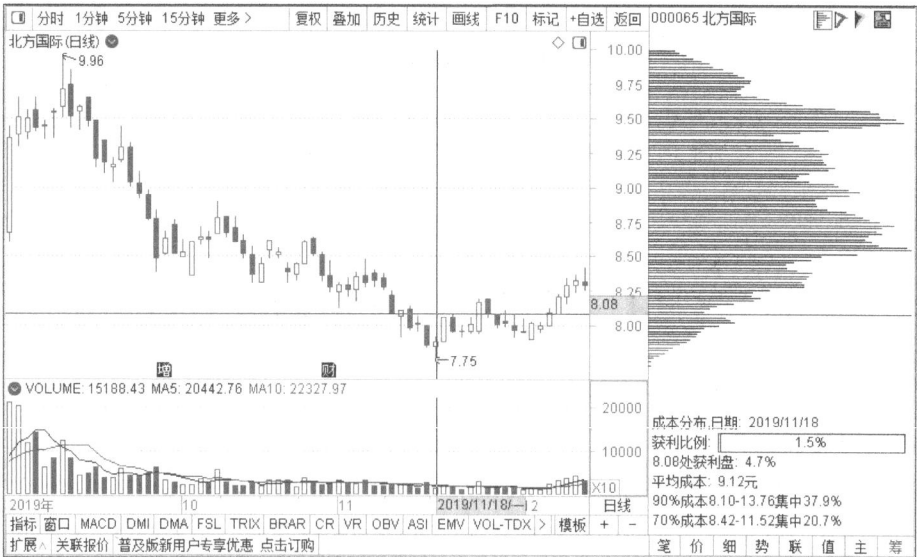

图 1-7　北方国际 2019 年 11 月 18 日的筹码分布图

筹码的流动速度与股价的波动幅度成正比,波动的幅度越大,越能引发多空分歧,从而导致筹码的换手速度加快。在正常市况下,若个股没有热点题材、流通盘较多，且正逢市场整体低迷，则这样的个股很难有短线实战价值。

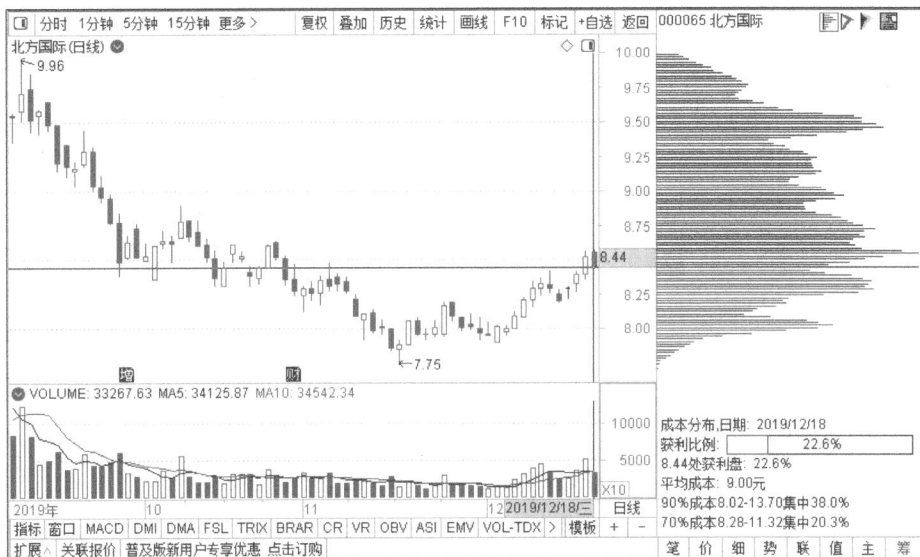

图 1-8　北方国际 2019 年 12 月 18 日的筹码分布图

1.4.2　极端状态下的快速流动

极端状态是一种形象的说法，主要是指个股的价格走势很"极端"。例如连续飙升、短期内连续出现大阴线等。股价的快速波动势必导致多空分歧加剧，从而造成筹码的快速流动，而筹码分布形态往往也会"一日一变化"。此时，我们应密切留意筹码分布形态的改变，它往往就是我们做出买卖决策的关键依据。

图 1-9 是中国长城 2019 年 10 月 25 日的筹码分布图。该股经过上涨之后，形成一种极端状态。在此背景下，筹码的流动速度往往也是极快的。当日收盘后，所有的筹码都位于 15.24 元下方，几乎全盘处于获利的状态。

图 1-10 是中国长城 2019 年 10 月 29 日的筹码分布图。当日收盘之后，对比图 1-9 可见，仅仅相隔一个交易日，已有大量筹码由低位区流动到了 15.24 元上方，这也使得这些筹码短期内处于被套的状态。

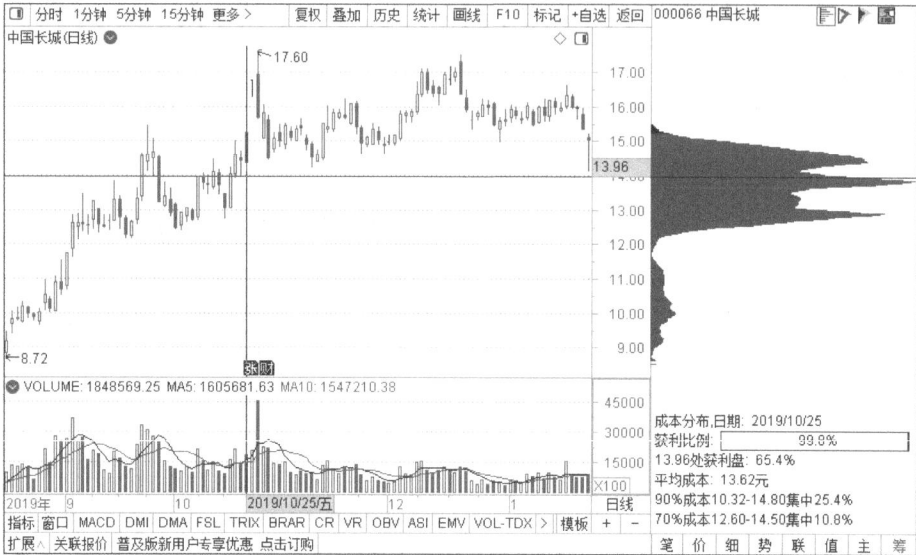

图 1-9 中国长城 2019 年 10 月 25 日的筹码分布图

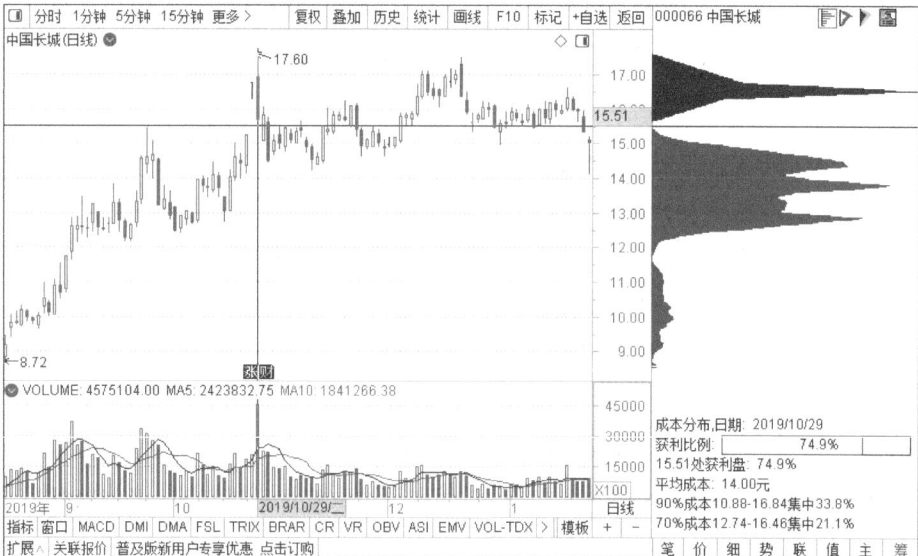

图 1-10 中国长城 2019 年 10 月 29 日的筹码分布图

随后，个股股价再度上涨并临近新高，图 1-11 是该股 2019 年 12 月 19 日的筹码分布图。由于出现了大阴线，所以筹码分布图又呈现为"三峰"形态，且上峰的筹码均被套。对比图 1-9、图 1-10、图 1-11 这 3 张筹码分布图，可以很清晰地看到，在极端状态下，由于换手频繁，筹码分布形态也在快速改变。在实战中，我们要紧跟筹码分布图的快速转变，及时调整买卖策略。

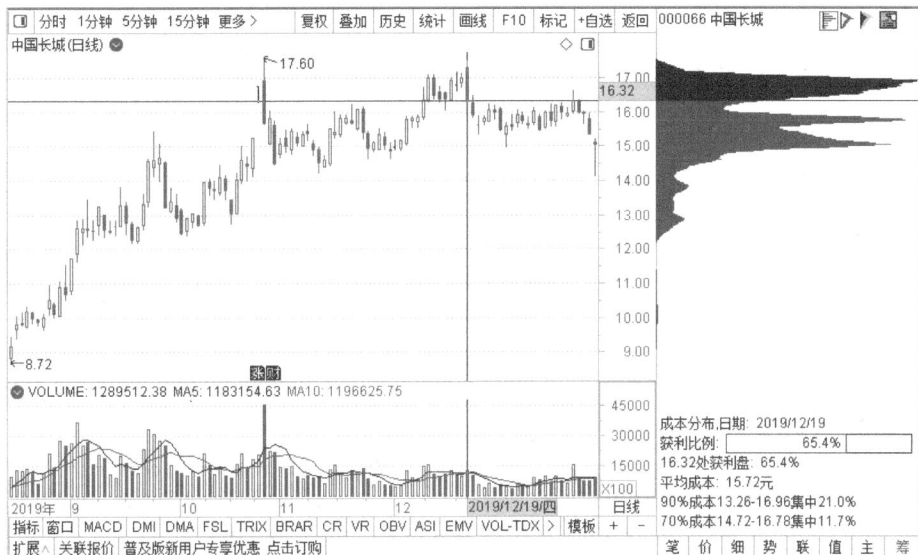

图 1-11　中国长城 2019 年 12 月 19 日的筹码分布图

1.4.3　牛熊交替下的反复流动

股价的上涨与下跌总是不停地交替出现。在一轮下跌之后，当个股由低点再度涨至之前的高点时，此时的筹码分布形态或许与之前高点时的形态相似，但筹码却早已经历了由高位流向低位、再由低位流向高位的过程。我们只有了解了筹码的这种反复流动的特性，才能更好地结合股价运行情况来分析当前筹码分布形态的市场含义。

图 1-12 是海德股份 2019 年 9 月 11 日的筹码分布图。个股当日处于反弹后的高点，且在高位持续震荡数日，换手速度较快，从而形成了大量筹码密集分布在高位区的形态。随后，受中短线获利抛盘的影响，该股出现了深幅、快速的跳水。

图 1-13 是海德股份 2019 年 10 月 28 日的筹码分布图。此时的个股已由连续跳水后的低点再度涨至高点，且此时的股价接近前期（2019 年 9 月 11 日）的高点。对比图 1-12 可以看到，两张筹码分布图十分相似，筹码似乎流动得很慢，但这只是表面现象，因为此时的筹码已经较为充分地换到了另一波投资者的手中，通过图 1-14 可以更为清楚地了解这一信息。

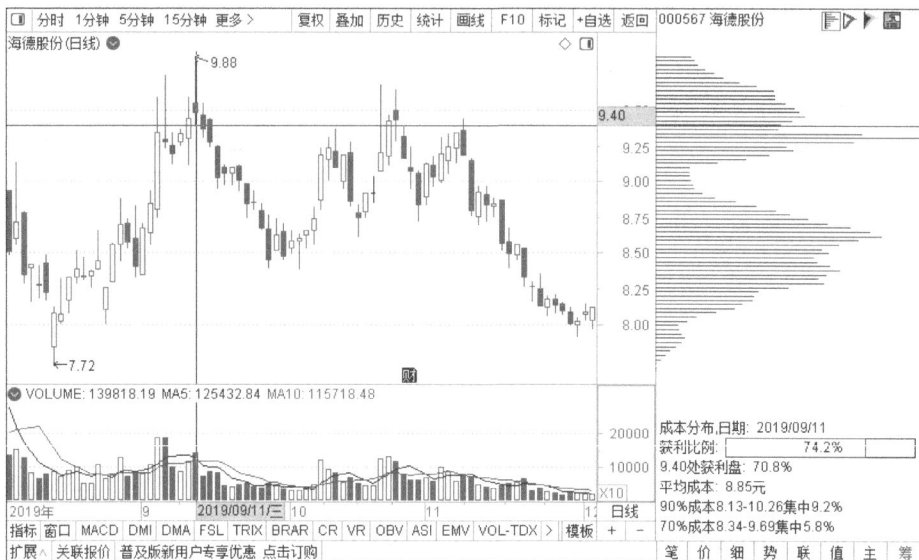

图1-12　海德股份2019年9月11日的筹码分布图

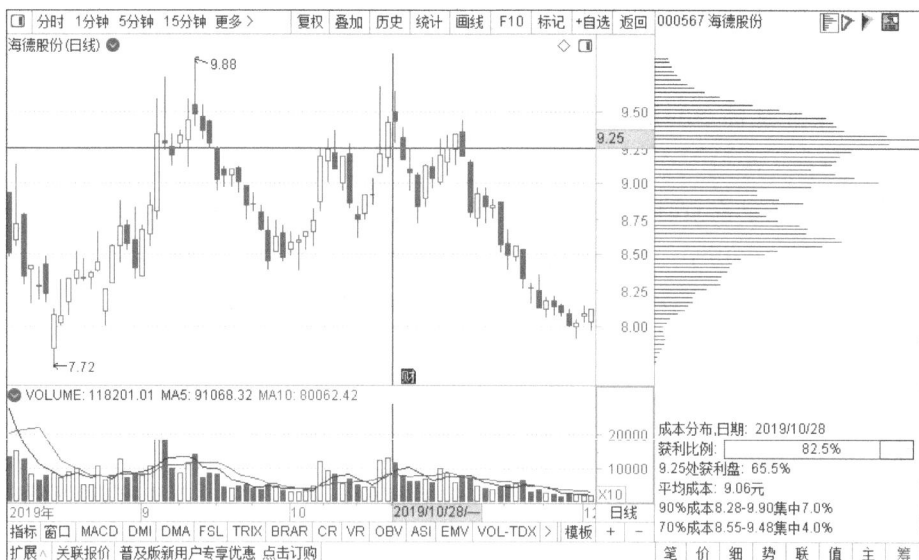

图1-13　海德股份2019年10月28日的筹码分布图

图1-14是海德股份2019年10月23日的筹码分布图。这是个股跌至低点后上涨至中段时的筹码分布图。对比图1-12可见，原来密集分布在上方的筹码减少，部分筹码流向低位整理区；再结合图1-13可知，随后再度密集分布于9.25~9.50元这个区间的筹码其实正是这些从低位区向上流动的筹码。

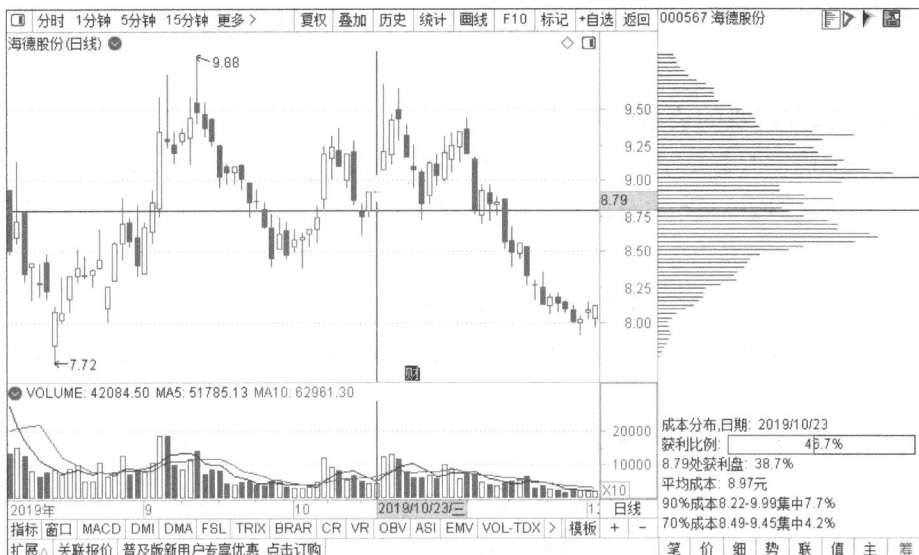

图 1-14 海德股份 2019 年 10 月 23 日的筹码分布图

通过图 1-12、图 1-13、图 1-14 这 3 张图，我们可以较为清晰、全面地了解在股价大起大落的背景下的筹码流动过程。在学习筹码分析技术时，只有关注这种流动性，才能动态地分析市场环境的转变情况、筹码的变化情况，才能更为准确地把握市场行情的发展方向，从而做出正确的买卖决策。分析行情的发展过程与筹码的转换过程是我们学习筹码分布的基础，也是重点内容，这对于我们进一步展开实战、学习具体的筹码形态有着重要的指导作用。

1.5 行情与筹码的可逆转换

筹码转移不仅意味着持仓筹码数量的转移，更意味着股价的变化。一轮行情的发展过程因筹码转移开始，又因筹码转移而结束。从表面上看，行情大起大落是因为股价的波动，但寻根究底，却是因为持仓成本的变化。要理解这一点，就必须对一轮行情的发展过程进行分析。

有主力参与的个股往往交易活跃，在有市场环境配合的背景下，能走出大行情；没有主力参与或者主力参与度较低的个股，往往很难跑赢大盘。市场行为的本质体现为对持仓成本的控制，从低价位买进，在高价位卖出，才会产生利润。一轮行情的发展过程主要由 3 个阶段构成：吸筹阶段、拉升阶段和出货阶段。下面我们结合主力参与的 3 个阶段来看看在行情的发展过程中是如何实现筹码的可逆转换的。

1.5.1 吸筹阶段的资金换筹

吸筹阶段的主要任务是在低位大量买入股票。对于一只流通筹码数量有限的个股来说，吸筹是否充分是十分重要的，它关系着主力随后的能力。一般来说，主力的吸筹情况决定了以下两方面的情况。

（1）持仓量决定了其利润量，吸筹越多，利润量越大。

（2）持仓量决定了其参与程度，吸筹越多，市场浮动筹码越少，主力的能力就越强。

主力吸筹的过程就是筹码换手的过程，在这个过程中，主力为买方，普通投资者为卖方。只有在低位使筹码充分换手，吸筹阶段才会结束，发动上攻行情的条件才趋于成熟，主力的吸筹区域就是其持有股票的成本区域。

图 1-15 是古井贡酒 2019 年 1 月 22 日的筹码分布图。这是主力吸筹之后的典型筹码分布形态——低位区密集。大量的筹码在这个相对狭小的低位震荡区实现了换手，换手就是筹码从普通投资者手中逐步流向主力手中。

随着主力吸筹的数量越来越多，个股随后出现上涨进而脱离主力成本区域的概率也就越大。在实盘操作中，主力吸筹的区域也是中长线投资者布局的好时机。这一区域一般出现在行情低点，既有投资价值，又有技术支撑，是一个理想的买入共振点。

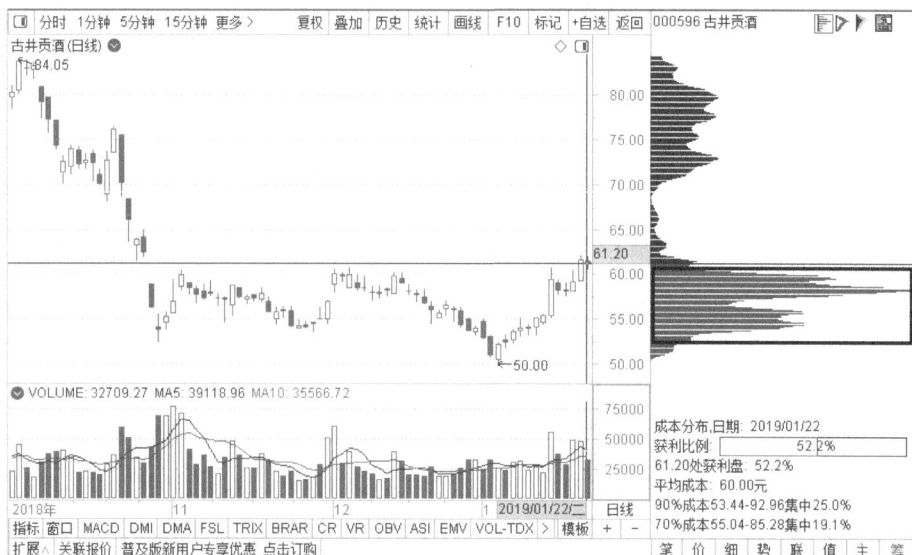

图 1-15 古井贡酒 2019 年 1 月 22 日的筹码分布图

1.5.2 拉升阶段的资金换筹

拉升阶段的主要任务就是使股价脱离主力吸筹的成本区域,并打开利润空间。在拉升过程中,主力的大部分筹码都锁定在吸筹区域,等待股份涨至高位后获利卖出。

在拉升阶段,交投异常活跃,筹码加速换手。在整个拉升环节,主力的持筹数量会不断变化,拉升时,主力会买入更多的筹码,其手中持筹数量会增多;股价短线回调之际,主力会顺势抛售一部分获利筹码,其手中持筹数量会相应减少。一般来说,主力是否会在拉升过程中进一步增加持筹数量,这与主力对大势的判断及个股的题材有关。

图 1-16 是古井贡酒 2019 年 5 月 16 日的筹码分布图。从图中可以看到,该股在主力吸筹之后出现了一波急速上涨走势,此时的个股流通筹码相对开阔地分布在个股的上升空间中,这也是拉升阶段的典型筹码分布形态。在经历了急速上攻之后,主力的出货行为就会较为明显,而个股股价也将进入顶部区。

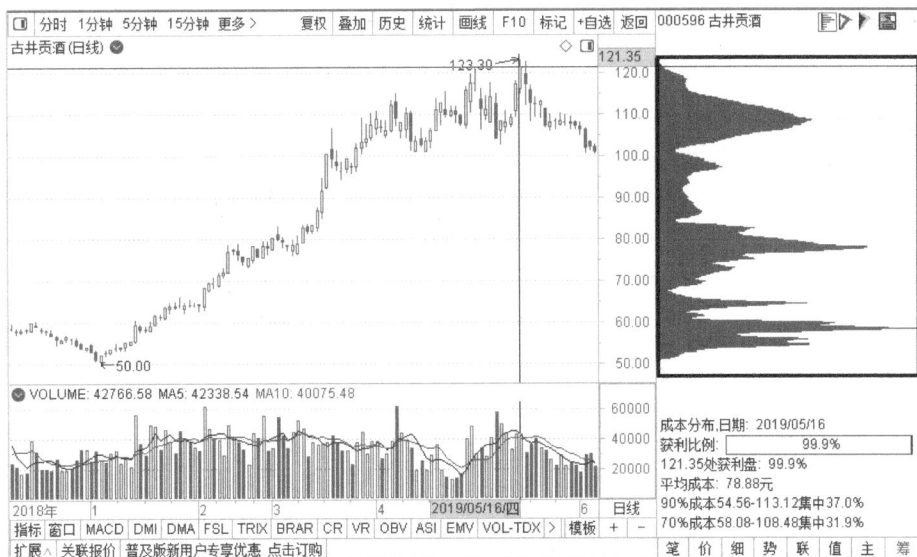

图 1-16 古井贡酒 2019 年 5 月 16 日的筹码分布图

1.5.3 出货阶段的筹码兑现

出货阶段也被称为派发阶段,是把手中筹码换成现金的过程。随着股价的上涨,主力的利润越来越多,股票的价格也远远超过了其实际价值,主力在高位出货的可能性不断增加。

一般而言，主力出货是一个相对漫长的过程，但若遇大市急跌，也不排除主力会大笔出货，这样做虽然会缩小利润空间，但却能快速收回成本、降低由大市暴跌带来的系统性风险。在实盘操作中，我们应密切关注筹码在高位区的变化。若大量筹码已密集地堆积在高位区，则说明筹码在高位区已充分换手，拉升前的低位区筹码被上移至高位区，这其中往往就有大量的主力在低位区买入的筹码。当低位区筹码全部上移至高位区时，主力的出货行为也宣告结束，一轮下跌行情将随之到来。

图 1-17 是盛达资源 2019 年 9 月 25 日的筹码分布图。在经历了高位震荡之后，这一震荡区的筹码十分密集，由此可知筹码在高位区的换手十分充分，主力的低位区筹码已悄然派发。此时我们应警惕主力出货后个股下跌，并及时卖股离场、规避风险。

从图 1-17 中可以看到，个股随后还出现了二次冲高走势。二次冲高往往会让持股者产生个股会再创新高、重拾升势的错觉，从而不愿卖出股票，且能吸引一定的追涨盘涌入。

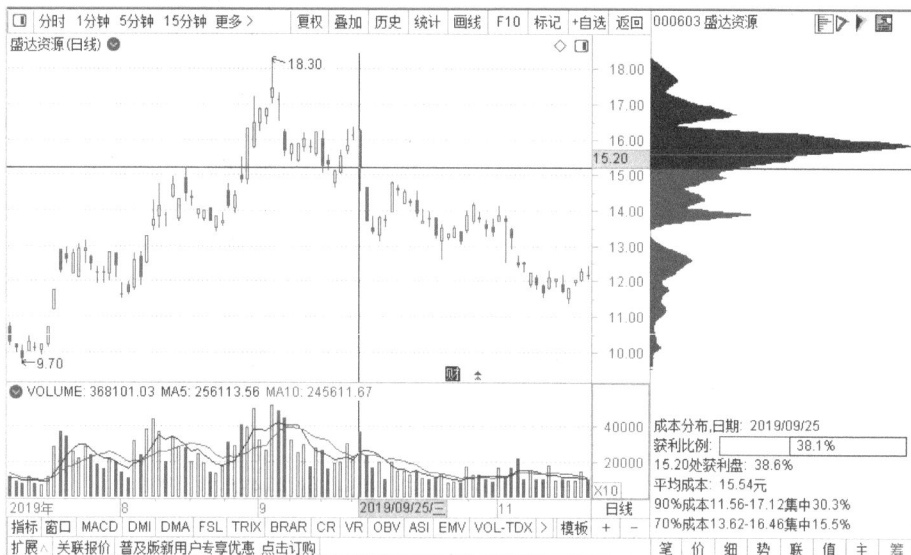

图 1-17　盛达资源 2019 年 9 月 25 日的筹码分布图

在一轮行情的发展过程中要重视两个概念：低位充分换手和高位充分换手。低位充分换手是吸筹阶段结束的标志，高位充分换手是出货阶段结束的标志。

所谓充分换手就是在一定的价格区域内成交量充分放大，使分散在各价位上的筹码集中在一个主要的价格区域内。

　　总之，任何一轮行情的发展过程都是由高位换手到低位换手，再由低位换手到高位换手的过程。这种成本转换的过程不仅是利润实现的过程，也是亏损的过程，从而形成了股票走势的全部历史过程。

第 2 章

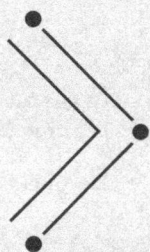

> **全局视角下的筹码分布**

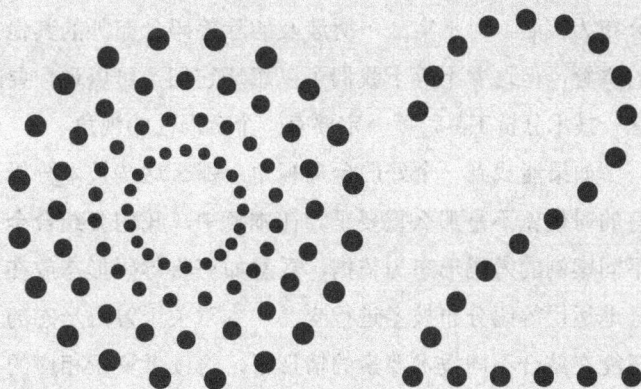

筹码分布属于技术分析工具，如同其他技术分析工具一样，它并不是单独存在、被单独使用的。由于股票市场、个股走势会受多种因素的影响，所以当我们以筹码分布为中心来展开实战分析时，同样不可忽略那些重要的信息。这些信息包括趋势的运行情况、主力参与情况、量价配合情况等。本书虽以筹码分布为核心，对于实战中所涉及的除筹码分布外的其他技术知识不再进行专门的讲解，但这并不等于我们可以忽略它们。可以说，要想成功地运用筹码分布这一技术分析工具，就一定要有一个全局性的视角。

如果能找到一个好的全局视角，那么这些技术分析工具（包括筹码分布）有的时候就不是那么重要了。在本章中，我们会结合全局视角的各个侧面，以不同案例的筹码形态为依据，看看如何将筹码形态放在全局视角之下，如何更好地运用筹码分布技术进行交易。本章关于筹码形态的讲解，不求全面，只希望能在结合不同技术要素的情形下，将读者置于相应的技术分析视角下，为随后学习具体的筹码形态做好铺垫。

2.1 "趋势"视角与中线潜力股

有经验的投资者都知道参与股市时要重"势"。当"势"好的时候，个股的"质"反而不那么重要了。投资一些所谓的绩差股同样可以在"势"好的时候获利。由于绩差股"盘小身轻",其涨幅、涨势甚至远好于一些蓝筹股、绩优股。

2.1.1 顺势而为的翻倍牛股

我们这里所说的"势"就是"趋势",市场的整体运行趋势向上时,由于赚钱效应,股市内外的投资者的热情高涨,进而推动更多的资金入市。此时,绝大多数个股都会上涨,翻倍股也比比皆是,所以即使不懂得技术分析,投资获利也不是难事。但这种充满热情的市场的持续时间往往很短,更多的时候,我们还是需要利用技术分析工具在相对平稳的市场上获取利润。

好的"势"固然重要,但若选错个股,则同样无法实现资金增值,因而我们还要关注个股的潜力。一般来说,我们可以从题材面、流通盘数量、所处行业、所处地域、是否符合当前热点等方面着手挑选个股。当好的"势"与好的"股"相互配合时,我们更能享受由资金快速增值带来的乐趣。

图 2-1 是沪电股份 2018 年 6 月至 2019 年 10 月的走势图。该股一年多的时间里向我们诠释了有潜力的中线股是如何利用牛市来实现大幅度上涨的。

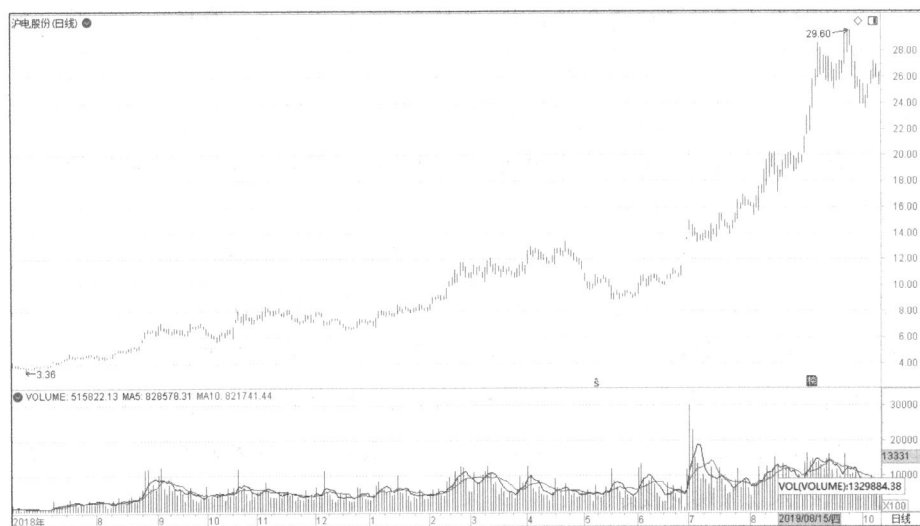

图 2-1 沪电股份 2018 年 6 月至 2019 年 10 月的走势图

（1）2018 年 8 月之前，股市低迷，个股极度不活跃，股市不具有赚钱效应；很多有经验的投资者都离开了市场，寻找其他投资途径；该股在 5 元以下徘徊。

（2）2018 年 8 月之后，受 5G 概念带动，股指还处于下跌中，但 5G 板块开始上涨。

（3）2019 年 1 月之后，此时的股市具有赚钱效应，大批资金加速涌入；该股也借助同期的题材实现了跨越式的上涨，至 2019 年 9 月，股价达到 29.6 元。从 3.36 元至 29.6 元，该股累计上涨约 7.8 倍。

从图 2-1 中的例子可以看出，有潜质的中线股若遇到了牛市，往往就会大幅上涨，其累计涨幅会远超预期。从这个角度来看，按照中长线投资的思路，在市场低迷、股市被低估的情况下，若能买入那些有潜质的小盘股，那么技术分析也将处于次要地位。

以沪电股份为例，如果将 2018 年 6 月作为起涨点，那么如何利用筹码分布来捕捉这个中长线时机呢？这是本书要讲的内容之一，我们将在第 3 章中进行详细讲解。

2.1.2　低位区无量上穿被套峰

若个股处于横向震荡走势中，且此时的市场相对低迷、整体估值偏低，而个股的估值与市场同步，那么这就是一个相对的低位区。在这一震荡区间，股价会回落，且大量筹码处于短线被套状态，若随后该股能够以相对缩量的方式向上穿越此被套区间，则多代表市场浮筹较少、主力能力较强，而这也是个股后期有望成为翻倍牛股的前兆。

图 2-2 是旷达科技 2019 年 12 月 31 日的筹码分布图。个股没有出现独立行情，而是持续地横向震荡。如图中标注所示，在 2019 年 12 月 31 日的前几日，个股出现了一个被套密集峰，但随后在上穿这一密集峰时，成交量并没有明显放大，这表明市场筹码的锁定度很高；再结合当时市场相对低迷、整体估值偏低、个股的题材独特的情况可知，有主力资金在这个横盘震荡区大力吸筹，而此时是我们中长线入场布局的较好时机。

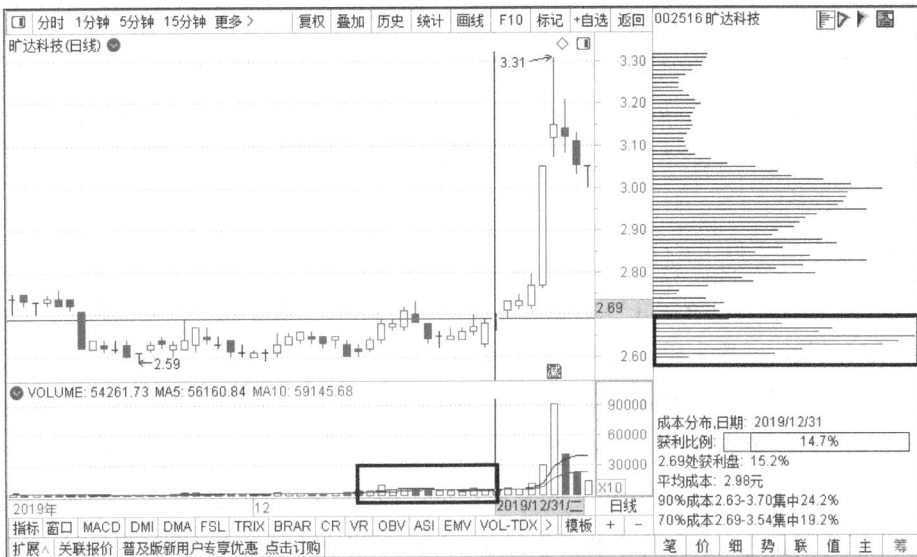

图 2-2　旷达科技 2019 年 12 月 31 日的筹码分布图

2.2　"主力"视角与分时形态

如果我们可以成功捕捉到主力并跟随主力的步伐，那么我们的预期收益很有可能是较佳的。个股是否有主力参与？主力参与的程度如何？主力目前的市场行为是什么？能否正确地解答这些问题直接关系到我们的收益。

2.2.1　分析、预测主力的行为

分析、预测主力的行为时，绝不能只运用一种技术分析工具，我们需要综合运用各种技术分析工具。在具体实战中，我们可以通过 K 线形态、量价配合关系、相关的技术指标、交易所公布的买卖数据、分时图形态等信息来进行综合分析。除此之外，筹码分布是一种更为有效的方式，因为主力的参与会导致市场筹码分布形态发生改变，投资者只要能够从中捕捉到线索，就可以进一步掌握主力的行踪。例如，在 2.1 节中，我们通过观察"低位区无量上穿被套峰"的形态，确定了旷达科技的市场浮筹较少，再结合个股的题材面来看，主力参与的概率非常大，若能够买入该股，就可以使资金快速增值。

当然，主力也会在较好的市场氛围下进行拉升，在分析主力的行踪时，我们还需要关注市场的整体情况。市场是处于低迷状态，还是处于相对亢奋状态？是板块轮动，还是齐涨共跌？只有对市场情况进行准确的了解，我们才能更好地预测主力的下一步计划，从而使我们的操作及资金调度变得更合理。

2.2.2 次新股盘中强势穿越筹码区

分时线既是短线操作时的利器，还可以结合筹码形态来帮助我们展开更为精准的实战。一般来说，更适合将分时图运用于短线交易中。

如果个股在盘中大幅拉升，且收盘时保住了拉升成果，同时，股价的盘中低点、高点均穿越了筹码密集区，则说明主力拉升意愿坚决、个股短线冲击力较强。

图2-3是日丰股份2019年5月22日的筹码分布图。作为新上市的个股，该股在经历了第七个涨停之后就开板震荡。相对于其他新股来说，其封板数量少、股价相对便宜是较大的优势。

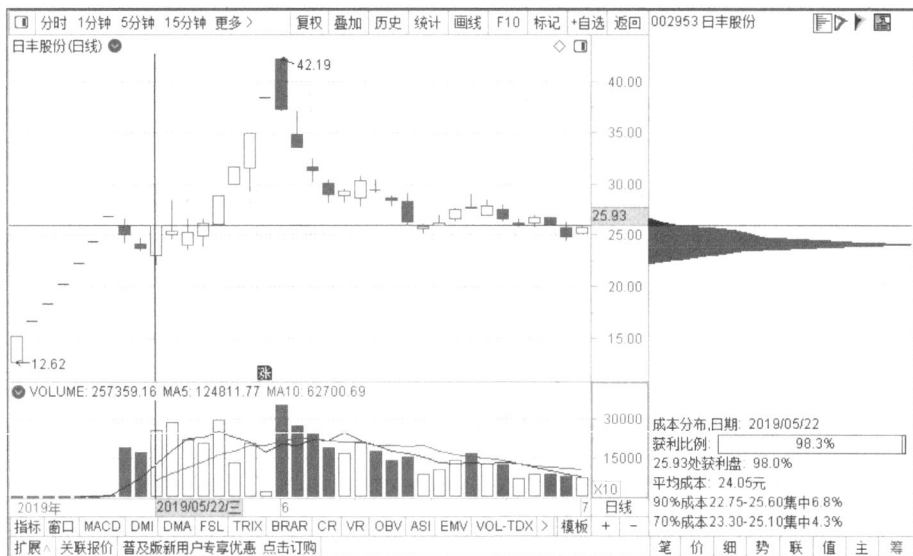

图2-3 日丰股份2019年5月22日的筹码分布图

从图2-3来看，由于充分换手和宽幅震荡，此时的个股已呈现单峰密集形态。

图2-4是日丰股份2019年5月22日的分时图。从图中可以看到，当日个股低开平走，但在午盘后直线拉升，使得股价一举穿越了这个筹码密集区。这正是其短线上攻力度大的标志，也是主力拉升意愿强烈的信号；结合当时稳定的

市场环境来看，此时投资者可以适当追涨，以获取短线收益。

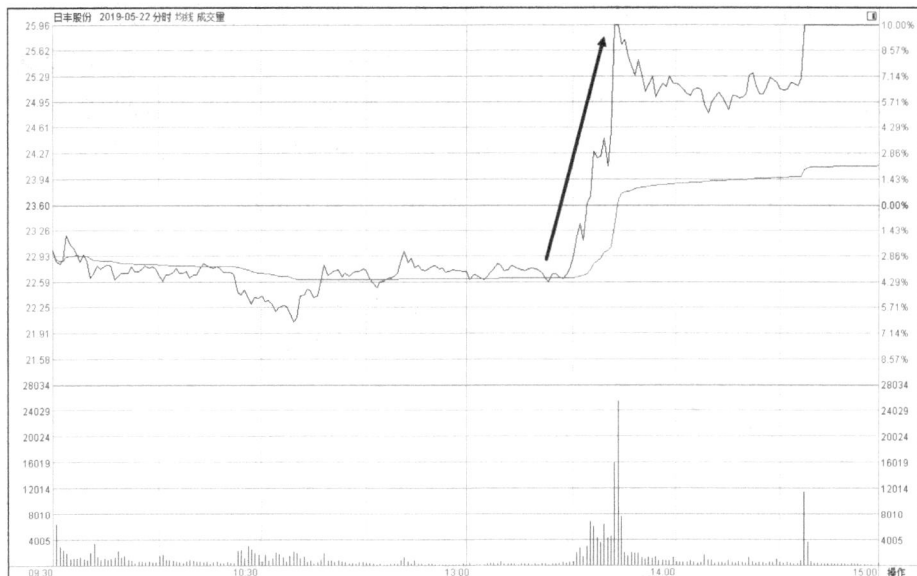

图 2-4　日丰股份 2019 年 5 月 22 日的分时图

2.3　"量价"视角与动力强弱

技术分析的领域很广，但若说到基础性、实用性，量价分析无疑是重中之重，"量在价先"是投资者熟知的经典规律。因此，在筹码分析的过程中，一定要关注量价配合的情况；而且当个股的筹码分布形态没有特征，难以看出买卖信息时，把目光转向"量价"或许会有所收获。在本节中，我们将在成交量的基础上来看看如何利用"量价"信息来辅助筹码分析。

2.3.1　成交量是上涨的动力

在分析市场状况、预测价格走势的过程中，了解多空双方的交锋力度是至关重要的。放大的量能说明多空双方的交锋较为激烈，缩小的量能则说明多空双方的交锋较为缓和。成交量是多空双方交锋力度的直接体现。

除此之外，成交量还是个股上涨的动力，是价格走势变化的先兆，是用来分析主力行踪的线索；成交量还能反映市场人气，也能够体现筹码的供求关系。

下面我们结合一个案例来看看成交量作为个股上涨的动力时的表现。

图 2-5 是平安银行 2019 年 5 月至 12 月的走势图。个股在低位区震荡之后开始向上攀升。随着股价的上涨，量能明显放大。对于该股的上涨，我们可以看到量能作为上涨动力时带来的明显效果；而且当这种上涨动力效果（即放量效果）没有明显减弱时，就中短线而言，投资者仍然可以继续持有该股；一旦量能大幅度萎缩，则表明上涨动力减弱，短线宜卖出，以规避风险。

图 2-5　平安银行 2019 年 5 月至 12 月的走势图

2.3.2　成交量体现筹码的供求关系

个股的流通筹码是有限的，除了控股股东、战略性投资者手中的筹码外，大部分筹码相对散乱地分布在散户、机构、券商等投资者手中。而这些筹码具有较高的流通性，这些投资者会结合当时的市场环境而随时改变策略。

股市的冷热决定了持股者的出售意愿。当市场整体向好，且筹码具备了很好的保值性、增值性时，持股者就会有惜售情绪，而持币者只能以高价来获得筹码，这时的筹码处于供小于求的状态。在这种状态下，成交量萎缩，持股者明显惜售，场外投资者只有通过高价来获得筹码，让持股者获利，以激发多空分歧，进而吸筹。此时，根据股价上涨时量能放大的程度，我们可以进一步了解筹码的供求关系。

如果股价快速上涨，而成交量却未明显放大，则说明市场需求筹码的力度远强于市场供应筹码的力度，这是看涨的标志。当股票的供求严重失衡时，体现在股价上便是会出现涨停板或跌停板，由于封板的形态不同，这时的成交量可能放大，也可能缩小。同理，我们还可以结合价格走势来解读筹码的供求关系。

图 2-6 是世纪星源 2019 年 9 月 2 日的筹码分布图。个股处于上升通道中，在 2019 年 9 月 2 日的前几日，个股横向窄幅震荡，量能明显萎缩，结合趋势来看，此时筹码处于求大于供的状态。但是，此时很难判断求大于供的程度。

随后，个股开始强势突破，值得注意的是，这 3 个交易日的量能巨大，这说明筹码的锁定度较差，虽然筹码处于求大于供的状态，但股价一旦出现剧烈波动，个股所能供应的筹码（即卖出的筹码）就会急速增多，但这样的上涨是不牢靠的，没有主力强力参与的个股也难有持续上涨的动力，只适宜短线交易，并不适宜中线持有。在实盘操作中，持股者应在短线滞涨后及时卖出。

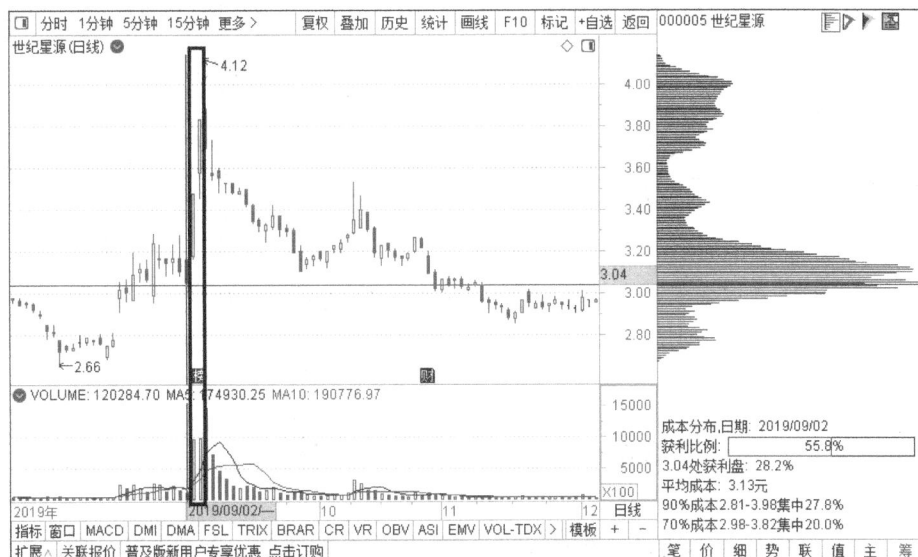

图 2-6　世纪星源 2019 年 9 月 2 日的筹码分布图

2.3.3　全盘获利下的巨量突破

在全盘获利的状态下，个股的强势突破代表着主力的拉升行为，此时，成交量的大小反映了主力的参与情况。如果放出巨量，则多表明筹码的锁定度不高，没有火热的大市配合,个股难有持续上涨的动力;如果量能未明显放大,则代表主力的实力较强,个股随后的中期走势值得关注。

图2-7是大悦城2019年10月8日的筹码分布图。该股在横向振荡之后,当日的筹码分布形态显示出当日几乎全盘获利。如图中箭头标注所示,个股随后以大阳线向上强势突破,当日的量能是之前量能的两倍左右,说明市场筹码的锁定度不高。基于此分析可知,一旦个股短线上攻受阻或出现短线卖出信号时,我们就应及时卖出,以规避大幅回落的风险。

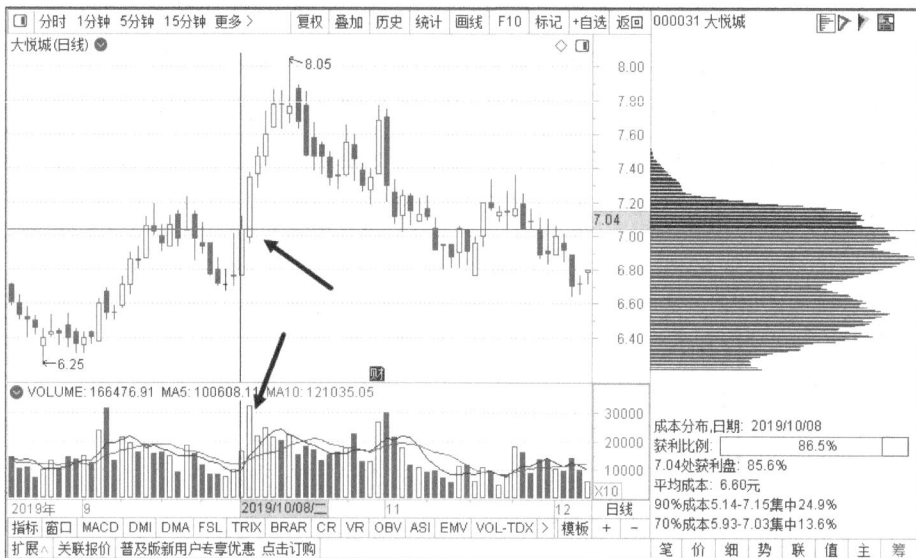

图2-7 大悦城2019年10月8日的筹码分布图

2.4 "涨停"视角与题材

制定涨停板、跌停板制度的目的是避免股价在短时间内剧烈波动,避免投资者做出不理智的决定。但实际情况并非如此,涨停板、跌停板的出现会相应地改变投资者的心理预期,进而在一定程度上起到助涨、助跌的作用。例如,当涨停板出现时,持股者及场外投资者由于看到了充足的买盘力量,所以会相应地提高心理预期,从而选择在更高的价位处进行交易。

从实战的角度来看,很多短线黑马股都是以涨停板为启动信号的;而且涨停股次日的平均上涨幅度要明显高于市场平均水平。涨停股之所以会有如此良好的表现，是因为与之相关的技术仍旧掌握在少数人手中。大多数投资者都惯用抄底思维，在个股启动之初，不擅长也不敢进行追涨操作；而掌握某项技术的人越少，该项技术的可靠性就越强。

2.4.1　涨停"一日游"与涨停突破

涨停板既可能是个股向上突破的信号，也可能代表着偶然性的"一日游"。一般来说，我们可以从以下 3 点着手来分析和预测涨停板之后的个股走势。

（1）个股是否有题材支撑，是否符合市场当前的热点。如果个股符合近期的市场热点，则涨停板代表真实突破的概率较大；伴随着涨停板的出现，个股随后很有可能出现一波上攻行情。如果个股无题材支撑、市场关注度不高，则涨停板往往并不是真实突破的信号，即使个股的日 K 线形态较为优异。

（2）涨停后次日及第三日的表现。若涨停板代表真实突破，则表明有主力积极参与，而"一日游"的涨停板会引发较强的获利盘抛压。如果个股在涨停后的次日及第三日在盘中企稳，且已保住涨停突破日的上攻成果，则涨停板代表真实突破的概率大；反之，则多是"一日游"的涨停板。

（3）小盘股涨停通常代表真实突破，而中盘股及大盘股的涨停往往是"一日游"。小盘股的涨停板多是主力拉升的产物，不易引发剧烈的多空分歧，更易实现突破式的上涨；中盘股及大盘股的涨停板往往是板块轮动的产物，一旦个股涨停，获利资金就会大量涌出，追逐那些还未上涨的板块。

2.4.2　题材的种类

投资涨停股、黑马股是投资者梦寐以求的目标，它们的出现都与题材密不可分。我们可以从主力的参与程度、主力的市场行为等角度来捕捉翻倍黑马股，也可以从个股的题材面着手来捕捉翻倍黑马股。相对来说，从题材面着手的方法更简单、有效。

对于题材来说，难有持久的热点，也没有永远的冷门，所以我们需要多方关注，例如，关注政策导向、科研成果及转化、新兴领域取得的突破等。除此之外，也有一些传统的热点题材，如高送转、资产注入等。下面我们简要地介绍一下 A 股市场中一些常见的题材。对于这些题材来说，实时性是关键，我们应密切关注市场资金的运行方向，因为个股的题材是固定的，只有获得市场认可、得到多方参与时，它才能成为真正的题材，也就是所谓的热点题材。

1. 高送转题材

所谓高送转就是指送股或者转增股票的比例较大，一般每 10 股送 10 股以上或转增 8 股以上的股票才算是高送转股票。高送转题材常见于市场环境较好的情况下。当主力参与有高送转预期的个股或者已发布高送转方案的个股时，由于场内外资金充沛，这一题材易引发市场共鸣。

高送转仅仅增加了上市公司的股本，由于高送转后要除权，所以股票的总价值未发生变化。那么，高送转为何会成为长盛不衰的热点题材呢？在国内的股票市场中，上市公司的成长与其股本扩张同步进行，因而实施高送转方案的个股往往会被认为其成长性较好，从而获得市场追捧；其次，在高送转方案的实施日，公司股价将进行除权处理，这使得在 K 线走势图中，股价会出现一种"低价"的视觉效果，这有利于主力在之后的高位区出货。例如，若上市公司实施买 10 股送 10 股的高送转方案，则在高送转方案的实施日，它的股价将变为除权前的一半。

2. 资产注入

在股票市场上，上市公司多以定向增发的方式来实施资产注入。重大的资产注入可以让上市公司"脱胎换骨"，实现主营业务的完全转型。所注入资产的性质决定着个股在消息发布后的走势。

一般来说，在消息发布后，若注入资产的规模较大且属于优质资产，特别是符合当时市场热点的资产，则个股往往会出现连续的无量一字板，我们将不会再有低位买入的机会。若注入资产的前景较好，但不符合当时市场热点，则此时就会引发市场分歧，且个股短线上涨幅度不大；对于这种情况，我们应结合同期的市况及所注入资产的情况来具体分析，看看这个题材是否有二度参与的价值。

3. 新股题材

新股是特殊的品种，它的流通盘往往极小，且题材独特，更易吸引主力参与、投资者追涨。

对于新股来说，无量一字板打开后才会影响二级市场中的投资者的买卖决策。一般来说，主力参与新股时，以下两个因素缺一不可：低价位的筹码、上市公司的经营题材在某些领域有其独特性。若一只新股上市时正逢股市整体估值较低，且该股开板较早、题材较好（如处于朝阳行业、有技术优势等），则对于这样的新股，我们可以积极关注，一旦股市及个股同步企稳，便可以大胆买入。

4. 政策导向题材

国家会根据当前所处的经济环境及发展规划来适当地扶持一些行业。在此背景下，相关受益行业的受益股就是因政策导向、国家方针而产生的市场热点。股市对经济政策最为敏感，主力自然会适时参与相关受益股。

总之，题材可以说是五花八门、千变万化的，虽然好的题材能够为个股勾勒一个美好前景，但是更重要的是市场是否对该题材充满热情。至于这些题材是否真的能为企业带来实质性的好处，则并不在主力与市场的考虑范围之内。基于此，我们在参与题材股时，绝不能以价值分析来展开操作，那样只能使我们犯错；而应以技术面为主，看看个股的上涨动力是否充足、投资者的追涨热情是否较高、主力的拉升行为是否坚决。通过分析盘面信息，这些问题均可迎刃而解。

2.4.3 抢板的技巧与准则

对于涨停板来说，有一种独特的抢板交易技术，它要求我们快速判断个股能否封板以及次日或随后几日的上攻潜力，进而决定是否在个股临近涨停价时抢板买入。

抢板技术要求我们在极短的时间内做出"是否买入"的决定，我们似乎没有太多的思考时间，且只能以盘口走势为依据。要在短短几分钟内做出决定是对我们综合能力的考验。结合实战经验，笔者根据"交易前需要兼顾哪些要素"，将抢板技术的要点按顺序总结为以下几点。

1. 看突破空间是否充足

个股若短线涨幅已较大，则显然已产生了过多的获利盘，并透支了上涨空间，对于这样的个股，主力一般不会参与，投资者也不宜抢板买入。而那些正处于低位盘整区的个股，一旦以涨停板突破，则多意味着上升空间将打开，此时抢板买入的胜算较大。

除此之外，中短期大幅下跌后的反弹板也有一定的上涨空间。而对于那些出现在短期大幅上涨后的高点、上穿前期筹码密集区的点、跌途中的反弹高点的涨停板来说，它们所预示的上涨倾向不强，是不宜短线买入的。

2.股本大小及个股题材面

股票的短期强势上涨源于资金推动，个股的盘子越小，涨停板之后的上攻潜力越大。一般来说，若股本超过5亿股，则涨停板之后的短线上涨将遇到一定的阻力；若股本超过10亿股，则涨停板之后的短线上涨将阻力重重。

题材也是决定我们是否抢板的重要因素。有题材支撑，特别是有热点题材支撑的个股，若出现涨停板，则往往预示着一波题材行情的出现，抢板这类个股，我们的短线风险小、潜在收益大。而那些没有题材支撑的涨停股，虽也会出现短线突破行情，但其短期内的上涨势头往往不如题材股猛。

3.最好抢第一个板

非突破性涨停板是我们抢板时最忌讳的一种，仅仅依靠盘口分时图形态是很难辨识非突破板与突破板的。换个角度来说，即使我们抢入了非突破板，也应尽量参与那些当日强势封板、次日继续冲高的涨停板。

在实战中，第一个涨停板最具抢板价值。如果这个涨停板预示着一波上涨行情的展开，那便是最好的；即使这是个非突破性涨停板，由于这是第一个涨停板，只要大盘走势稳健，主力也多会借助涨停板次日的惯性冲高卖出。以盘整高点出现的第一个涨停板为例，此时的个股处于盘整高点，涨停板使其呈突破上行状；纵观那些未能突破的个股，其涨停次日也多收于十字星，且收盘价接近上一日的涨停价。因此，如果我们在涨停板当日买入，次日却发觉情况不妙，则往往可在次日卖出，以保本出局。

4.抢封板时间早的个股

若要抢涨停板，我们应尽量抢在早盘阶段即能牢牢封板的个股，这是因为个股上封涨停板的时间越早，其次日的表现往往就越强劲，而对于在午盘之后才上封涨停板的个股来说，我们就不宜再抢涨买入了。一般来说，在10:30之前有上封涨停板倾向的个股是我们可以抢入的对象。为了不错失机会，在10:30之前，我们应实时关注行情报价表中涨幅靠前的个股，看看它们是否有异动，是否有上封涨停板的倾向。

5. 盘中振幅、盘口形态是关键

仅从日 K 线图来看，我们往往难以辨识涨停板的真实特征。同样是有一根大阳线，但不同个股在分时图中的形态却千差万别。有的个股平开后不久即快速封板；有的个股全天走势平稳，仅仅在尾盘上封涨停板；还有的个股上下波动后才最终封板……不同的涨停分时图所具有的看涨倾向是完全不同的，所以我们在抢入时所承担的风险也不同。

抢板时，盘口形态是关键；封板时间越早、涨停板封得越牢靠、盘中振幅越小、封板时的盘口形态越流畅，则个股的涨停板就越具有短线冲击力；而对于那些封板时间较晚、封板不牢靠或上封涨停时盘口形态过于突兀的个股，则应回避。

6. 提前埋单，果断出击

抢板就是要买入那些涨停板牢靠，且不再打开的个股，因此，要想成功买入，就一定要在个股冲击涨停板之前准备好，并在其上封涨停板前的一瞬间抢先买入。当连续性的大买单狂买涨停价位上的卖盘时，可以预测到个股将马上涨停，如果涨停板的各方面俱佳，那么此时就是最好的抢板入场时机。当然，当个股在盘中高点运行时，如果我们预测其随后将会涨停，那么此时也是可以提前入场的，但这需要我们承担个股不涨停所带来的盘中高位被套的风险。

2.4.4　抢涨停板案例综合解读

图 2-8 是九鼎投资 2019 年 12 月 30 日的涨停分时图，结合前面所讲的内容，我们来看看如何进行针对该股的抢涨停板实战操作。

（1）从日 K 线图来看，2019 年 12 月 30 日，该股处于低位盘整区内，个股上下震荡幅度较小；此时出现的涨停板更可能是突破的信号。

（2）从股本大小来看，该股的总股本为 4.34 亿股，流通股为 4.34 亿股，属于小盘股；该股封板成功的概率较大，封板后的短线行情也值得期待。

（3）从题材面来看，公司从事私募股权投资管理业务，处于朝阳行业中，其上涨也易引发市场共鸣。

（4）从盘口来看，个股当日高开幅度较大，在盘中高点略微停留之后上冲涨停板，且当日盘中振幅较小。结合前面的分析来看，个股在股本、题材、盘中振幅、分时线上冲流畅度等方面的表现较为优异，因而我们可以在个股即将封板时进行抢板操作，以获取短线利润。

该股随后的短线走势表明，当日这个涨停板代表着一波上攻行情的开始，而不是涨停"一日游"。如果我们能够综合分析、果断买入，就可以获取较为可观的短线利润。

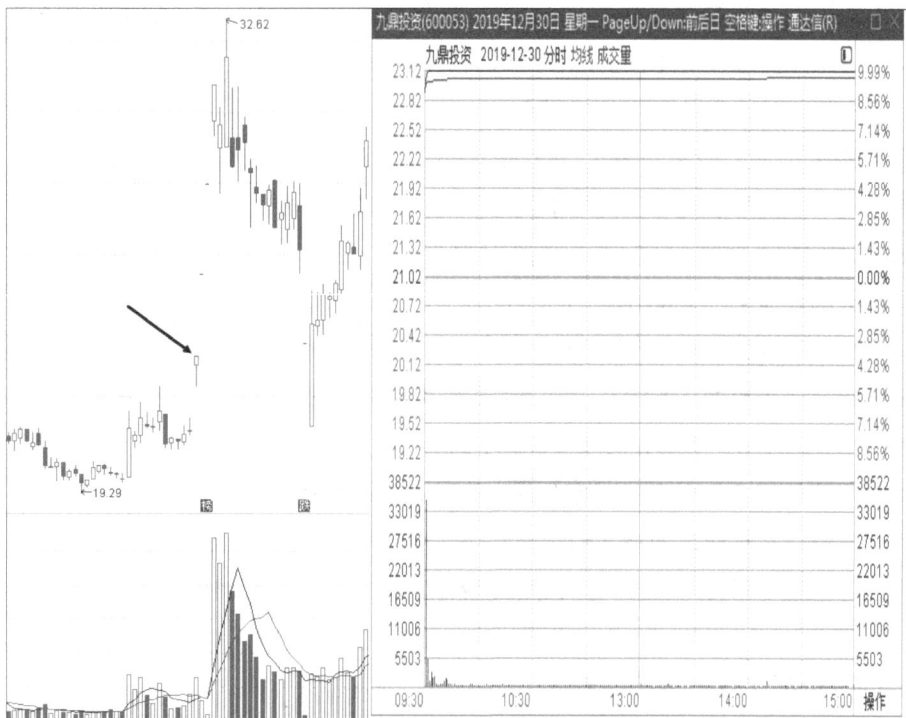

图 2-8　九鼎投资 2019 年 12 月 30 日的涨停分时图

2.4.5　连续涨停翻越筹码被套区

本书的重点是筹码分布，所以在了解了涨停交易技术之后，我们需要结合案例来看看如何将涨停板与筹码分布相结合，以进一步发挥筹码交易技术的优势。

图 2-9 是九鼎投资 2019 年 12 月 27 日的筹码分布图。个股出现了 4 个涨停板，且个股涨停之前的走势呈宽幅震荡状。在这几个交易日中股价由下至上翻越了宽幅震荡走势所形成的筹码被套区。

在实盘中，我们可以将这种形态称为"连续涨停翻越筹码被套区"，这是主力资金参与个股的重要信号。既然个股以连续涨停板的方式在震荡区解放所有的套牢盘，也就意味着主力拉升个股的意愿较强，个股的上涨空间较大。在实盘操作中，我们可以在个股短线回调后积极买入布局。

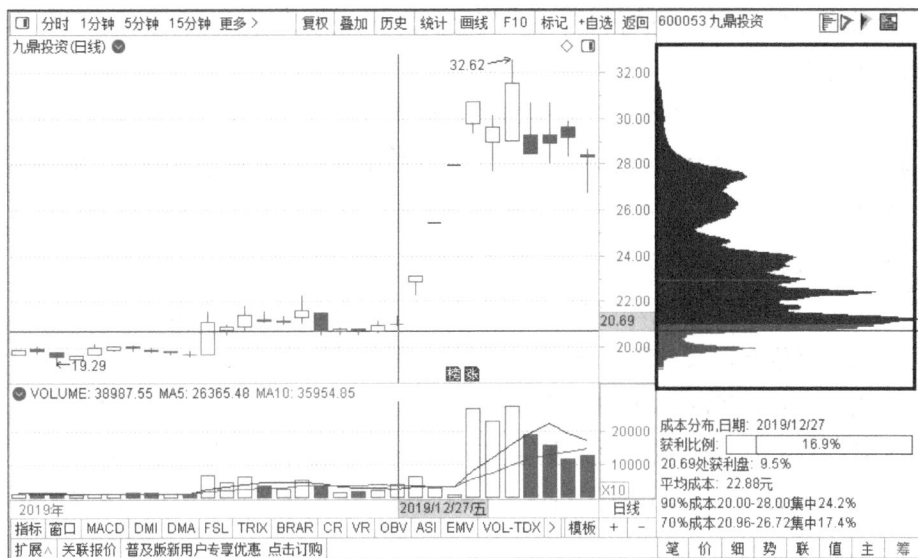

图 2-9 九鼎投资 2019 年 12 月 27 日的筹码分布图

2.5 "风险"视角与仓位调度

在股票市场中，风险与机遇共存，个股能够翻倍上涨，创造惊人的利润，也能够"断崖式"下跌，让本金大幅缩水。学习任何一种投资技术时，我们都不能只看到机遇而忽略风险。实际上，有些投资者之所以能够在股市中获得利润，并不是因为他们掌握了什么投资诀窍，而是因为他们能够尊重市场，并始终把风险控制放在第一位。在本节中，我们就从"风险"视角来看看如何将筹码交易技术与仓位调度相结合来展开实战。

2.5.1 系统性风险

对于股市来说，系统性风险就是大盘出现暴跌的风险。一般来说，它容易出现在大盘快速上涨之后，市场整体估值偏高、监管层对股市过热的抑制、IPO（Initial Public Offering，首次公开募股）的提速、经济不景气等多种因素的综合作用最终导致入市资金减少、离场资金增多；而股市中的"羊群效应"以及投资者情绪易出现波动等都很容易引发股市的整体塌陷。例如，2016 年 6 月之后，国内股市一共出现了三波快速、深幅下跌，千股跌停的情况时有出现，这种下跌这就是系统性风险。

当系统性风险出现时，我们几乎不可能通过分散买股的方式来控制风险，因为无论买哪只股票，几乎都规避不了暴跌的风险。只能通过控制仓位来降低系统性风险。例如，当股市过热、脱离基本面之后，为了不错失机会同时又降低风险，我们可以拿半仓甚至两三成仓位来进行操作。

图 2-10 是上证指数 2017 年 12 月至 2019 年 3 月的周线走势图。大盘在此期间先出现暴涨然后又出现了三波深幅下跌，下跌的速度很快、幅度很大，让股市中的投资者感到恐慌。在这三波下跌走势中，我们发现，90% 以上的个股都"随波逐流"，中小盘个股的下跌力度甚至明显超过了大盘指数，这就是系统性风险。不到一年的时间，大盘出现了三波系统性下跌，这也足以证明股市的系统性风险之大。

图 2-10　上证指数 2017 年 12 月至 2019 年 3 月的周线走势图

2.5.2　个股风险

我们在判断系统性风险时需要对股市的整体情况有所把握，尽管系统性风险出现的概率相对较小。更多的时候，股市会处于较为平稳的状态，无论是上涨还是下跌，波动幅度都不会过大，此时更需要我们准确把握个股的运行情况。

也正是在股市运行稳健的时候，我们往往会重仓参与，若不能选好个股，往往就有较大的风险。一般来说，以下几类个股的风险较大，无论股市情况如何，都不宜参与。

（1）短线涨幅较大的题材股。题材股常见的走势是暴涨暴跌，若我们没有提前布局，那么当其短线涨幅较大时（超过 30%）就不宜再追涨买入了，因为主力随后有可能大力出货，从而使得股价快速下跌。

（2）有退市风险的 *ST 股。ST 股是亏损累累的风险股，若前面再加一个"*"，则表明这只股有退市的风险，若参与其中，则风险是极大的。

（3）被中国证券监督管理委员会（简称证监会）立案调查的个股。上市公司不遵守市场规则、相关法律法规，依据不同情形，其所受的处罚可重可轻。但是在处罚结果未定的情况下，散户若贸然参与，则无异于作茧自缚。

（4）有重大利空，风险未得到明显释放的个股。重大利空的类型很多，如资产重组被中止、上市公司投资失败、业绩持续亏损且难以改善等。这类个股往往会出现持久的低迷走势，股价一路走低，若过早买入，则会抄底不成反被套。

2.5.3　累进加码法

常在大方向判断正确且第一笔交易已产生利润的情况下应用累进加码法。下面举例说明如何应用累进加码法。

（1）某投资者在 A 点买进一只股票，这一位置相对较低。此时市场相对低迷，投资者采取积极布局的方式，建仓数量相对较多。

（2）随后，个股开始上涨，投资者已处于获利状态。投资者认为这轮涨势才起步因而并不急于套利，并在次高点 B 点进行加仓。

（3）当股价涨至 C 点时，投资者认为 C 点不过是这轮涨势的中间点，于是再次加码。临近顶部时才完全平仓，获利出局。

运用累进加码法时，有 3 点需要注意。

（1）获利时才加码。因为获利时加码属于顺市而行，顺水推舟。

（2）不能在同一个价位加码。在同一个价位加码无疑会增加持仓比例，若此点位是顶部或股价在短期内快速回落，那么投资者将变得十分被动。

（3）采用"金字塔式"加码，而不要采用"倒金字塔式"加码。所谓"金字塔式"加码是指加码的数量一次比一次少，这样才能保住前面的收益。如果加码的数量一次比一次多，则很可能会造成一次加码错误就陷入"前功尽弃，收益尽失"的窘境的情况。

图 2-11 是上海机场 2018 年 10 月至 2019 年 9 月的走势图。图中标注了 3 个建仓位置。买入的筹码数量一次少于一次就是累进加码法。一般来说，常在投资中期走势向好、有业绩支撑且走势明显强于大盘的个股时使用累进加码法。

当个股呈加速上涨状态时，我们要关注顶部的出现，并实施积极的减仓策略。减仓时应采取"倒金字塔式"的方法，即卖出的股票数量一次比一次多，这种方式可以尽可能地锁定利润，虽然无法实现利润最大化，但却能创造较佳的风险 -收益比。

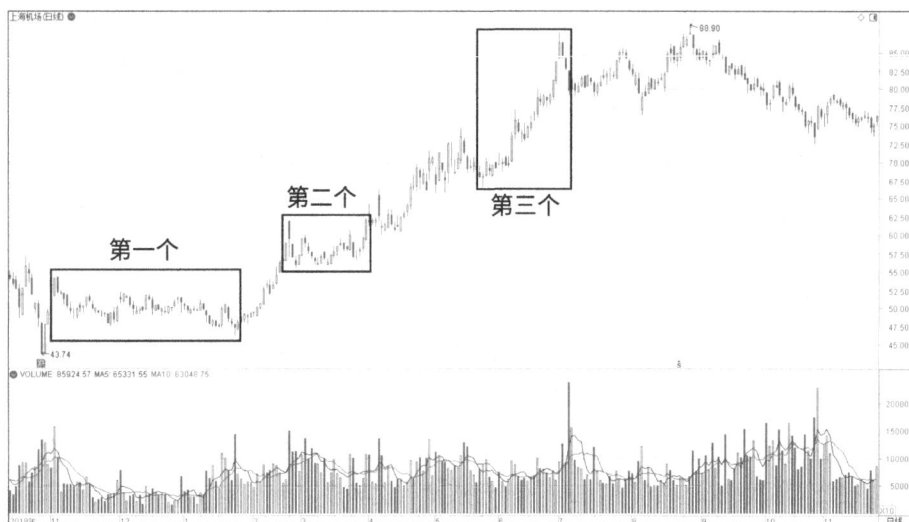

图 2-11　上海机场 2018 年 10 月至 2019 年 9 月的走势图

2.5.4　现金为王，保护本金

投资者很难把握股票市场中的机会，但是风险却是相对可控的。在无法抓住机会、感到无从下手时，不要在意那些上涨幅度很大的股票，将现金握在手中才是最好的策略。

手中持有现金将使自己永远处于主动地位，但是在股票市场中能真正实施这一策略的人却并不多。每个交易日都有一些股票上冲涨停板，也有一些股票出现大跳水，无论投资者是喜欢追涨，还是喜欢抄底，似乎都有可选的股票，殊不知这种盲目追涨或抄底一旦失败，将使我们遭受损失。而当真正的机会出现时，由于之前的错误决定，我们的资金仍旧可能被深套在某些股票之中，进而使我们无法把握住机会。

我们要耐心地等待时机，绝不可心急。当股票市场跌至谷底时，市场中的每一个人都会对这个市场感到失望。当看不到市场有任何起色时，若你拿着现金去买入一个品种，随着时间的推移，一旦股市回暖或牛市来临，那么你的利润将十分丰厚。这有些"物极必反"的意味。"现金为王"策略告诉了我们一个关于股票市场的真理，即手中有现金，便有机会。

若个股的走势与我们预测的走势刚好相反，这时就需要及时止损离场。设立止损价的主要目的在于控制损失。当市场行情对你不利时，你可通过设立止损价把亏损控制在预定的金额之内，不让损失继续增加；你也可以借此退出市场。投资者必须认识到股票市场是反复无常的，市场越反复无常，就越应设立止损价。

设立止损价时既要结合大市，也要结合个股特性，还要结合仓位情况。若将止损价设在离买入价较近的位置，当价格波动幅度稍微大一点时，股价就会触碰止损价而促使投资者卖出，虽然损失的程度很小，但投资者也会因此而错过许多获利机会；若止损价离买入价太远，则一般的波动幅度将不容易触碰止损价，除非价格走势明朗，否则这种止损法很容易导致较大的亏损。因此，设立止损价的关键在于找到一个折中点。

第 3 章

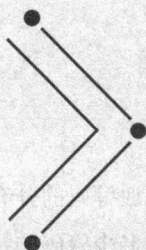

基础筹码形态与含义

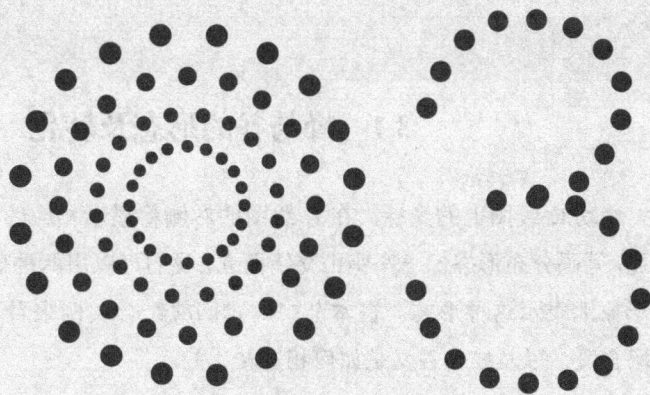

筹码分布形态像是一张照片，记录了在某一特定时刻市场中流通筹码的分布情况：有多少筹码被套在了高位区、有多少筹码处于获利状态、有多少筹码的持仓成本接近市价……通过这张照片，我们可以直观地看到筹码的分布情况。但是，更深层次的意义在于不同的筹码分布形态具有特定的市场含义。而准确地解读这张照片对我们的实战操作有着重要的意义。在本章中，我们从最基础的筹码分布形态着手，这些形态是其他复杂形态的原型，也是我们学习筹码交易模式的基石。

3.1　峰与谷的形态及转化

移动 K 线图上的光标，在 K 线图的右侧将显示相应的筹码分布图，我们会发现，筹码分布形态像一座座山交错而立，我们可以用两种事物——"峰"与"谷"来形象地表示这种形态。在本节中，我们就结合实例来看看峰与谷蕴含着哪些市场含义，以及峰与谷又是如何相互转化的。

3.1.1　峰与谷的形态特征

"峰"，我们可以将其定义为：在一个相对狭小的价格区间内聚集了较多的流通筹码，从而使这一价格区间的筹码形态呈山峰状。我们不必纠结何为"相对狭小的价格区间"、何为"较多的流通筹码"，这是因为筹码分布图本就是一张形象的展示图，而非精确的定义。简单来说，峰就是指筹码较密集的一个狭小区间，由于筹码数量较多，因而筹码分布图中这一区间的横线会较长，看上去如同一座山峰。

图 3-1 是国投资本 2020 年 2 月 17 日的筹码分布图。如图中标注所示，图中有 3 个较为明显的筹码密集峰，它们很形象，所以我们不必知道具体的比率，就可以直接辨识出这些峰，这就是筹码分布图的好处——直观、形象。

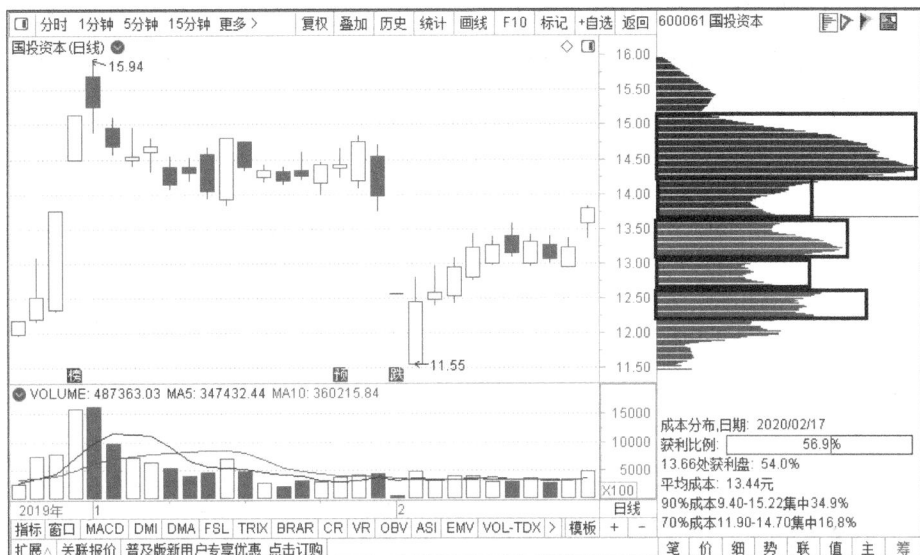

图 3-1　国投资本 2020 年 2 月 17 日的筹码分布图

除此之外，在峰与峰之间，还有因筹码数量较少而形成的凹陷区域，我们可以称其为谷。

可以说，峰与谷是筹码分布图中两种最基本的局部形态，也是我们进一步解读筹码分布图的市场含义的出发点。

3.1.2　震荡与峰的形成

峰是价格区间狭窄且筹码数量较多的直观体现，也意味着很多人的持仓成本在此价格区间内。股票是流通的，筹码在不断换手的过程中改变了投资者的持仓成本，因此相对充分的换手是形成筹码密集峰的充分条件。

一般来说，峰的形成往往与横向震荡走势直接相关。震荡持续的时间越长，筹码的换手就越充分，这个价格区间内所聚集的筹码数量也就越多，峰的形态特征也就越明显。但是，有时候仅仅持续几个交易日的横向震荡走势也依旧能够形成峰，这多是因为这几日的交易异常活跃，实现了筹码的快速换手。

图 3-2 是美尔雅 2019 年 2 月 25 日的筹码分布图。在此之前，个股处于攀升走势中，筹码也分布在一个相对开阔的区域内。

随后，个股开始横向震荡，当运行至 2019 年 3 月 29 日时，其筹码分布图如图 3-3 所示。在这个相对高位的横向震荡区，形成了一个明显的密集峰，这就是因横向震荡走势而形成的密集峰。

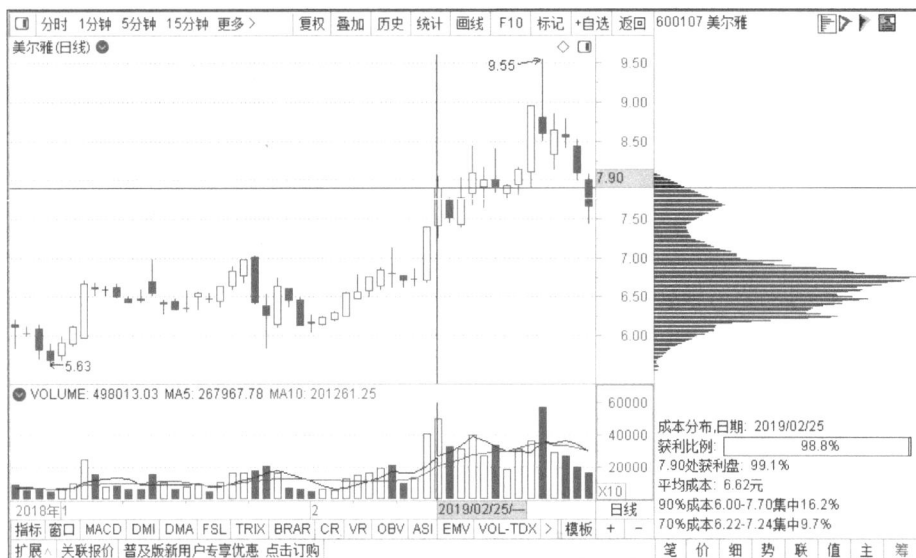

图 3-2　美尔雅 2019 年 2 月 25 日的筹码分布图

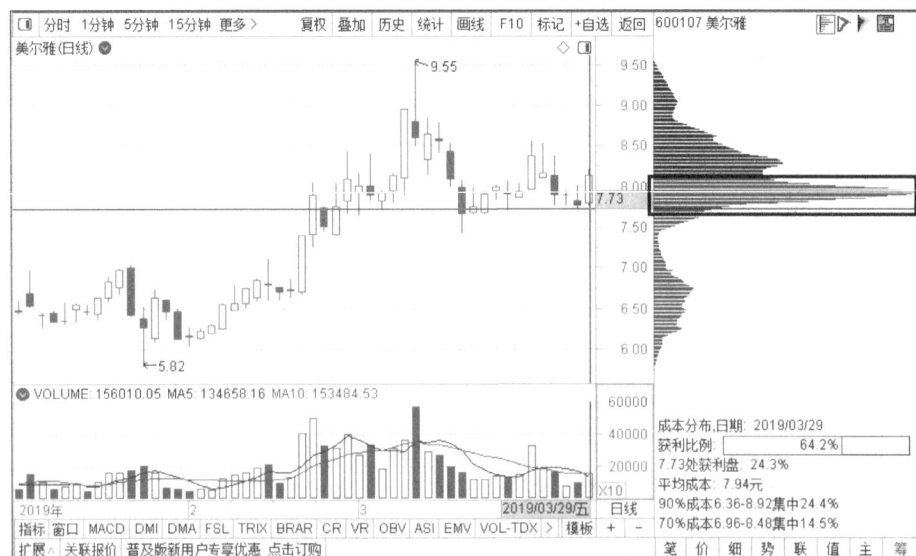

图 3-3　美尔雅 2019 年 3 月 29 日的筹码分布图

在本例中，虽然横向震荡走势持续的时间较短，但由于这段时间的交易较活跃，实现了筹码的快速换手，进而形成了密集峰。

3.1.3 单日峰的快速形成

横向震荡走势形成密集峰比较容易理解，除此之外，还有一种较为特殊的峰，即单日峰。

单日峰是指仅仅用一个交易日就让较多的筹码汇聚在当日的价格区间内。一般来说，形成单日峰的原因是：在个股走势相对极端的背景下，由于多空双方分歧明显，而当日的盘中振幅又较大，从而促成了筹码的单日快速换手，进而形成了单日峰。下面我们结合一个实例来进行说明。

图 3-4 是中国卫星 2020 年 2 月 6 日的筹码分布图。个股在此之前处于快速上涨状态，从图中可以看到，当日全部流通筹码均处于获利状态且分布在 36.77 元下方。

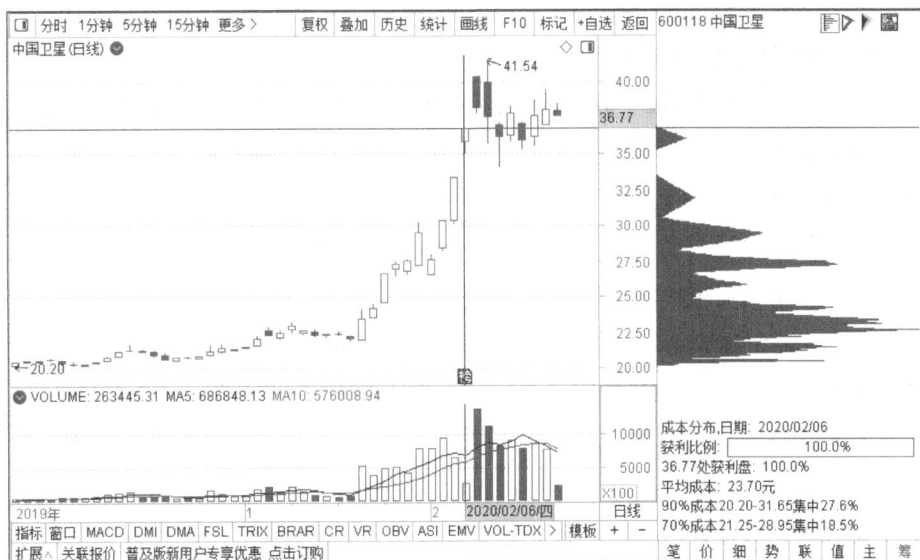

图 3-4 中国卫星 2020 年 2 月 6 日的筹码分布图

次日，个股于盘中高开低走，且盘中振幅巨大。在这种局部价格走势极端且当日盘中振幅大的情况下，多空双方势必出现强烈分歧，从而也促使筹码在一个交易日内快速换手。如图 3-5 所示，当日交投过后，较多筹码汇聚在 37.50 元上方，这就是极端走势背景下形成的单日峰。

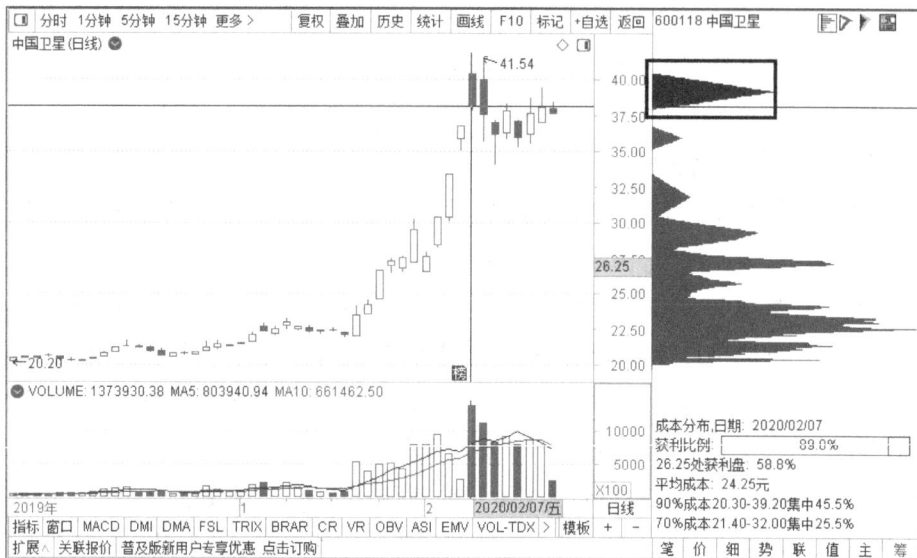

图 3-5　中国卫星 2020 年 2 月 7 日的筹码分布图

3.1.4　多日峰的快速形成

多日峰出现在个股创局部新高的走势中，此时，个股在高点仅仅经过了几个交易日的横向震荡，就使得大量的筹码在此价格区间内汇聚，从而形成了一个明显的多日峰。

多日峰的出现说明市场浮筹较多，个股在短期内一般难有快速上涨行情。在实盘操作中，宜减仓以降低风险。

图 3-6 是金健米业 2019 年 6 月 18 日的筹码分布图。该股经过长时间的稳健攀升之后，于高点处出现横向震荡走势，如图中标注所示，仅仅经过了 5 个交易日，就使得绝大多数筹码汇聚于此价格区间内，从而形成了一个密集峰，这就是多日峰。

结合同期大盘走势来看，该股走势明显强于大盘，多日峰的出现说明市场的获利抛压较重，浮筹也较多，该股在短期内难有更好的表现。在实盘操作中，短线宜清仓，中长线则应减仓，以降低风险。

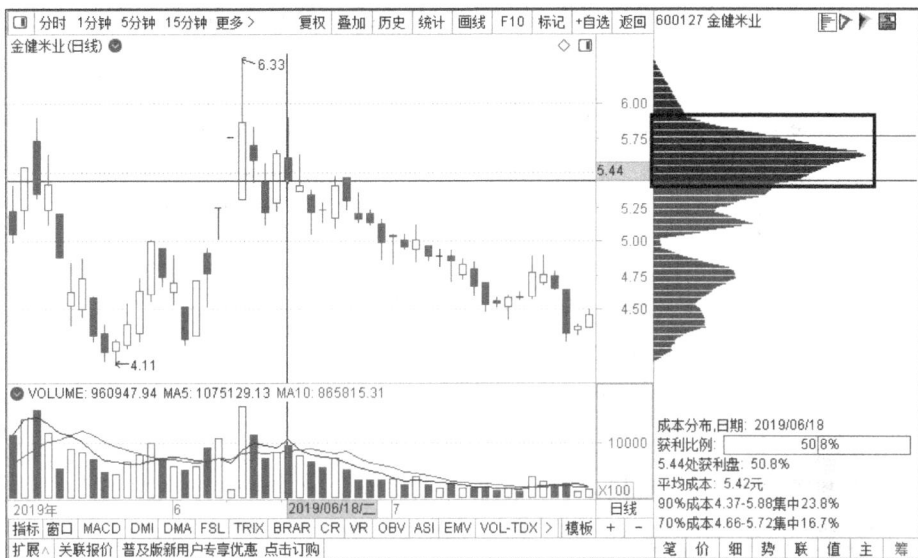

图 3-6　金健米业 2019 年 6 月 18 日的筹码分布图

3.1.5　谷的形成与市场含义

峰是筹码汇聚的标志，也是价格走势暂时趋稳的表现。与之相反的就是筹码的空白区域，即在有筹码分布的整个价格区间内，有一段价格区间里的筹码数量很少，其上、下价格区间的筹码数量则较多，从形态上来看，此区间就如同一个凹陷的谷，这就是筹码的谷。

谷出现在快速下跌或快速上涨之后，它连接着上、下两个盘整区。个股在急速下跌之后（或者急速上涨之后）构筑了一个平台，这个平台可能是股价走势的反转平台，也可能是延续原有趋势的中继平台。在实盘操作中，应结合大盘走势及个股特点来综合分析。

图 3-7 是航天机电 2019 年 12 月 18 日的筹码分布图。个股首先出现了平台区的整理走势，随后又出现了一波快速上涨走势，紧接着个股上涨受阻。这个过程就使得筹码分布图上出现了谷的形态。

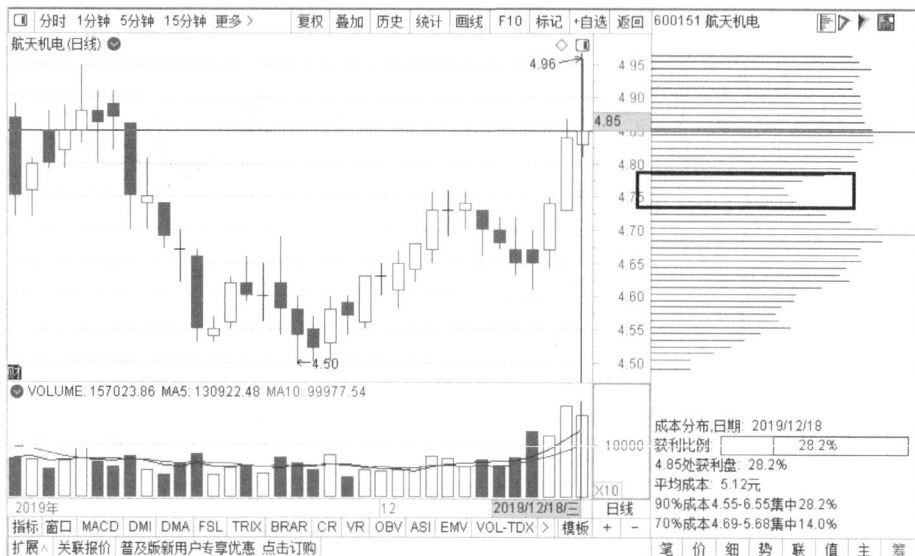

图 3-7　航天机电 2019 年 12 月 18 日的筹码分布图

一般来说，若个股处于中长期低点，且在筹码分布图中出现谷这一形态之后，个股出现一波由底到顶的反弹走势的概率是极大的，此时也是我们中短线入场的好时机。

3.1.6　填谷转峰的过程

流动性以及形态的互相转化是筹码运动的主要特征，并且筹码的峰与谷之间也可互相转化。峰的出现多代表着股价波动幅度趋窄，是多空力量平衡的表现；谷的出现往往代表着股价波动加剧，是多空平衡被打破的表现。市场的多空力量对比格局就在这种平衡与不平衡之间切换，从而便造成了筹码的峰与谷之间的互相转化。

由图 3-7 可见，在 2019 年 12 月 18 日，由于前期的快速上涨，此时的筹码形态仍旧呈现为谷，谷位于 4.8 元附近。但是，如图 3-8 所示，当个股运行至 2020 年 1 月 2 日时，原有的谷已随着个股的震荡而被逐渐填平，这就是筹码填谷转峰的过程。

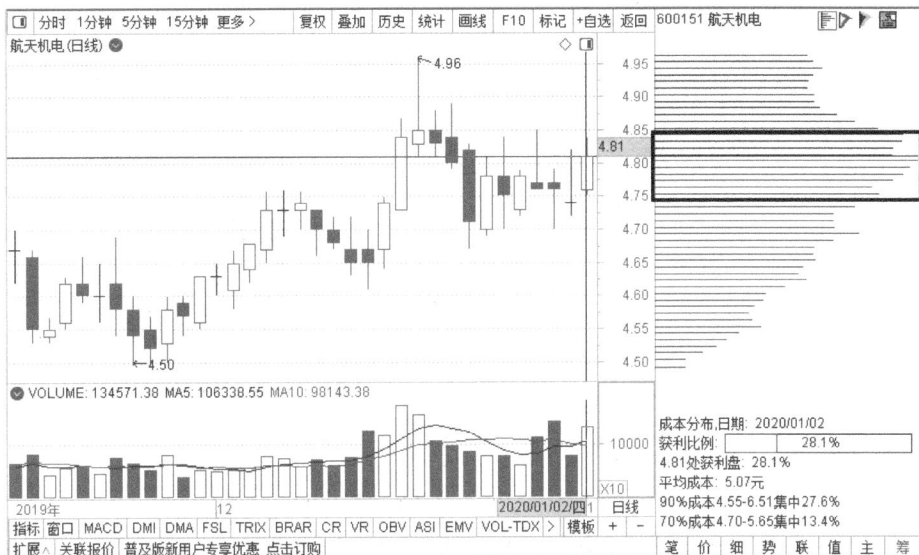

图 3-8 航天机电 2020 年 1 月 2 日的筹码分布图

3.1.7 中继谷与反转谷

中继谷与反转谷是结合个股的趋势运行情况及走势特征总结得来的。

中继谷，顾名思义，代表着趋势仍将延续下去，它常出现在趋势刚刚形成时。当个股向上突破低位盘整区时，此时出现的短暂整理走势会使得个股的筹码分布呈现谷的形态，这是上升趋势的中继谷；当个股向下跌破高位盘整区时，此时出现的短暂整理走势也会使得个股的筹码分布呈现谷的形态，这是下跌趋势的中继谷。

一般而言，若非大盘走势很差，则在中继谷出现后，个股很少会因为回调（出现在上升趋势中）或反弹（出现在下跌趋势中）而出现填谷走势。

图 3-9 是白云机场 2019 年 9 月 17 日的筹码分布图。此时的个股刚刚强势突破低位整理区，主力拉升迹象明显，同期的大盘走势较为稳健，连续几个交易日的横向整理使得筹码分布图中出现了谷的形态。

结合同期大盘走势及个股运行情况来看，这是上升趋势的中继谷，在这种情况下，个股多不会因回调而出现填谷走势。在实盘操作中，我们可以在个股短暂整理的几日中择机买入。由于这种操作属于追涨，若同期市场做多氛围不浓，应控制好仓位，短线快进快出。

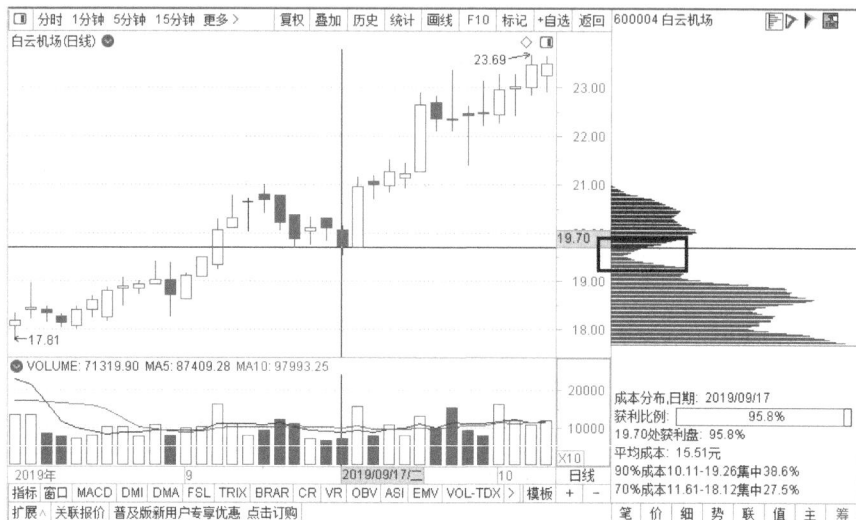

图 3-9　白云机场 2019 年 9 月 17 日的筹码分布图

反转谷出现在个股累计涨幅较大（上升趋势中）或累计跌幅较大（下跌趋势中）的位置区。此时，筹码分布图中一般会出现谷的形态，即使个股走势不会马上反转，也极易出现反方向的填谷走势。

图 3-10 是白云机场 2019 年 10 月 17 日的筹码分布图。此时个股的中期累计涨幅较大，获利盘众多。如图中标注所示，此时出现了一个较为开阔的谷，这是一个反转谷，股价由顶回调至底的概率极大。在实盘操作中应及时获利离场，以规避风险。

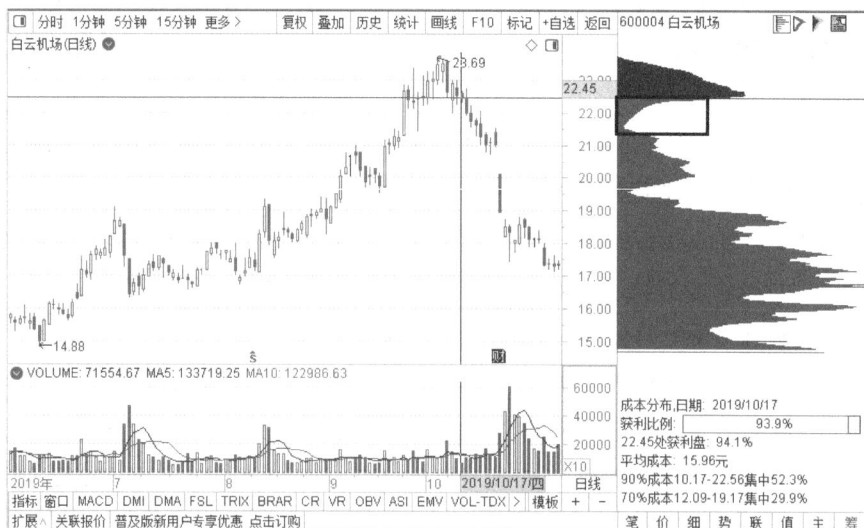

图 3-10　白云机场 2019 年 10 月 17 日的筹码分布图

3.2 筹码峰的支撑与阻挡作用

筹码峰是筹码密集的区域，也是市场的成本区域，一般来说，这样的成本区域对股价运行有着明显的影响。当股价在筹码峰上方运行时，峰对股价回落起支撑作用；当股价在筹码峰下方运行时，峰对股价反弹起阻挡作用。

在利用筹码形态展开实战的过程中，我们一定要理解筹码峰的支撑与阻挡作用。在本节中，我们首先讲解技术分析领域中的重点——支撑线与阻力线，随后再讲解筹码峰的支撑与阻挡作用，最后将两者相结合，力求更为准确地把握股价运行中真正具有支撑或阻挡作用的位置。

3.2.1 绘出支撑线

支撑线也被称为上升趋势线，其主要功能在于指出上升趋势中个股的运行方式，此时，支撑线在个股走势的下方。

支撑线的画法是：将震荡上升过程中的两个或多个相邻且较为明显的回调低点连接起来，即可得到支撑线。支撑线可以直观、清晰地体现出上升途中的支撑位，是我们识别上升趋势并把握上升途中逢低买入时机的重要工具之一。

图 3-11 是福建高速 2018 年 10 月至 2020 年 2 月的走势图。如图中标注所示，将上升途中回调后的低点连接起来，我们就可以得到该股的支撑线。

在画出支撑线之后，个股的运行轨迹似乎变得更加清晰且有规律了。每当股价因获利盘的抛售而出现回落时，可以看到，股价在支撑线的位置获得了有力的支撑。

在实盘操作中，我们可以利用支撑线进一步得出该股在上升途中的支撑位的变化，从而把握阶段性的逢低买入时机，即在一波回调走势后，当个股跌至支撑线附近时，往往就是较好的短线逢低买入时机。

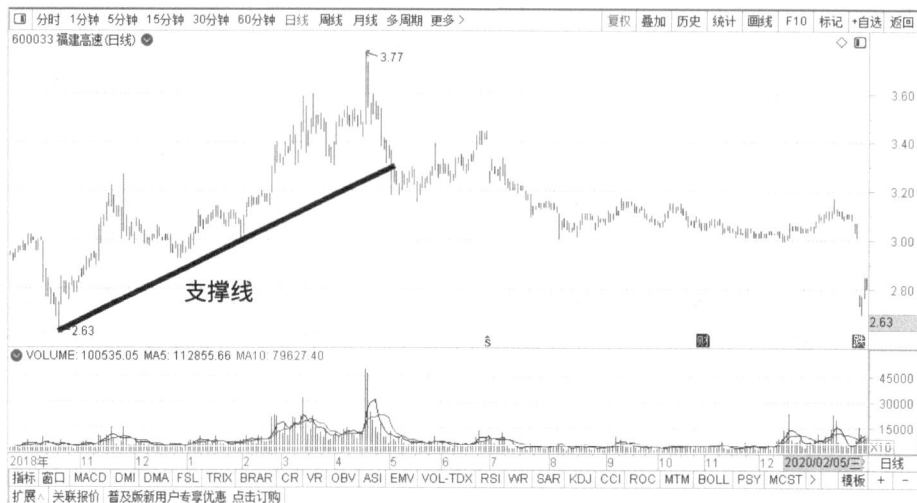

图 3-11　福建高速 2018 年 10 月至 2020 年 2 月的走势图

一般来说，支撑线所连接的低点越多，支撑线就越可靠，其实战性也就越好；而那些所连接的低点较少（如连接两个低点）的支撑线，虽然也能大致指示趋势的运行情况，但是其准确性、实战性就要大打折扣了。

3.2.2　绘出阻力线

阻力线也被称为下降趋势线，其主要功能在于指出下跌趋势中个股的运行方式，此时，阻力线在个股走势的上方。

阻力线的画法是：将震荡下跌过程中的两个或多个相邻且较为明显的反弹高点连接起来，即可得到阻力线。阻力线可以直观、清晰地体现出下跌途中的阻力位，是我们识别下跌趋势并把握下跌途中逢高卖出时机的重要工具之一。

图 3-12 是中直股份 2019 年 8 月至 11 月的走势图。在画出了阻力线之后，我们随后的分析就容易多了。一旦个股短线加速下跌且远离阻力线时，由于有反弹的动力，可以适当买入；而一旦股价反弹至阻力线附近时，就应及时卖出。

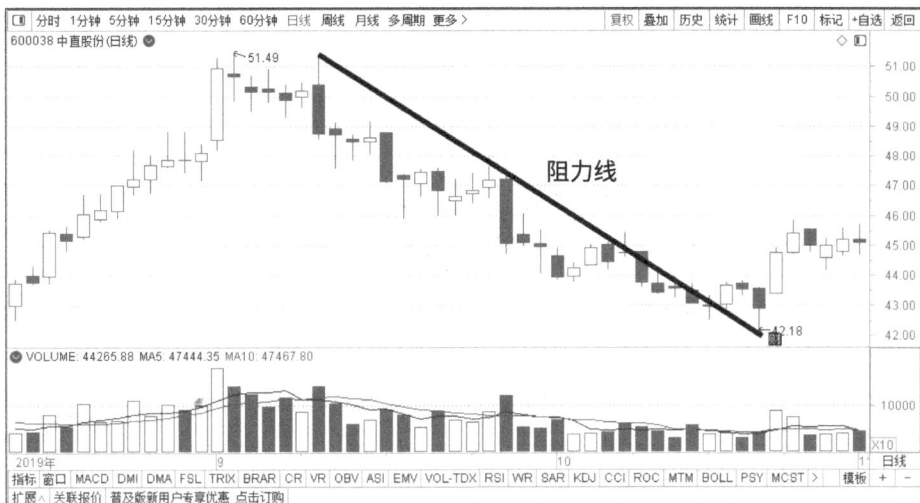

图 3-12　中直股份 2019 年 8 月至 11 月的走势图

3.2.3　支撑线与阻力线的相互转化

支撑线的作用在于显示价格波动过程中的支撑位，阻力线的作用则在于显示价格波动过程中的阻力位。逻辑学中的辩证观点告诉我们，正反并非永远对立，它们也可相互转化。同理，支撑线与阻力线也可相互转化。

在股价的上升过程中，随着市场抛压的不断增强，当支撑线被跌破时，原有的支撑位往往会变成反转下跌行情中的阻力位；在股价的下跌过程中，随着市场买盘力量的不断增强，当阻力线被突破时，原有的阻力位往往会变成反转上升行情中的支撑位。

图 3-13、图 3-14 形象地展示了支撑线与阻力线相互转化的过程。下面以图 3-13 为例进行说明。

（1）最初，个股处于震荡上行的过程中，线 1 是支撑线，对股价上行起支撑作用。

（2）随后，由于抛压加重，线 1 被跌破，这也是原有行情反转的信号，此时，线 1 对随后的反弹起阻挡作用。

（3）此时，我们将个股的起涨点与跌破线 1 后的回落低点相连，得到一条更为平缓的支撑线，它对个股随后的震荡上行起支撑作用，这就是线 2。

（4）最后，当线 2 也被跌破时，它对随后的再度反弹起阻挡作用。

依此类推，我们可以画出更为平缓的线3。

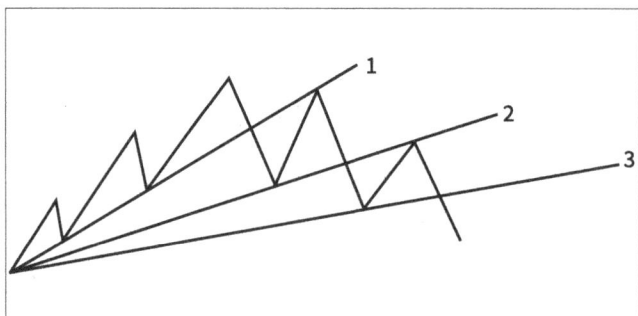

图 3-13　支撑线转化为阻力线的过程图

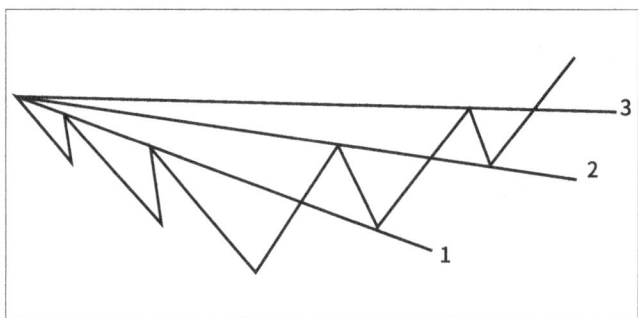

图 3-14　阻力线转化为支撑线的过程图

3.2.4　下峰的支撑作用

当股价在筹码峰的上方运行时，此时的筹码峰被称为下峰，下峰对股价的回落起支撑作用。一般来说，下峰处所汇聚的筹码数量越多，下峰的支撑作用越强；如果下峰呈单峰密集形态，则此下峰具有最强的支撑作用，特别是当股价处于中长期低位区时。

图 3-15 是保利地产 2019 年 12 月 3 日的筹码分布图。个股在低位区出现了长期的横向整理走势，但期间股价重心稳步上移。在 2019 年 12 月 3 日，筹码分布图中呈现出明显的单峰密集形态，随后个股股价在筹码峰之上运行，此时的筹码峰具有很强的支撑作用。

在图中标注处，一波回调使得股价回落至下峰附近，此时就是极好的中短线买入时机。

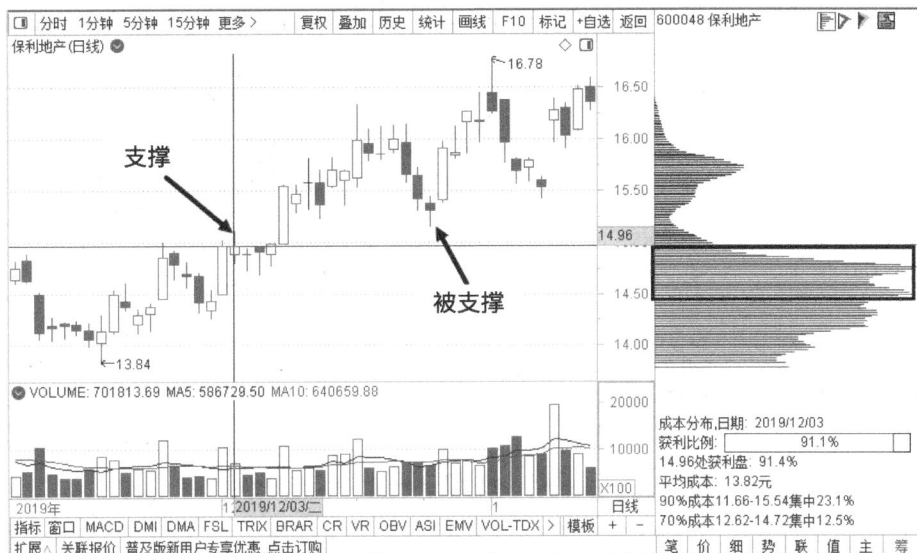

图 3-15　保利地产 2019 年 12 月 3 日的筹码分布图

　　值得注意的是，很多个股都是先缓慢地在筹码峰之上运行，这是主力进一步吸筹、增强能力的过程；随后，当主力能力较强且同期大盘走势较稳健时，个股随时会以这个筹码峰为踏板向上突破。因此，对于有题材且盘子较小的个股来说，当股价回落至下峰附近时，此位置很可能是其短线起涨点。在实盘操作中，应注意这一点，以把握短线买入时机。

3.2.5　上峰的阻挡作用

　　当股价在筹码峰的下方运行时，此时的筹码峰被称为上峰，上峰对股价的反弹起阻挡作用。一般来说，上峰处所汇聚的筹码数量越多，上峰的阻挡作用越强；如果上峰呈单峰密集形态，则此上峰具有最强的阻挡作用，特别是当股价处于中长期高位区时。

　　图 3-16 是中国联通 2019 年 10 月 18 日的筹码分布图。个股在高位区构筑了密集峰。随后，股价跌破筹码峰，个股运行于筹码峰的下方，则该筹码峰为上峰，它有着较强的阻挡作用。从随后的走势可以看出，当个股反弹至上峰附近时，由于强阻力作用，个股随后再度破位下行。在实盘操作中，上峰往往就是反弹高点，也是中短线卖股离场的位置。

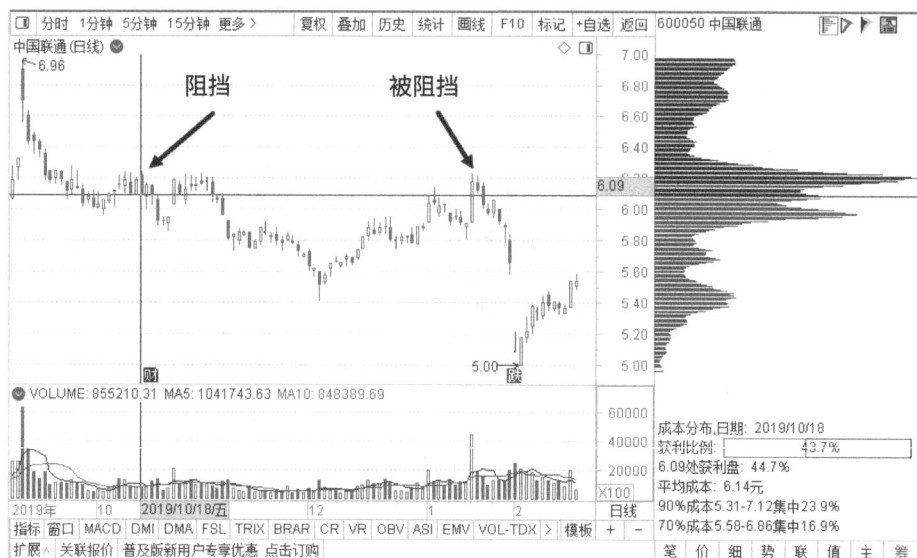

图 3-16　中国联通 2019 年 10 月 18 日的筹码分布图

3.2.6　套牢峰的强阻力

除了关注个股近期运行中的筹码形态外，我们还要关注其历史走势特征。例如，在前期盘整区间被完全跌破之后，就会形成一个套牢峰，虽然在个股后期较长时间的运行中，在筹码分布图上已看不到这个套牢峰的踪迹，但筹码分布图毕竟不是真实的市场持仓成本分布情况，我们仍需要关注历史走势特征。而且投资者在被套牢后，往往不愿离场，而是耐心等待解套，所以这也是很多投资者由短线交易者变成真正"股东"的原因。

当股价由前期跌势转而向上，并接近前期套牢峰时，大量解套盘的存在，以及中短线获利盘的双重抛压，会使得这个位置产生强阻力作用。很多个股在上行到这个位置后，股价都会出现大幅度的回调，这也体现了套牢峰的强阻力作用。

图 3-17 是首创股份 2019 年 4 月 15 日的筹码分布图。如图中标注所示，当日筹码呈密集峰形态；随后，密集峰被完全跌破，幸运的是，股价能够再度反转上行。但是，当股价反转上行至套牢峰时，可以看到，大量解套盘的涌出使得个股出现了较大幅度的下跌。

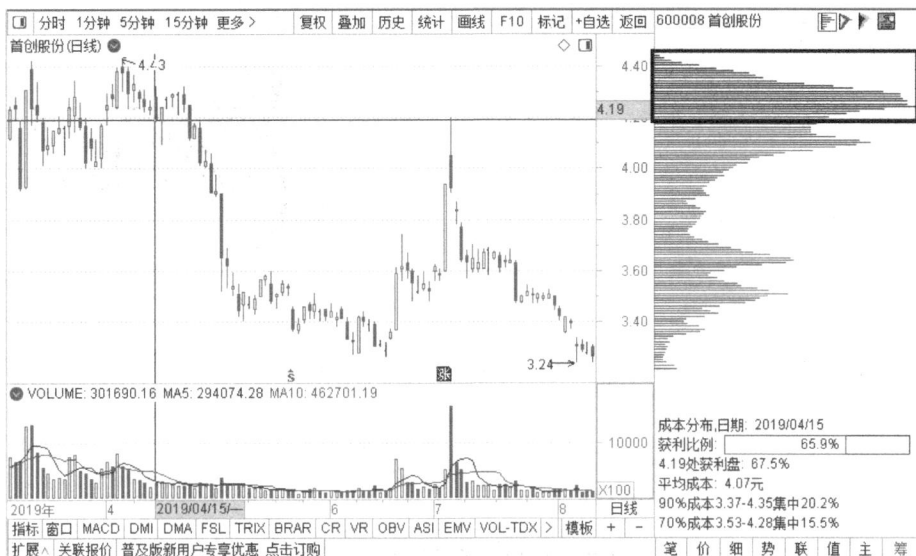

图 3-17　首创股份 2019 年 4 月 15 日的筹码分布图

3.2.7　峰的穿越与破位

与支撑线与阻力线的相互转化类似，当筹码的下峰被有效跌破时，它就会对随后的反弹起阻挡作用；当筹码的上峰被有效突破时，它就会对随后的回调起支撑作用。下面我们结合实例来进行说明。

图 3-18 是上海机场 2018 年 11 月 5 日的筹码分布图。在图中可以看到，在这个交易日之后，股价在筹码峰的下方运行，这个筹码峰此时是具有阻挡作用的上峰；随后，个股向上穿越了上峰，这意味着此峰原有的阻挡作用已然消失，它反而会对随后的回调起支撑作用。

从个股的实际运行情况来看，当上峰被有效突破时，如果此时的股价位于中低位，那么这很有可能是一轮升势展开的信号。

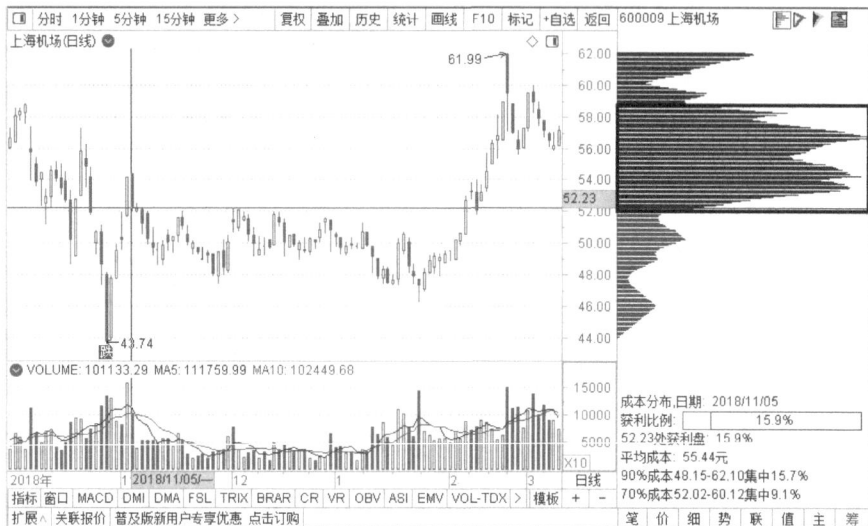

图 3-18　上海机场 2018 年 11 月 5 日的筹码分布图

图 3-19 是包钢股份 2019 年 6 月 26 日的筹码分布图。如图所示，股价之前多于筹码峰之上震荡运行，所以这是筹码的下峰，具有支撑作用。随后几日，连续几根阴线使得股价跌破下峰，这是一轮跌势展开的信号。

对于该股来说，由于同期大盘走势也较差，所以个股在跌破下峰之后并没有反弹到筹码峰附近。在实战中，这也提示我们在判断逢高卖出的点位时，不能主观地认为一定会出现反弹走势，有时应该第一时间卖出，以降低亏损，而不应被动地等待反弹。

图 3-19　包钢股份 2019 年 6 月 26 日的筹码分布图

3.2.8　筹码峰与支撑线的交汇点

筹码峰若能与支撑线相交，则这一交点的支撑作用会十分强。一般来说，只要大盘不出现系统性暴跌，这样的位置点就会对个股后期的上涨有着极强的支撑、启动作用。在实盘操作中，此点是较为理想的中短线切入点。

图 3-20 是三一重工 2019 年 10 月 31 日的筹码分布图，图中标注了两个位置点。

在位置点 1 处，虽然可以通过连接两个相邻低点来画出一条支撑线，但这一位置点并未与之前的筹码峰的位置相重合，可以说此时个股的短线回调并不充分，获利盘抛压仍较大。

在位置点 2 处，此时个股的短线回调较为充分，连接两个低点即可画出一条支撑线，且这个位置点正好与前期的筹码峰的位置相重合，那么此线就是中短线走势中支撑作用最强的支撑线，此时则是买入的好时机。

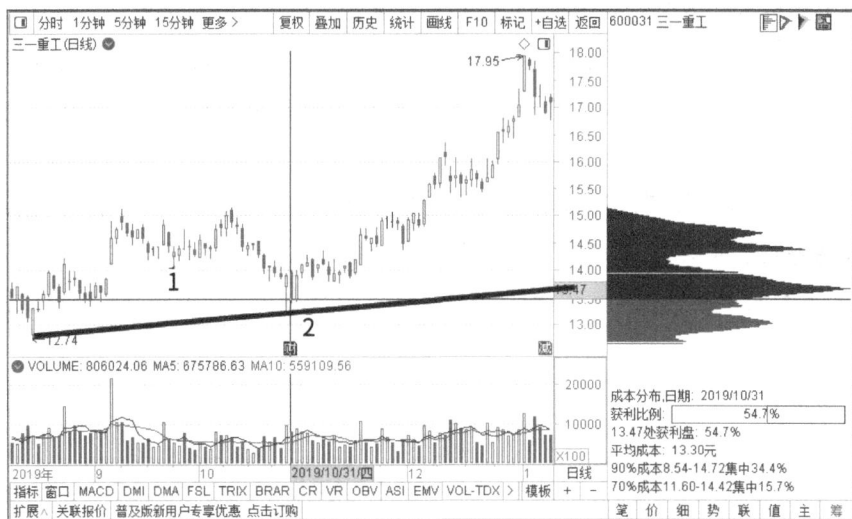

图 3-20　三一重工 2019 年 10 月 31 日的筹码分布图

3.3　单峰密集形态

筹码分布形态主要分为两大类，一类是密集形态，另一类是发散形态。而密集形态又可以细分为单峰密集形态、双峰密集形态、多峰密集形态，其中单峰密集形态最常见，其实战意义也较为突出，准确理解单峰密集形态的基本市场含义对于后续进行实战操作极为重要。

当单峰密集形态出现在下跌趋势末期的底部区时，主力多为买方，而普通投资者多为卖方，这种底部区的单峰密集形态是个股后期上涨的标志；当单峰密集形态出现在上升趋势末期的顶部区时，主力多为卖方，而普通投资者多为买方，这种顶部区的单峰密集形态是个股后期下跌的标志。在本节中，我们就结合个股的运行特征来看看常见情形下的单峰密集形态。

3.3.1　识别单峰密集形态

单峰密集形态是指绝大多数流通筹码汇集在一个狭小的价格区间内。一般来说，在这个狭小的价格区间内至少存在70%的流通筹码。结合价格走势来看，单峰密集可以分为高位单峰密集、低位单峰密集、整理区单峰密集。

单峰密集的出现源于横向震荡走势，而且这种横向震荡走势的持续时间较长。筹码换手越充分，其他价格区间的筹码向单峰密集的价格区间转移得也就越充分。

图3-21是二六三2020年2月3日的筹码分布图。对于该股来说，几乎所有的流通筹码都堆积在一个相对狭小的价格空间内，这就形成了单峰密集形态。

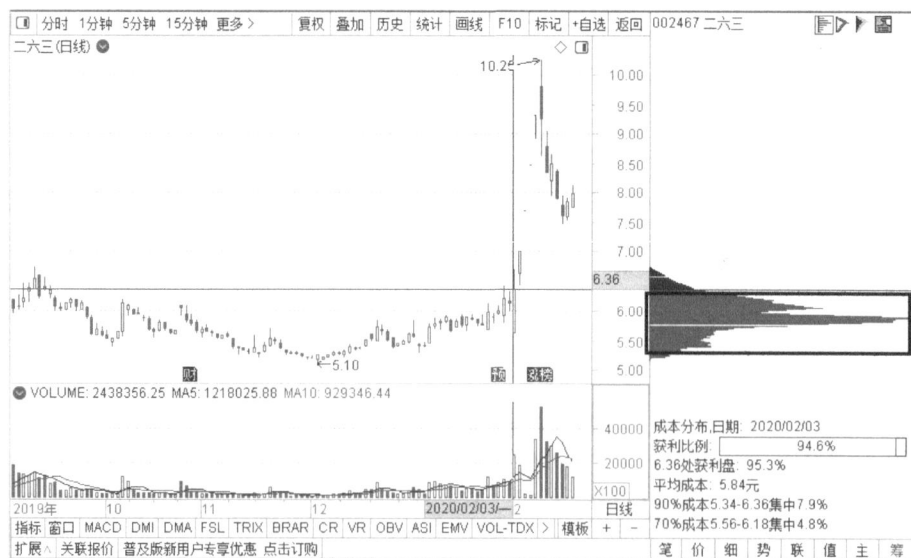

图3-21　二六三2020年2月3日的筹码分布图

单峰密集形态的基本市场含义是：市场上投资者的持仓成本都较为接近，明显的获利盘不多，明显的被套盘也不多。一般来说，单峰密集形态预示着多方力量的积聚或者空方力量的积聚。在实盘操作中，我们要结合个股的趋势运行情况来具体分析。

单峰密集形态是多空双方博弈的结果。由图 3-21 可知，这是相对低位区的单峰密集形态，但低位区的单峰密集形态并不一定预示着底部的确立，也不是价格不会再探新低的标志。在实盘操作中，我们既要结合大盘走势，也要结合个股的运行情况来具体分析。该例的单峰密集形态的位置较低，且同期大盘走势向好，所以此时可以短线买股参与。

3.3.2　低位单峰，底部确立

趋势的运行过程是以牛熊交替的方式不断循环的。上升行情与下跌行情的中间是持续时间或长或短的横向震荡走势。当股价由高位区经反复下跌到达中长期低位区时，由于市场低迷，往往很难快速出现反转行情。这时便会出现持续时间相对较长的横向震荡走势，从而使绝大多数流通筹码在这个中长期低位区实现换手，而在筹码分布图上也会随之出现低位区的单峰密集形态。

当低位区的单峰很难被有效跌破且有主力参与时，便会形成低位区的单峰密集形态。主力一旦在此区间吸筹充分，就会借助大盘的企稳走势而拉升个股，因此，低位区的单峰密集形态常常是一轮上行情开始的标志，而此时也是我们中长线买股布局的时机。但是低位区的震荡时间往往较长，所以在寻找短线买入时机时，要知道低位区的单峰密集形态并不是短线买入信号，它只是中长线入场信号。

图 3-22 是双塔食品 2019 年 6 月 5 日的筹码分布图。该股自低位区开始缓慢攀升，由于上升幅度小、持续时间长，从而形成了低位区的单峰密集形态。结合个股的运行特征来看，多方力量一直占据主导地位，买盘承接力度较强，表明此低位区的单峰是阶段性的底部单峰，这预示着随后的行情将以此为启动平台。在实盘操作中，此时我们可以买股布局。

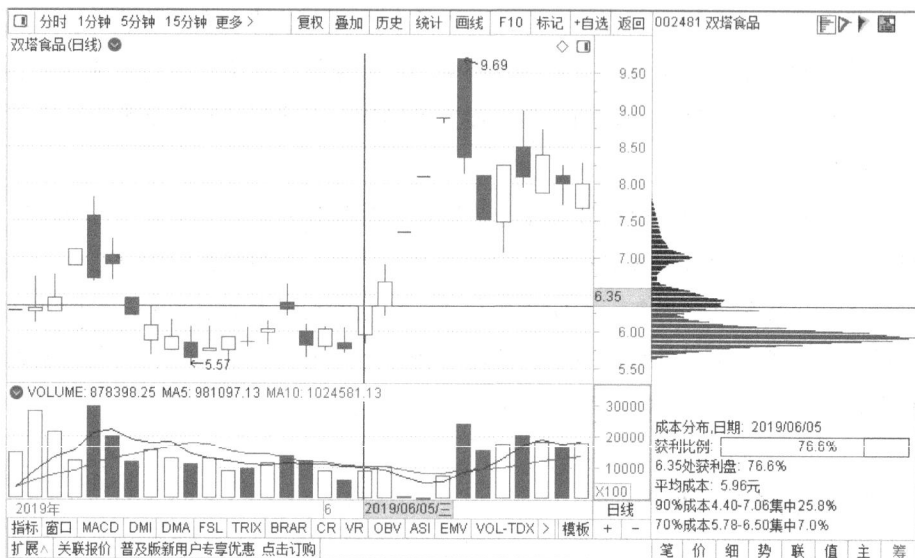

图 3-22 双塔食品 2019 年 6 月 5 日的筹码分布图

3.3.3 低峰破位，行情看淡

低位区的单峰密集形态并不一定预示着底部的出现。有时候，主力并未在低位区买股入场，仅依靠筹码形态无法判断主力是否入场，因此，在布局的时候，我们也应分批买入，逐步加仓。

从中短线的角度来看，当低位区的单峰被跌破时，多预示着主力并未参与个股，这样的个股要么"随波逐流"，要么落后于大盘。在实盘操作中，这类个股并不值得短线买入。对于此类形态，我们将其总结为"低峰破位，行情看淡"，其中，行情看淡是指筹码密集峰被跌破之后，个股随后的走势将"绵软无力"。

图 3-23 是广田集团 2019 年 9 月 23 日的筹码分布图。个股以大阴线跌破筹码密集区且随后反弹无力的走势，就是"低峰破位，行情看淡"的形态的具体表现。在实盘操作中，若个股价值被低估，则只宜中长线布局，不宜短线买入。

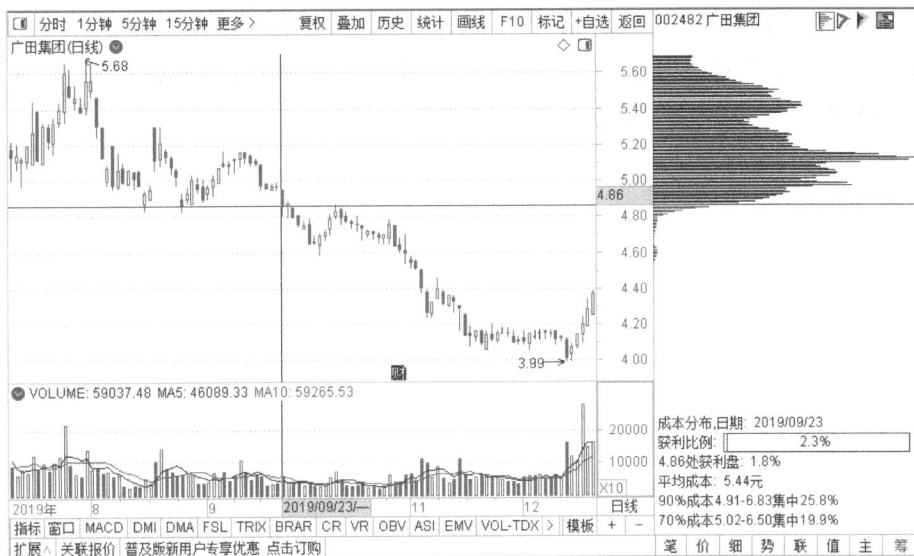

图 3-23　广田集团 2019 年 9 月 23 日的筹码分布图

3.3.4　中继单峰，行情不止

在上升行情或下跌行情中，个股多会在途中出现横向震荡走势，若筹码换手较为充分，就会形成不改变趋势运行状态的中继单峰。那么，上升途中的高位区单峰究竟是上升中继单峰还是顶部单峰呢？下跌途中的低位区单峰究竟是下跌中继单峰还是底部单峰呢？我们可以从以下两点来把握。

（1）在中继单峰的构筑过程中，股价重心的移动方向与原趋势一致；而在预示趋势反转的底部单峰或顶部单峰的构筑过程中，股价重心的移动方向则与原趋势相反。例如，上升途中，在上升中继单峰的构筑过程中，我们会发现股价重心小幅度地缓缓上移，且很少有股价重心缓慢下移的上升中继单峰出现，所以此时的高位区单峰就是上升中继单峰；随后，股价继续上涨，个股再度横向震荡，若我们发现在震荡过程中股价重心缓缓下移或者震荡幅度增大，则此时的高位区单峰就是预示着顶部出现的顶部单峰。

（2）出现在行情刚刚确立之时的横向震荡走势成为中继单峰的概率更大；离行情启动点较远的横向震荡走势则易成为预示趋势反转的顶部单峰或底部单峰。

图 3-24 是三维工程 2019 年 2 月 22 日的筹码分布图。在刚刚脱离底部后，

个股缓慢上升，且出现了横向震荡走势，从而呈现出单峰密集形态。结合个股走势的特点及此单峰所处的位置点，可以判断，这是一个上升中继单峰。在实盘操作中，中长线投资者仍可耐心持股。

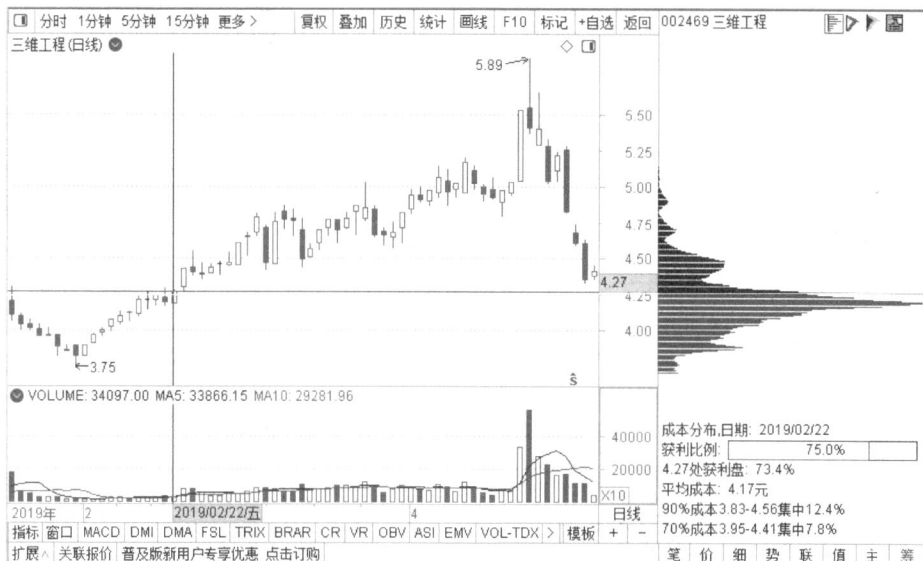

图 3-24　三维工程 2019 年 2 月 22 日的筹码分布图

3.3.5　顶部单峰，行情转折

当股价从低位区经长期震荡上扬到达中长期的高点时，由于市场买盘力度渐弱、获利抛压加重，因此反转行情随时可能出现。而高位区又是多空分歧加剧的区域，筹码换手速度相对较快，一旦大多数筹码因高位震荡走势而实现换手，且没有新主力入场承接，这个高位区的单峰就会变为顶部单峰，个股随后就会因卖盘大量涌出而破位下行。

图 3-25 是富春环保 2019 年 12 月 18 日的筹码分布图。个股在大涨之后的高位平台区横向震荡，在震荡之后，量能开始不断萎缩，这是市场交投清淡的标志，也是买盘力度不足的信号。由于个股累计涨幅较大，且远大于同期大盘，因此，我们应留意顶部的出现。一旦出现大阴线破位征兆，就应及时卖股离场。从个股随后的走势来看，这正是一个顶部区域，所以 2019 年 12 月 18 日的高位单峰密集形态也是预示着趋势反转的顶部单峰密集形态。

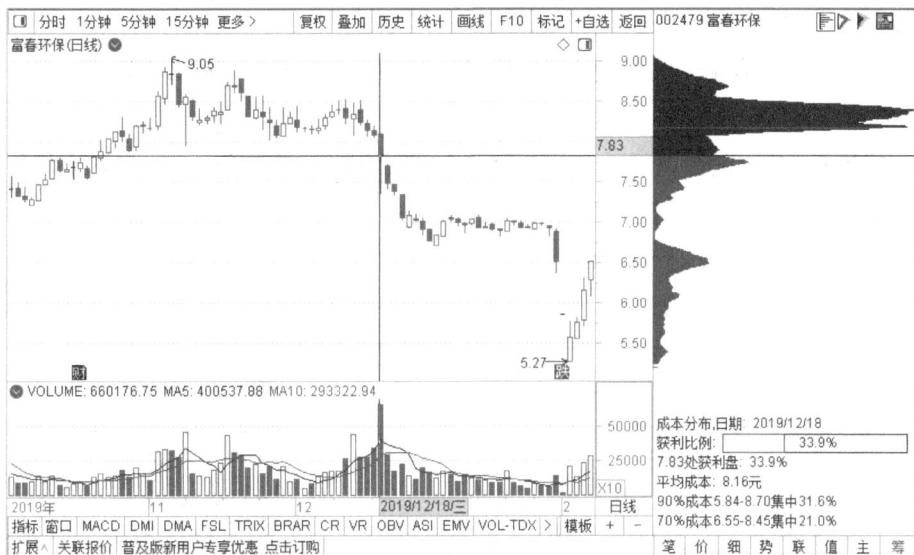

图 3-25　富春环保 2019 年 12 月 18 日的筹码分布图

3.4　双峰密集形态

　　双峰密集、多峰密集是单峰密集的变形，它是指个股的绝大多数流通筹码都密集地分布在两个或多个相对狭小的价格空间内。双峰密集与多峰密集形态多在个股上涨途中或下跌途中出现，结合个股的走势特征来看，双峰密集或多峰密集形态中的每个密集峰同样对股价走势有着支撑或阻挡作用。在本节中，我们将结合个股的运行特征来看看双峰密集的市场含义及相关实战方法，需要说明的是，多峰密集形态结合了发散与密集两种形态，故在 3.5.3 节中我们将介绍多峰密集形态。

3.4.1　识别双峰密集形态

　　双峰密集是指个股的绝大多数流通筹码都密集地分布在两个相对狭小的价格空间内。依据股价的运行方向，我们把个股在上涨途中出现的双峰密集形态称为上涨双峰，此时，上密集峰的出现源于低位区获利筹码的抛售，其筹码来自下密集峰。同理，我们将个股在下跌途中出现的双峰密集形态称为下跌双峰，此时，下密集峰的筹码是由上密集峰转移而来的。

图 3-26 是鼎龙文化 2019 年 12 月 30 日的筹码分布图。个股首先因横向震荡走势而形成了一个密集峰，大多数筹码汇聚于此。随后，个股破位下跌，并在一个更低的位置区横向震荡，从而使得上密集峰的一部分筹码汇聚在这个新的低位区，最终形成了下跌途中的双峰密集形态。

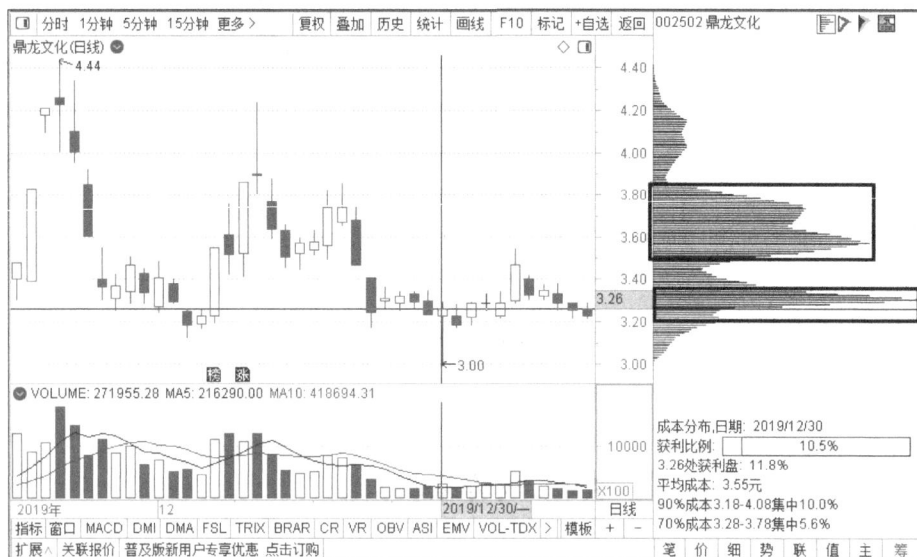

图 3-26　鼎龙文化 2019 年 12 月 30 日的筹码分布图

3.4.2　双峰的筹码汇聚度

在双峰密集形态中，震荡走势持续时间不同，换手程度不同，会造成上峰与下峰的筹码数量并不相等。在判断其市场含义时，我们既要关注个股之前的走势特征，也要关注上峰与下峰的筹码数量对比情况。

在实盘操作中，关注上峰、下峰的筹码汇聚度的意义在于帮助我们更准确地判断股价的运行方向具体内容如下。

（1）在震荡下跌走势中，若下峰的筹码数量更多，则它的支撑作用就较强，易引发强势反弹行情。

（2）在震荡下跌走势中，若上峰的筹码数量更多，则此时不宜过早地短线入场，因为个股易破位下行。

（3）在震荡上升走势中，若上峰的筹码数量更多，则它的阻挡作用就较强，个股在此位置很有可能出现震荡筑顶走势。

（4）在震荡上升走势中，若下峰的筹码数量更多，则上峰较易被突破，中长线投资者仍可持股待涨。

图 3-27 是涪陵榨菜 2019 年 8 月 15 日的筹码分布图。在低位区，个股出现了双峰密集形态。如图中标注所示，此时下峰的筹码数量远多于上峰，这代表下峰有着强支撑作用，而上峰的阻挡作用则较弱，因此，此时的个股更容易以下峰为支撑平台出现反弹走势。在实盘操作中，此时可以中短线买股入场。

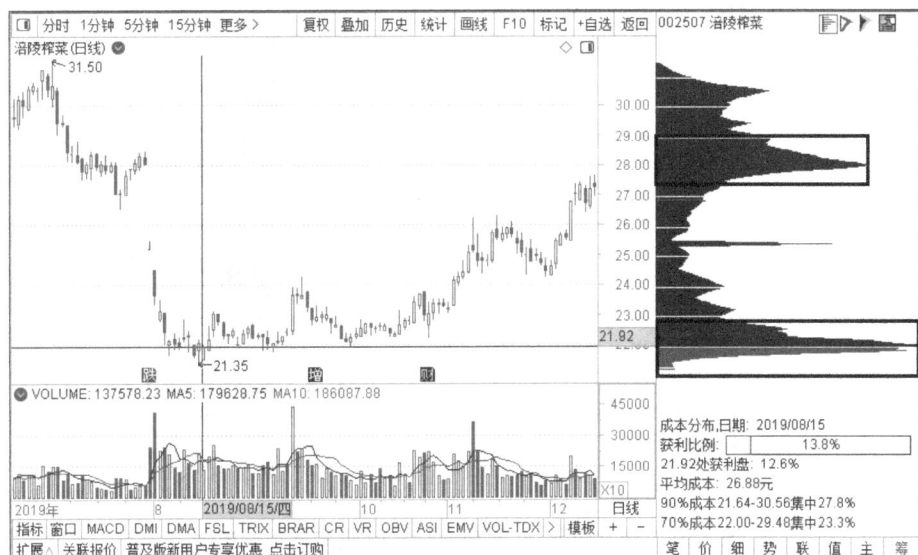

图 3-27　涪陵榨菜 2019 年 8 月 15 日的筹码分布图

3.4.3　上涨双峰，回调填谷

上升途中的横向震荡走势会形成一个密集峰，这一密集峰就会与前期低位震荡区的筹码峰共同形成一个上涨双峰。

当上涨双峰出现时，上面的密集峰对个股突破上涨有强阻挡作用，下面的密集峰对个股破位下跌有强支撑作用。此时，若主力参与能力不强、拉升目标较低，则个股出现回调填谷走势的概率较大。

当上涨双峰出现时，在操作上，我们宜高抛低吸。当股价运行到上峰附近时，获利抛售；当股价回落到下峰附近时，短线买入。在依据这种形态短线买股时，双峰的间距应较大，只有这样，下峰才能有较强的支撑作用，我们也才能有更充分的短线获利空间。

图 3-28 是金字火腿 2019 年 12 月 13 日的筹码分布图。此时的个股呈上涨双峰形态，上峰与下峰的间距较大，个股易出现回调填谷走势。在操作上，当我们识别出这种上涨双峰形态时，应短线卖出，以规避回落风险；由于谷的深度较大，因而个股短线回落的幅度也会较大，随后我们可再度短线买回。

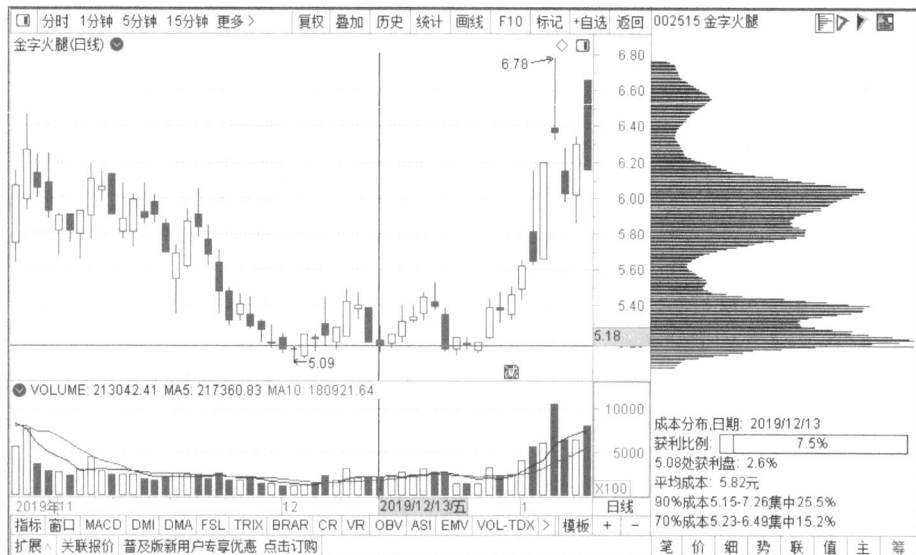

图 3-28　金字火腿 2019 年 12 月 13 日的筹码分布图

当个股出现回调填谷走势时，若同期大盘出现暴跌，则个股回调的幅度往往较大，导致跌破下峰。因此，在实战中，只有在大盘走势相对平稳，且暂无系统性暴跌风险的前提下，我们才宜依据"上涨双峰，回调填谷"形态来展开高抛低吸操作。

图 3-29 是天顺风能 2019 年 8 月 6 日的筹码分布图。在上升过程中，筹码在高位盘整区的换手并不充分，从而与低位区的密集峰共同形成了双峰形态；随后，股价破位下行，但同期的大盘也出现了暴跌，这就是系统性风险引发的"填谷走势"，此时下峰的支撑作用变弱。因此当股价回落至下峰附近时，应耐心等待走势企稳，不宜过早抄底入场。

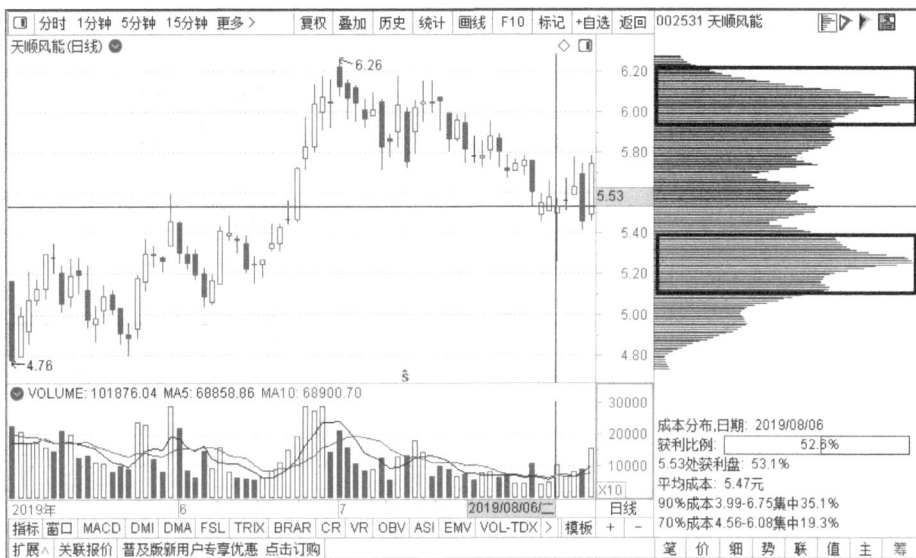

图 3-29　天顺风能 2019 年 8 月 6 日的筹码分布图

3.4.4　下跌双峰，反弹填谷

下跌途中的横向震荡走势会形成一个密集峰，这一密集峰就会与前期高位震荡区的筹码峰共同形成一个下跌双峰。

当下跌双峰出现时，下面的密集峰对个股破位下跌有强支撑作用，上面的密集峰对个股反弹上行有强阻挡作用。此时，个股易出现反弹填谷的走势。

当下跌双峰出现时，在操作上，我们也是以短线高抛低吸为主。当股价运行到下峰附近时，短线买入；当股价反弹到上峰附近时，短线卖出。在依据这种形态短线买股时，双峰的间距应较大。

图 3-30 是林州重机 2019 年 12 月 3 日的筹码分布图。当日的筹码呈下跌双峰形态，从中长线的角度来看，个股处于低位区；从上峰与下峰的间距来看，个股存在较充分的反弹空间。在操作上，我们可以在下峰附近买股布局；但是当个股真正开始反转上行时，也不宜过度乐观，应在上峰附近逐步地减仓卖出，以锁定利润。

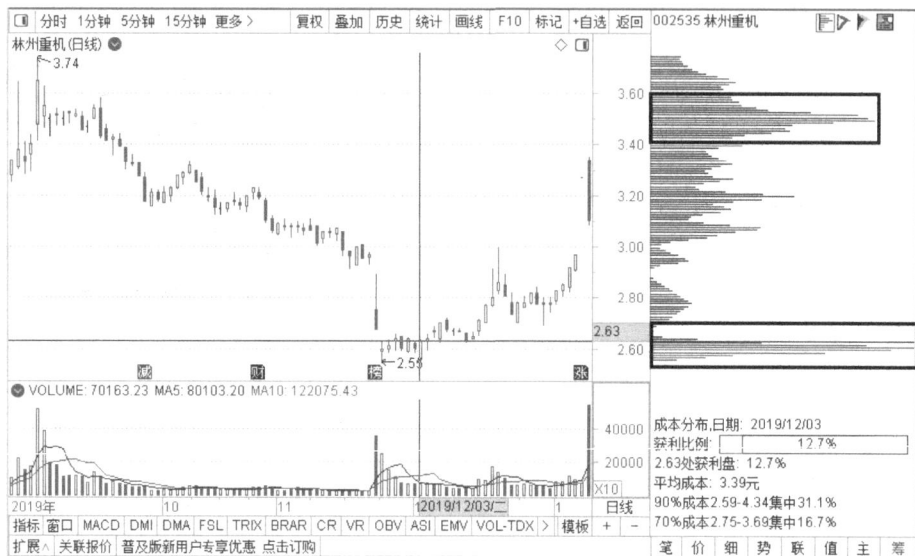

图 3-30　林州重机 2019 年 12 月 3 日的筹码分布图

3.5　发散形态

筹码分布的另一种典型形态是发散形态。密集形态是筹码集中于相对狭小的价格区间内的形态，而发散形态则是筹码分布在相对广阔的价格区间内的形态。根据趋势的方向不同一般可将发散形态分为向上发散形态和向下发散形态。发散形态是一种过渡状态，即当新的密集峰形成时，发散形态将随着筹码密集程度的增大而消失。

3.5.1　识别发散形态

图 3-31 是惠博普 2020 年 2 月 18 日的筹码分布图。这就是典型的筹码发散形态。可以看到，全部流通筹码相对散乱地分布在广阔的价格区间内。形成发散形态的原因是：个股下跌，筹码不断地由高位区换手至低位区，从而导致筹码分布散乱。

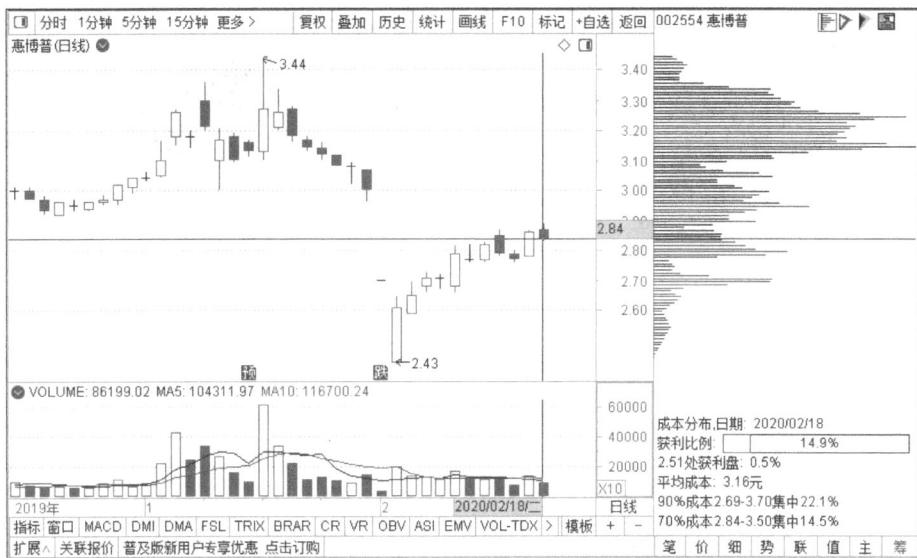

图 3-31　惠博普 2020 年 2 月 18 日的筹码分布图

3.5.2　发散形态的市场含义

形成发散形态原因是：在股价快速上涨或下跌的过程中，由于股价并未在某一价位长时间停留，因而在各个价位上并没有实现充分换手，这使得筹码在每一个价位均有分布。

依据股价的运行方向，将发散形态分为向上发散形态、向下发散形态。向上发散形态的出现说明个股正在稳定而持续地上涨，由于期间未做明显的整理，因而积累了较大的获利抛压，个股有横向整理甚至回调整理的需要。向下发散形态的出现说明个股出现了一波持久且幅度较大的下跌，不断向下探底；随着抄底盘不断进入、持仓筹码深度被套，抛压逐步减轻，有望触发反弹走势。

图 3-32 是贝因美 2019 年 10 月 29 日的筹码分布图。随着股价不断上涨，此时的筹码已呈发散形态，这是趋势上行不停留、持续力度强的标志。从成交量来看，2019 年 10 月 29 日前后的几个交易日的成交量已大幅放出，这是买盘加速入场的标志，也是多方力量过度消耗的信号。在向上发散形态出现后，个股出现大幅度回落的概率较大，因而在实盘操作中应减仓或清仓观望，以规避风险。

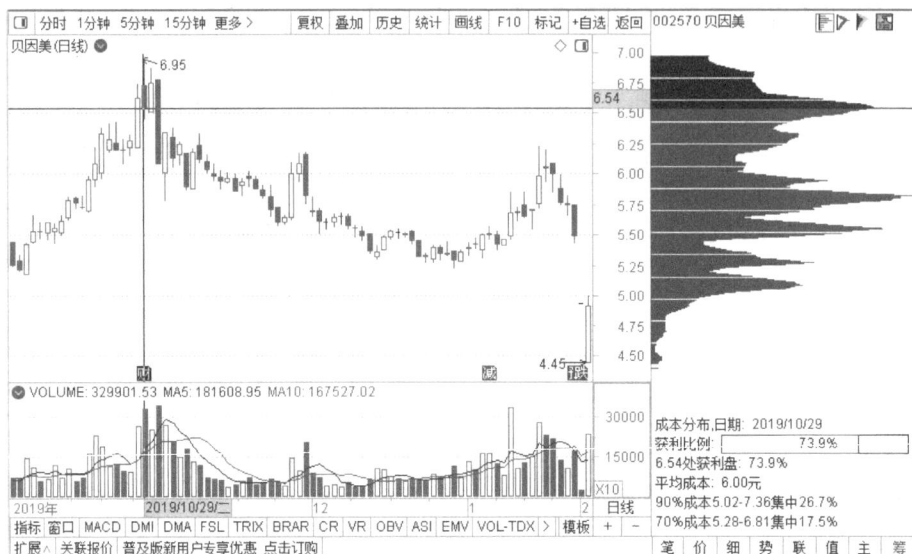

图 3-32　贝因美 2019 年 10 月 29 日的筹码分布图

图 3-33 是好想你 2020 年 2 月 4 日的筹码分布图。筹码因个股持续下跌而形成了向下发散形态。而筹码一般会由发散形态逐步转变为密集形态。当个股在低位区企稳，且筹码也在这一低位区开始汇聚时，便可以在震荡中逢低买入，积极布局。

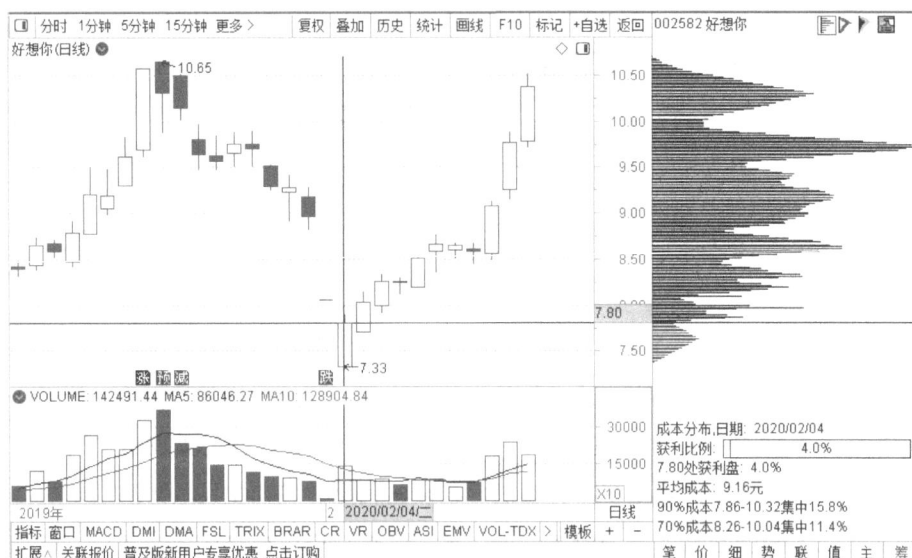

图 3-33　好想你 2020 年 2 月 4 日的筹码分布图

3.5.3 多峰密集形态的解读

多峰密集形态结合了发散与密集两种形态。从整体形态来看，筹码分布在一个相对广阔的价格区间内；从局部形态来看，筹码汇聚度较高，且呈密集状。一般来说，多峰密集形态的出现同样源于趋势沿某一方向持续发展。当个股出现多峰密集形态时，我们需关注每一个峰的支撑与阻挡作用，并注意同一密集峰在支撑与阻挡作用之间的相互转化。下面结合一个实例加以说明。

图 3-34 是龙蟠佰利 2019 年 11 月 4 日的筹码分布图。此时的筹码呈多峰密集形态，且个股处于上涨行情中。随后个股出现了回调走势 1（如图中标注所示），由于股价在中间的密集峰上方运行，因而中间的密集峰对股价具有支撑作用。在实战中，可以利用中间的密集峰的支撑作用来进行短线买股操作。

此后，个股再度上涨，股价突破了最上方的密集峰。在这种情形下，当个股出现回调走势 2 时，最上方的密集峰就会对股价形成支撑作用。但是，一旦股价跌破了最上方的密集峰，则表明此密集峰的支撑作用将大幅减弱，也表明个股后期将进一步下跌。此时我们不应对个股的反弹幅度抱有过高的期望，应逢反弹及时减仓，以规避风险。

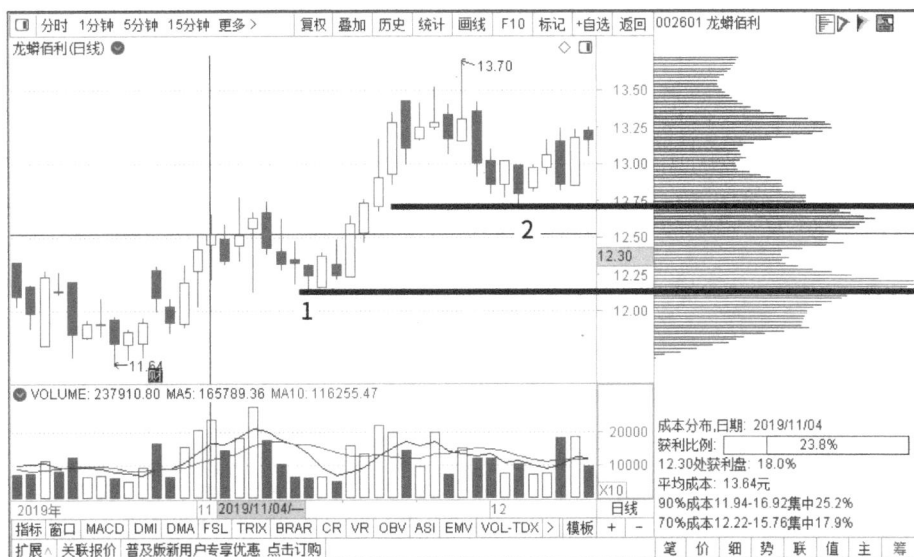

图 3-34 龙蟠佰利 2019 年 11 月 4 日的筹码分布图

第 4 章

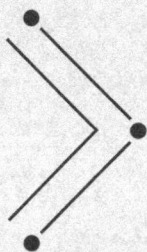

筹码实战中的趋势攻略

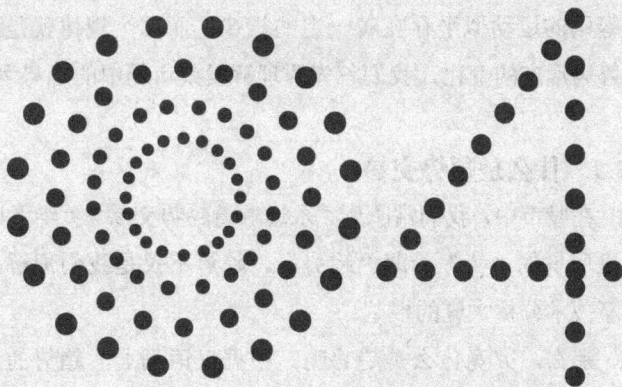

4.1　趋势的运行过程

筹码的转移是随着交易的进行而持续推进的。在较短的时间内，我们很难看到较大的筹码形态的变化；但是，在我们从一个更大的视角来审视，就会发现筹码的运动似乎存在着一定的规律，而这个规律就是趋势。要想更深入地理解筹码形态的变化，我们首先要理解股票市场中的趋势运行规律。

4.1.1　什么是顺势交易

在股市中，我们常听到"永远顺着趋势交易""绝不可逆趋势而动"等说法。这里所说的"势"，即"趋势"。趋势不仅是我们理解筹码形态的关键，也是整座技术分析大厦的根基。

那么，究竟什么是趋势呢？根据汉语词典，趋势的意思是"事物发展的动向"。当人们用趋势这个词来表示一个事物的状态时，其目的是使这种模糊的、不够明确的、遥远的运行方向变得明确。

可以说，趋势是事物明确的、可预见的发展方向，它描述的是一种线性规律。研究趋势是指从一系列连续发生的事件中归纳出线性的发展方向；而预测趋势是指分析在未来的某段时间内，某个趋势将会发生什么样的方向性变化。

趋势是股票市场的内在规律，若不了解趋势运行规律、无法把握趋势运行情况，那么我们就难以在股市中获利。道氏理论中有较多的关于趋势的系统性论述，所以在本节中，我们就结合道氏理论来看看何为股市中的趋势。

4.1.2　道氏理论与趋势

股市中的趋势运行规律是人们对股票市场中的客观规律的总结。在早期的股票市场中，人们普遍认为个股的走势具有独立性，且与股票市场无关，但是在设立了道琼斯指数之后，这一观念便开始转变了。

道琼斯指数是选取了最具有代表性的公司的股票，并采用算术平均法，计算后编制而成的，意在反映股市的整体运行情况。基于对道琼斯指数的研究，查尔斯·亨利·道（1851—1902 年）发表了一系列论述股市趋势运行规律的文章，但并没有对其进行系统的总结。

1902 年，在查尔斯·亨利·道去世以后，威廉·皮特·汉密尔顿和罗伯特·雷亚继承了他的思想，并系统地论述了股市中的趋势运行规律。汉密尔顿所著的《股市晴雨表》以及雷亚所著的《道氏理论》成为后人用来研究道氏理论的经典著作。

4.1.3　趋势与走势的区别

在道氏理论中，趋势是一个专有名词，也被称为主要趋势、基本趋势，它是股价运行的大方向，持续的时间通常为 1 年或 1 年以上，并能导致股票增值或贬值 20％以上。依据基本趋势的发展方向，可以将其具体地划为 3 种情形：上升趋势、下跌趋势、横盘震荡趋势。

依据股市运动的级别，可以将价格走势划分为 3 种类型：基本趋势、折返走势、短期波动。基本趋势是价格运行的大方向，贯穿价格运行的全过程，包括所有的折返走势与短期波动。折返走势穿插在基本趋势的运行过程中，它与基本趋势的运行方向相反，是对基本趋势的调整与修正。折返走势一般可持续几日到几周，其对原有基本趋势的修正幅度一般为股价在一波上涨走势中的 1/3 或 2/3。例如，上升趋势中的回调下跌走势、下跌趋势中的反弹上涨走势均属于折返走势。短期波动走势反映了价格在短时间内（如几个交易日）的波动情况，常常由一些偶然因素决定。对于基本趋势、折返走势、短期波动这 3 种不同的运动状态，我们可以借助图 4-1 来理解。

在图 4-1 中，基本趋势的运行方向向上，是上升趋势，它包括了从 1 至 6 的整个运行过程；折返走势体现为上升趋势中的回调走势，包括了从 2 至 3、从 4 至 5 这两个运行过程；短期波动则是指从 A 至 B 这样的小波动。

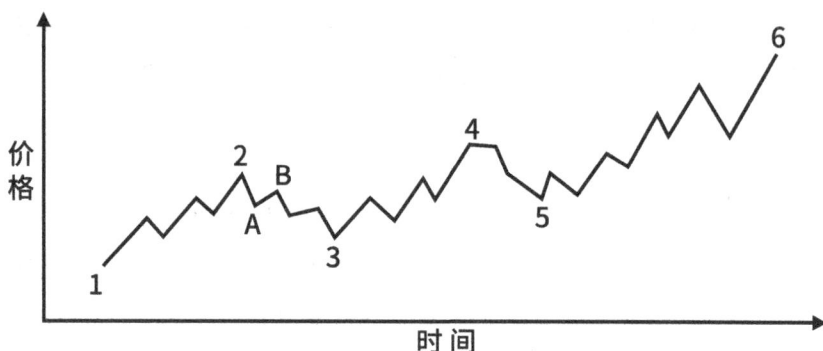

图 4-1　基本趋势、折返走势、短期波动示意图

4.1.4　上升、下跌趋势

上升趋势是指股价向上运动的趋势，它在走势图中表现为：后期出现的波峰及波谷要分别高于前期出现的波峰及波谷。当然这也并不是绝对的，只要股价总体是向上的，我们就可以将其称为上升趋势。下跌趋势则刚好相反，是指价格向下运动的趋势。在下跌趋势中，价格的运行轨迹往往呈现出"后一个下跌谷低于前一个下跌谷、兵一个反弹峰低于前一个反弹峰"这一特点。

图 4-2 是龙蟒佰利 2018 年 12 月至 2019 年 11 月的走势图。该股在将近一年半时间里出现了大规模的上升趋势和下跌趋势,这是股市按周期运行的典型案例。在这种大级别的趋势中，我们可以更好地理解股市幅度大、周期长的特点；这也提示我们，若不能很好地把握趋势运行情况，那么参与股市的风险将是极大的。

图 4-2　龙蟒佰利 2018 年 12 月至 2019 年 11 月的走势图

4.1.5　趋势的 3 个阶段划分法

对于上升趋势、下跌趋势来说，它们都有一个循序渐进的运行过程。为了方便投资者更好地理解、把握这两种趋势，道氏理论将它们各划分为 3 个阶段，这种 3 个阶段的划分法有助于我们更好地理解股票市场中的趋势运行过程。

上升趋势可以划分为 3 个阶段：筑底阶段（多方力量累积阶段）、上升阶段（多方力量占据主导地位阶段）、再度拉开阶段（多方力量释放阶段）。下跌趋势也可以划分为 3 个阶段：筑顶阶段（空方力量累积阶段）、下降阶段（空方力量占据主导地位阶段）、探底阶段（空方力量释放阶段）。

每一个阶段的持续时间不定，主要取决于宏观经济环境、股市运行特征、政策引导、市场情绪等多种因素。一般来说，走势相对缓和的趋势的持续时间较长，而走势较为凌厉的趋势的持续时间则往往较短。

在上升趋势中，我们最需要关注上升阶段，一旦发现多方力量开始占据主动地位、市场情绪较热且宏观经济及政策面配合时，则可以及时布局；在趋势未出现明显的反转之前，都应耐心持股，等待增值。同理，在下跌趋势中则要关注下降阶段，这是资金快速蒸发的阶段；若市场走势未出现见底迹象，则不宜过早入场，否则很有可能陷入"抄底抄在半山腰"的窘境。

4.1.6　成交量对趋势的验证作用

道氏理论对成交量给予了重点关注，且成交量也是技术分析的重点之一。在学习筹码分布时，我们同样需要结合成交量来进行分析。

成交量对趋势的验证作用是指在结合当前趋势运行方向的情况下，我们可以通过成交量的变化来检验当前趋势的可靠性。例如，在上升趋势中，价格节节攀升，如果成交量也不断放大，则说明买盘充足且在源源不断地涌入股市，这是升势可靠的体现，也是升势仍将持续下去的标志。

值得注意的是，道氏理论强调的是市场的总体趋势，是基本运动。趋势变化的结论性信号只能通过对价格的分析得出；而成交量只起辅助性的作用，它是对趋势的验证。

4.1.7　趋势反转时有反转信号

道氏理论告诉我们："无论是基本上升趋势，还是基本下跌趋势，一旦形成，它就有极强的持续力，不会轻易地发生转向；并且当趋势转向时，往往会出现明确的反转信号。"

这句话的意思是：趋势有着强大的惯性，对于已经形成的趋势来说，如果没有强大的外力作用使其改变，那么此趋势通常会继续运行。在趋势的运行过程中提前预测趋势将在哪个点位出现反转是不明智的，但一轮趋势也不可能一直持续下去，当涨幅过大时，就会反转下跌，当跌幅过大时，就会反转上行。在趋势反转时，我们可以看到明确的反转信号。

这一原则也可以指导我们进行实盘操作，即我们不要主观地推断升势的顶部、跌势的底部。这是因为，在牛市中，狂热的市场情绪完全可以将股市推向一个难以预测的高点；在熊市中，恐慌的市场情绪同样也可以使股市跌至一个深不可测的低点。

在一轮牛市开始后，很多投资者都因为获小利而提前卖股离场，总认为市场已到了顶部，殊不知这样会面临踏空的危险，极有可能错失后面的大好行情；然而，在熊市开始后，投资者往往又喜欢抄底入场。这样的操作会使得投资者参与股市多年却只在牛市中赚到了很少的利润，而在熊市中却遭受了较为严重的损失。

4.2　利用 K 线来把握趋势

把握了趋势就等于把握了价格运行的大方向。在上升趋势中，即使我们买入的点位不是最低的，也完全可以通过持股待涨的方式来获利；在下跌趋势中，只有更为准确地把握反弹行情的高低点才能获利。

对于行为稳健的中长线投资者来说，准确判断趋势无疑是成功的关键。筹码分布形态固然可以帮助我们判断趋势，但更为经典的技术工具则是 K 线形态。在实战中，若能将 K 线形态与筹码分布形态相结合，那么在分析、预测趋势并展开操作的过程中，我们将更为主动。在本节中，我们暂且抛开筹码分布形态，单纯地从 K 线的角度来看看如何利用 K 线形态来把握趋势运行的各个环节。

4.2.1　头肩底、头肩顶形态解读

头肩底与头肩顶是含义相反的两种形态，一个预示着底部的出现，另一个预示着顶部的出现。在预示着底部与顶部的 K 线形态中，它们出现的频率较高、可靠性也较强，是我们应重点掌握的形态。

图 4-3 是标准的头肩底形态。

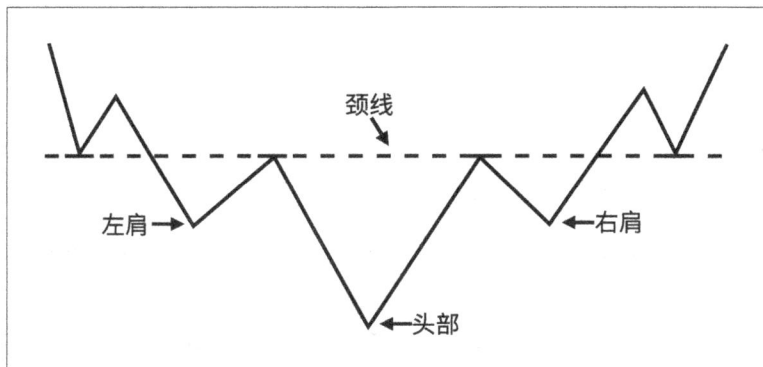

图 4-3　头肩底形态示意图

头肩底形态的形成过程如下。

（1）首先是个股的快速下跌及小幅度反弹，形成了左肩。

（2）但由于空方力量仍旧占据主动地位，随后的下跌让股价再创新低，从而形成头部。

（3）此时由于空方力量减弱，在抄底买盘的入场推动下，股价出现较大幅度的反弹，这预示着多方力量在持续增强而空方力量正在减弱；在前期左肩反弹处的高点，由于套牢盘较多，且获利盘抛压增大，股价会出现一波回落，从而形成右肩。

（4）个股在经历了右肩的短暂休整后，蓄积了更充足的力量，从而突破了前期阻力，并向上运行，进而完成了整个头肩底形态的构筑。

（5）将左肩反弹处的高点、头部反弹处的高点相连接，可以得到一条阻力线，它代表着底部区的阻力位置点，我们称其为颈线。

头肩底形态形成后个股的上涨规律是：颈线以上的上涨幅度至少为头部低点到颈线的垂直距离的一倍。

图 4-4 是标准的头肩顶形态。

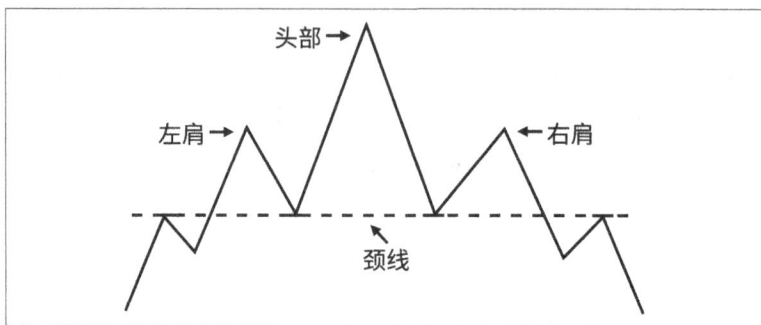

图 4-4　头肩顶形态示意图

头肩顶形态的形成过程如下。

（1）首先是个股的快速上涨及小幅度回落，形成了左肩。

（2）但由于多方力量仍旧占据主动地位，随后的上涨让股价再创新高，从而形成头部。

（3）此时由于多方力量减弱，在获利盘逐渐离场的情况下，股价出现较大幅度的回落，这预示着空方力量在持续增强而多方力量正在减弱；在前期左肩回落处的低点，由于抄底买盘较多，且获利盘抛压大幅减小，股价会出现一波反弹，从而形成右肩。

（4）个股在经历了右肩的反弹后，由于反弹力度小，追涨买盘不足，新一批抛盘涌现，个股向下跌破前期支撑点，从而完成了整个头肩顶形态的构筑。

（5）将左肩回落处的低点、头部回落处的低点相连接，可以得到一条支撑线，它代表着顶部区的支撑位置点，我们称其为颈线。

头肩顶形态形成后个股的下跌规律是：颈线以下的下跌幅度至少为头部高点到颈线的垂直距离的一倍。

4.2.2　头肩底、头肩顶买卖点分析

图 4-5 是中洲控股 2019 年 4 月至 12 月的走势图。该股在深幅下跌后的低点出现了头肩底形态，它预示着中期底部的形成。出现这一形态时，有以下几个买点，在实战中，我们要结合市场的实际情况来加以把握。

第一个买点出现在右肩回调处。此时，因个股前期累计跌幅较大，短期内又有明显的企稳特征，所以在右肩处发现空方力量不足时，可以进行买入操作。

第二个买点出现在股价向上突破颈线时。由于买盘的大力入场，个股向上突破颈线时较为坚决，在出现这种情形时，我们可以选择在股价突破之时入场。

第三个买点出现在突破颈线后的回调低点。由于前期套牢盘及短线获利盘的双重抛压，个股突破颈线之后多会回调整理，此时可以逢回调低点买入。

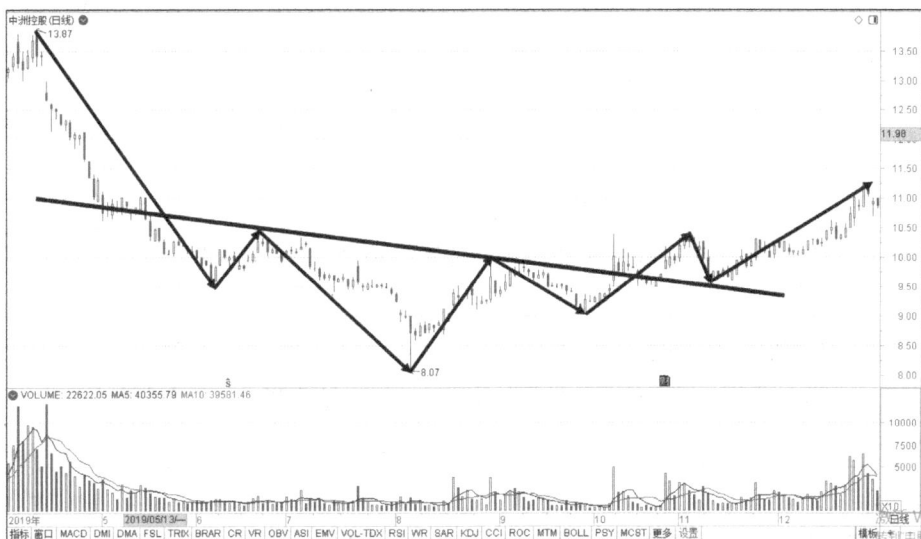

图 4-5 中洲控股 2019 年 4 月至 12 月的走势图

图 4-6 是康达尔 2019 年 7 月至 2020 年 2 月的走势图。该股在大幅上涨后的高点出现了头肩顶形态，它预示着中期顶部的形成。对于这一形态，它有以下几个卖点，在实战中，我们要结合市场的实际情况来加以把握。

第一个卖点出现在右肩反弹处。此时，由于个股前期累计涨幅较大，短期内又有明显的反弹无力特征，所以在右肩处发现多方推升力量不足时，可以进行卖出操作。

第二个卖点出现在股价向下跌破颈线时。由于卖盘的持续涌出，股价向下快速跌破颈线，在出现这种情形时，我们可以选择在股价跌破颈线时卖出。

第三个卖点出现在跌破颈线后的反弹高点处。个股跌破颈线之后多会反弹，此时可以逢反弹高点卖出。

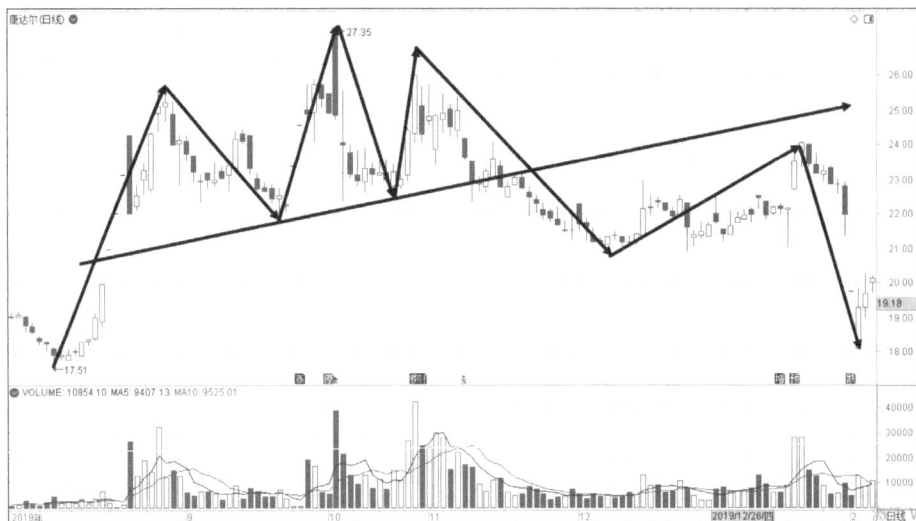

图 4-6　康达尔 2019 年 7 月至 2020 年 2 月的走势图

4.2.3　V 形底、尖顶实战解读

V 形底、尖顶出现在较为极端的价格走势中。一般来说，V 形底出现在低位区的一波快速下跌走势后；尖顶也被称为倒 V 形顶，出现在高位区的一波快速冲高走势之后。

在实盘中，这两种形态的反转速度快、力度大，我们需要借助其他盘面信息来提前判断。因为在 V 形底完全形成之后，个股已有较大的短线涨幅，此时追涨将较为被动；同样，对于尖顶来说，在其完全形成之后，短线跌幅已较大，持股者的利润将大打折扣。

图 4-7 是申万宏源 2019 年 10 月至 2020 年 2 月的走势图。如图中标注所示，该股因 2020 年新型冠状病毒感染肺炎疫情而出现了深幅下跌，且中短线的跌幅过大、跌速过快，从而形成了 V 形底。

V 形底形态在底部停留的时间较短，一般出现在股价短期内跌速过快、跌幅过大的情况下。如果这一形态出现在个股累计跌幅较大的情况下，且反弹时伴有放大的成交量，则多意味着下跌趋势结束，这是真正的预示底部形成的 V 形底形态；如果它出现在下跌趋势之初或下跌途中，则只代表个股的一次反弹行情。

图 4-8 是东方盛虹 2019 年 1 月至 6 月的走势图。该股于高点处出现了尖顶形态。

图 4-7　申万宏源 2019 年 10 月至 2020 年 2 月的走势图

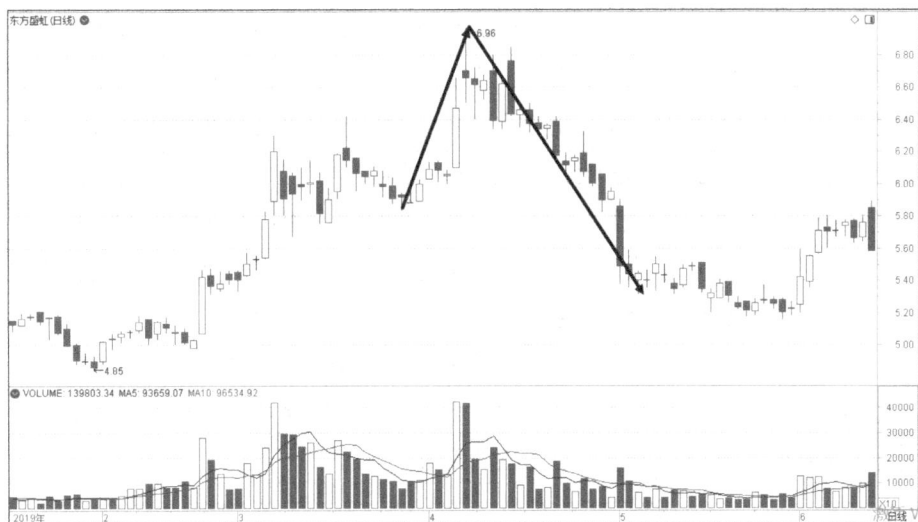

图 4-8　东方盛虹 2019 年 1 月至 6 月的走势图

尖顶形态在顶部停留的时间较短，一般出现在股价短期内涨幅过大的情况下。当这一形态出现在个股累计涨幅较大的情况之下时，它是风险的象征，多意味着上涨趋势结束、下跌趋势开始。一般来说，V 形底形态的出现多会伴随着放量，但尖顶形态出现时，成交量却不一定会放大，这一点是投资者要格外注意的。

4.2.4 W 底、M 顶形态解读

W 底形态又被称为双重底形态，它是因价格二次探底而形成的。图 4-9 是标准的 W 底形态，在这一形态中，两个最低点之间的连线为支撑线，中间反弹时的高点所在的位置为颈线。

在这一形态中，支撑线的出现反映了空方已无力出货，颈线则是判断多方是否会发起上攻的重要位置，也是我们判断 W 底形态是否成立的关键。

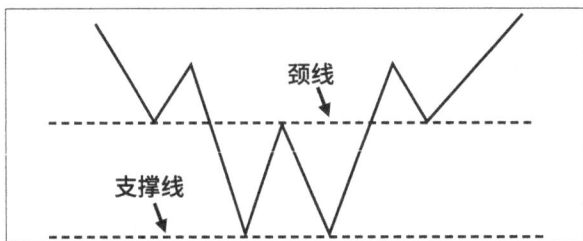

图 4-9　标准的 W 底形态示意图

在 W 底形态中，量能是需要关注的重点。在 W 底形态的第一波反弹上涨走势中，成交量会相对放大，这是买盘力度转强的信号。在 W 底形态的第二波上涨且突破颈线的走势中，成交量会进一步放大，这是多方力量蓄势待发、买盘加速流入的体现，也是一轮升势将要出现的标志。

M 顶形态又被称为双重顶形态，它是因价格二次探顶而形成的。图 4-10 所示是标准的 M 顶形态，在这一形态中，两个最高点之间的连线为阻力线，中间下跌时的低点所在的位置为颈线。

在这一形态中，二次探顶的宽幅震荡走势以及阻力线的出现反映了多方已无力再度拉升个股，颈线则是判断空方力量是否已完全占据主导地位的重要位置，也是我们判断 M 顶形态是否成立的关键。

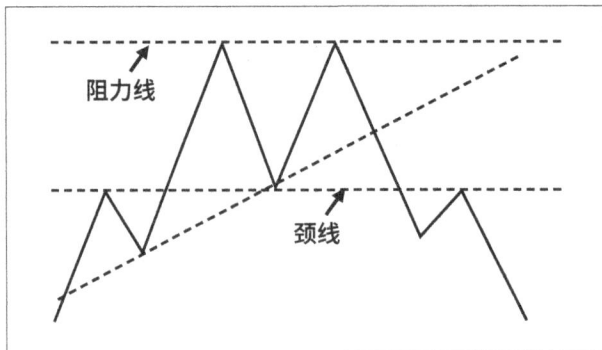

图 4-10　标准的 M 顶形态示意图

4.2.5　W 底、M 顶买卖点分析

图 4-11 是威孚高科 2019 年 9 月至 2020 年 1 月的走势图。该股在深幅下跌后的低点出现了 W 底形态，它预示着中期底部的形成。在这一形态中，会出现以下几个买点，在实战中，我们要结合市场的实际情况来加以把握。

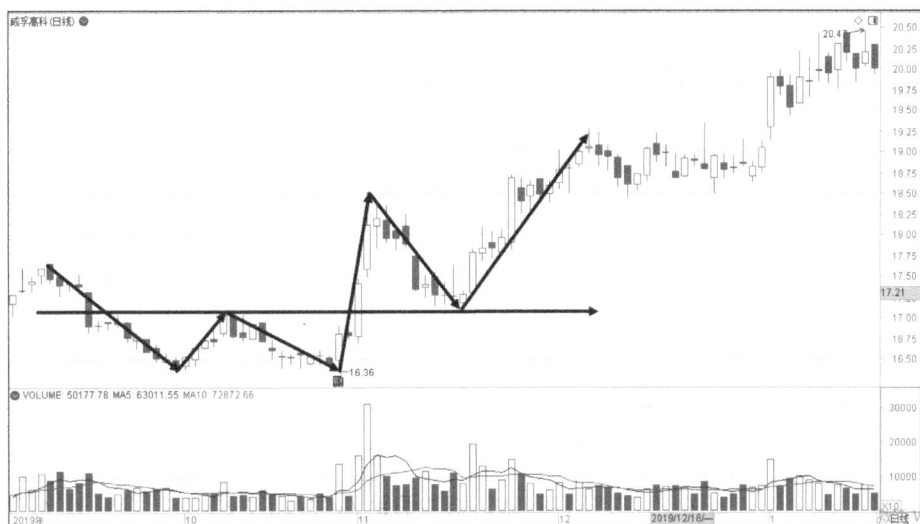

图 4-11　威孚高科 2019 年 9 月至 2020 年 1 月的走势图

第一个买点出现在价格二次探底之时。此时，由于个股前期累计跌幅较大，短期内又有明显的企稳特征，所以在二次探底且发现空方力量不足时，可以进行买入操作。

第二个买点出现在股价向上突破颈线后回调确认颈线位置时。由于前期套牢盘及短线获利盘的双重抛压，个股突破颈线之后多会回调整理，此时可以逢回调低点买入。

与 W 底形态相似的是三重底形态，它比 W 底形态多了一次探底走势，也多给了我们一次逢低买入的机会。与三重底形态相对的就是三重顶形态。下面我们结合案例来讲解。

图 4-12 是宝塔实业 2019 年 8 月至 11 月的走势图。该股在高位区出现了 M 顶形态。对于 M 顶形态来说，当个股二次探顶时，由于股价短期内波动幅度较大，我们应意识到原有升势难以再持续，应逢高卖出，此时的高点就是第一个卖点。但就中长线操作而言，我们还可以耐心等到 M 顶形态较为明朗时（即在个股跌破 M 顶形态的颈线后），再逢反弹之际卖股离场，此时的反弹高点就是第二个卖点。

相对来说，第二个卖点体现了一种顺势交易之道，可以使中长线投资者避免过早地卖在上升途中，毕竟有一些股票在上升途中也出现了这种形似 M 顶，但实则为整理走势的形态。

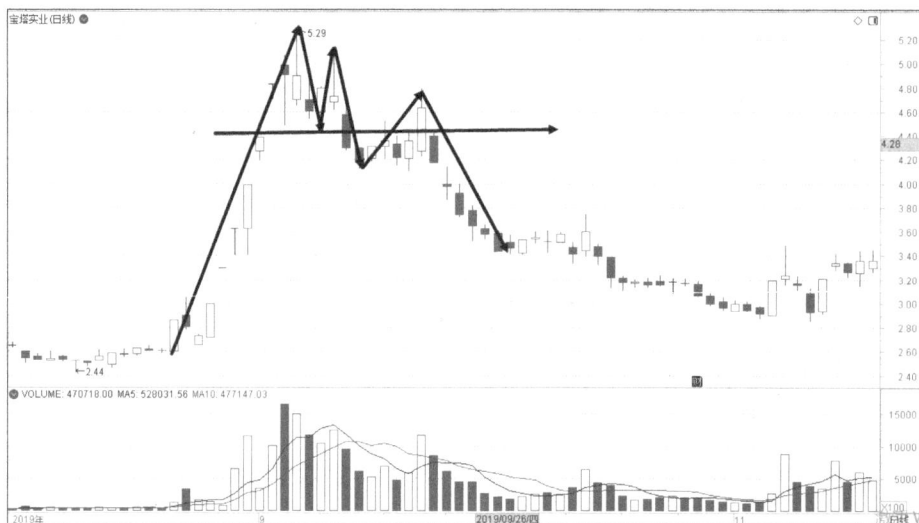

图 4-12　宝塔实业 2019 年 8 月至 11 月的走势图

图 4-13 是阳光股份 2019 年 6 月至 11 月的走势图。该股在高位区出现了三重顶形态，可以看到，它多了一次探顶走势。它有着同 M 顶形态一样的两个卖点，此外，它还多了一个逢高卖出点（第三次探顶时所形成的高点）。

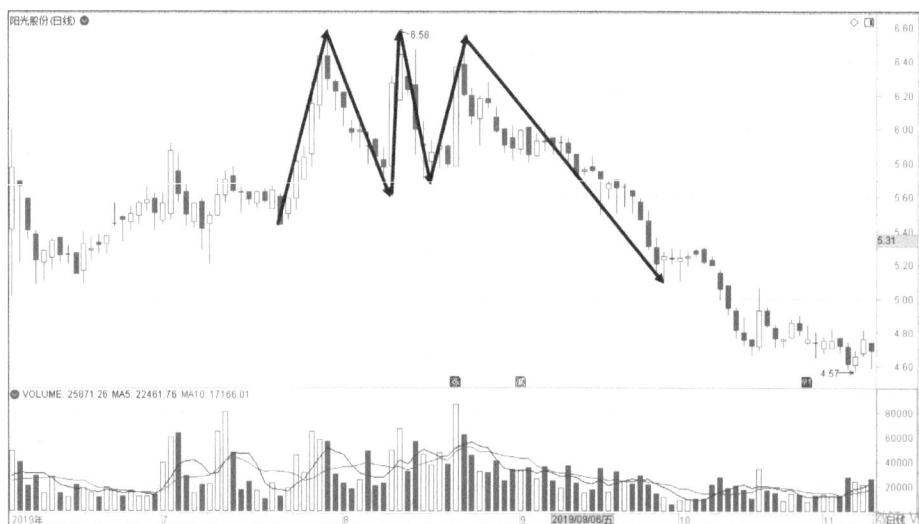

图 4-13　阳光股份 2019 年 6 月至 11 月的走势图

4.2.6　圆弧底、圆弧顶实战解读

圆弧底是弧面向下的圆弧形态，圆弧顶则是弧面向上的圆弧形态。圆弧形态较为清晰地反映出多空力量的转换过程。当圆弧底形态出现在累计跌幅较大的位置点时，是底部出现的信号；当圆弧顶形态出现在累计涨幅较大的位置点时，是顶部出现的信号。

图 4-14 是攀钢钒钛 2019 年 3 月至 6 月的走势图。在经过了大幅下跌之后，该股在低位区出现了圆弧底形态，并且在股价向上突破时有量能放出。此圆弧底形态出现在个股深幅下跌后的低位区，是个股走势见底的信号，预示着趋势将反转。

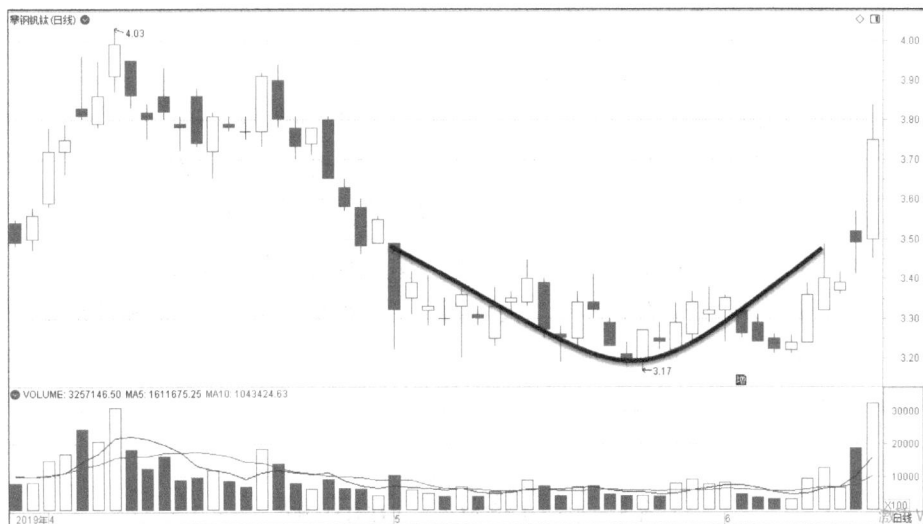

图 4-14　攀钢钒钛 2019 年 3 月至 6 月的走势图

对于圆弧底形态来说，当股价重心沿着弧面缓缓向上移动时，可以明确看到个股走势企稳，这与前期的持续下跌走势完全不同。当个股向上运行、有量能放出，且短线涨幅不大时，可以买股入场。

圆弧顶形态出现在个股上涨后的高位区，是多空双方在高位区展开"拉锯战"，多方由主动进攻变为被动防守的表现，同时也是个股走势见顶的信号。它多出现于大盘蓝筹股中，但也有不少小盘股在上涨末期出现了圆弧顶形态。

图 4-15 是贝瑞基因 2018 年 12 月至 2019 年 8 月的走势图。该股在大幅上涨后于高位区出现了圆弧顶形态。它的出现多意味着顶部的形成，是上升趋势结束、

下跌趋势开始的信号。

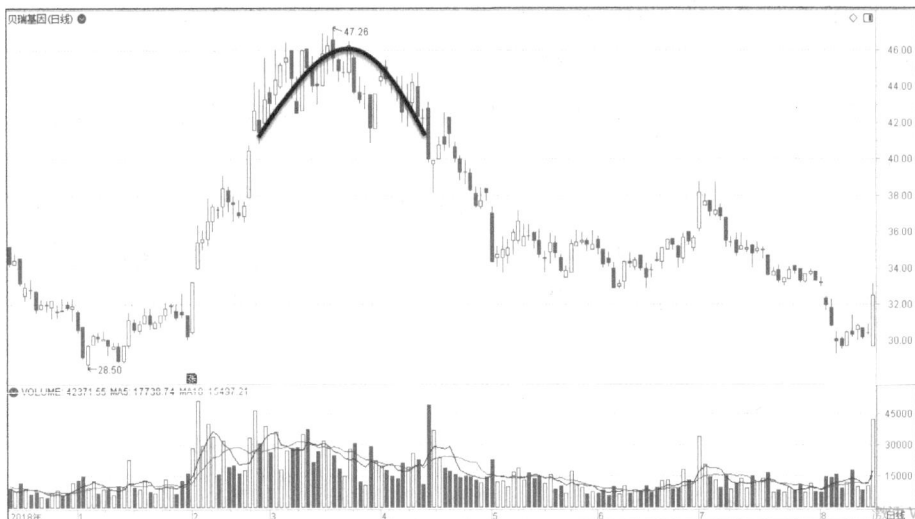

图 4-15　贝瑞基因 2018 年 12 月至 2019 年 8 月的走势图

我们可以在圆弧顶形态初步形成时，或在圆弧顶形态形成后股价短期内无法反弹时卖出。由于圆弧顶形态构筑时间一般较长，不会像尖顶形态那样突然反转，一般来说，在实际操作中，投资者只要不贪婪，就不难在圆弧顶形态出现时成功离场。

4.3　低位峰转变为高位峰

高位密集峰与低位密集峰是两种典型的筹码分布形态，随着趋势的推进、持续，它们之间会发生转变。一般来说，高位密集峰是顶部信号，低位密集峰是底部信号；但在实际操作中，我们也必须结合具体的市场情况与个股走势来综合判断。在本节及 4.4 节中，我们将视野扩大，看看如何利用高位、低位密集峰的相互转变来把握趋势运行的关键环节。

4.3.1　密集峰的密集度要求

在趋势运行的各个环节，密集峰要么有较强的支撑（或阻挡）作用，要么有较强的转折力度，但是只有在各个环节汇聚了较多的筹码之后所形成的密集峰才有这样的作用。一般来说，在分析趋势时，我们所说的密集峰所汇聚的筹码应不少于流通盘的 30%。若密集峰的筹码密集度过低，则实盘分析的意义不大。

图 4-16 是新能泰山 2019 年 10 月 29 日的筹码分布图。个股在上升途中出现了一波幅度较小的回落，此时从筹码分布形态来看，形成了一个小的密集峰，但由于其所汇聚的筹码数量很少，因而我们在分析趋势运行情况时，这样的密集峰是可以忽略的。

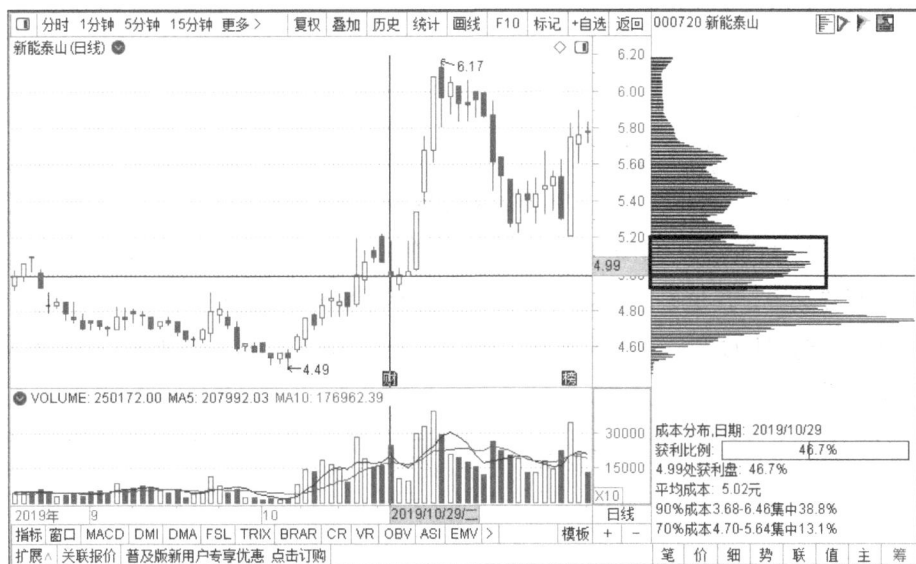

图 4-16　新能泰山 2019 年 10 月 29 日的筹码分布图

4.3.2　低位峰与快速换手高位峰

图 4-17 是英洛华 2019 年 2 月 18 日的筹码分布图。经过长期震荡下跌，该股股价跌至 3 元左右。在 4 元附近，个股横向震荡。至 2019 年 2 月 18 日，此时的筹码在低位区呈密集形态，这一密集区较窄，且汇聚了个股 60% 以上的流通筹码。一般来说，在此背景下的低位峰易引发趋势的反转，预示着个股当前正在构筑一个相对可靠的底部区。在实战中，应予以关注。

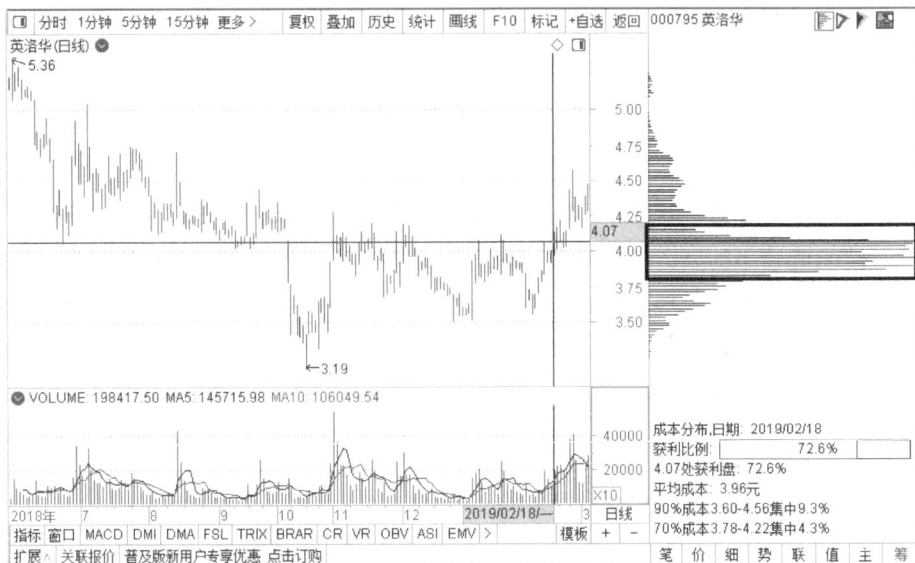

图 4-17　英洛华 2019 年 2 月 18 日的筹码分布图

　　图 4-18 是英洛华 2019 年 5 月 29 日的筹码分布图，该股于 2019 年 2 月 18 日之后连续上行，这是趋势逆转的信号；随后个股持续上涨，步入上升通道；至 2019 年 5 月 29 日，累计涨幅达 1 倍以上。由图可见，当日全部筹码位于 9.4 元下方。

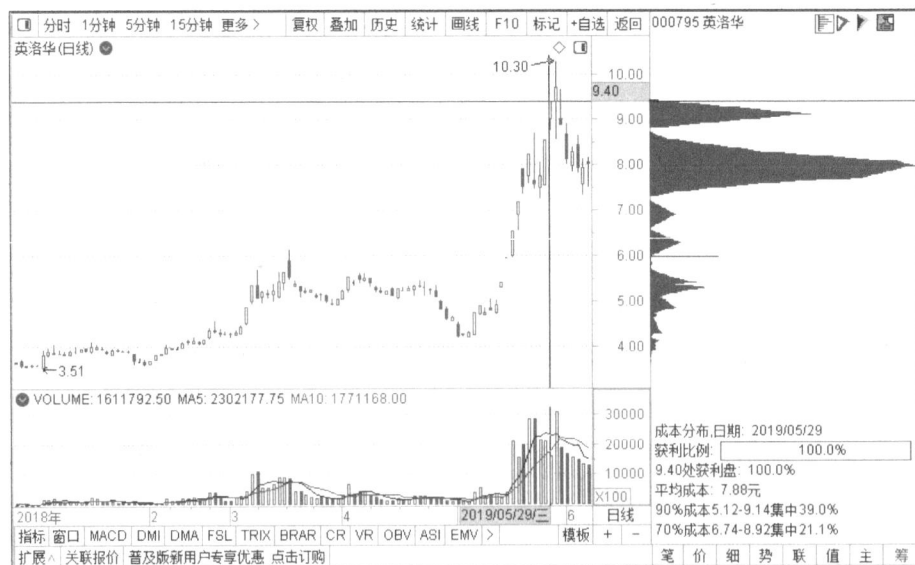

图 4-18　英洛华 2019 年 5 月 29 日的筹码分布图

随后，个股横向窄幅整理，虽然走势相对缓和，但期间筹码换手十分充分。如图 4-19 所示，仅仅 2 个交易日，个股就在 8.86 元上方形成了一个高位密集区；快速形成的高位密集区是主力资金离场的标志之一，结合当时的市场环境来看，这是一个十分危险的顶部信号。由于个股前期涨幅较大，且走势远强于同期大盘，所以它的顶部构筑时间较短。在实战中，应及时卖股离场，以规避风险。

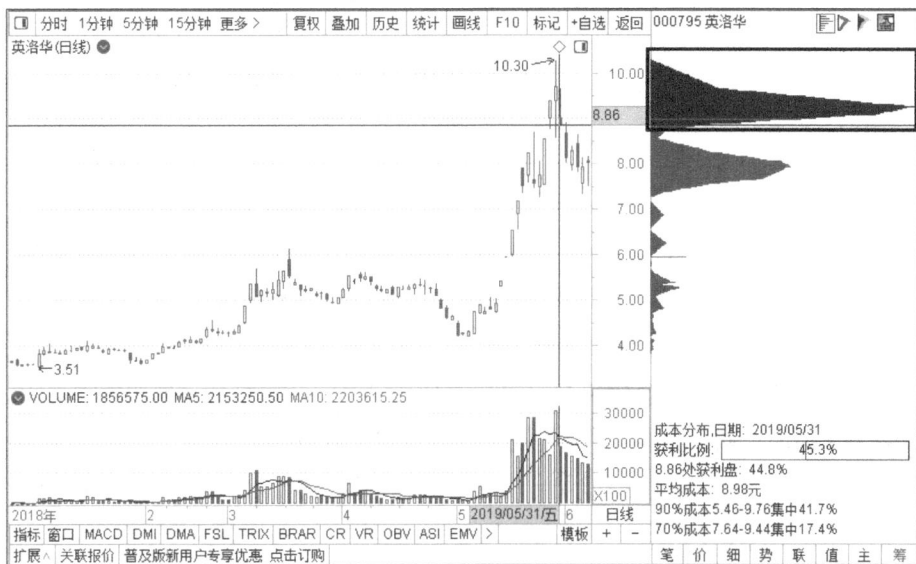

图 4-19　英洛华 2019 年 5 月 31 日的筹码分布图

4.3.3　成对出现的短底峰与短顶峰

若底部区的构筑时间较短但能形成密集峰，则说明个股的交投较为活跃，而个股的股性往往具有前后一致性。对于这样的个股来说，它的顶部构筑时间往往也较短，一旦我们看到个股滞涨且筹码形成密集峰时，就应留意趋势的反转，并及时卖出。

图 4-20 是酒鬼酒 2019 年 5 月 10 日的筹码分布图。个股此前的累计跌幅较大，短期内又出现了快速下跌，所以这是一个阶段性的低点。从当日的筹码分布图中可以看到，22.4 元下方只有极少量筹码。

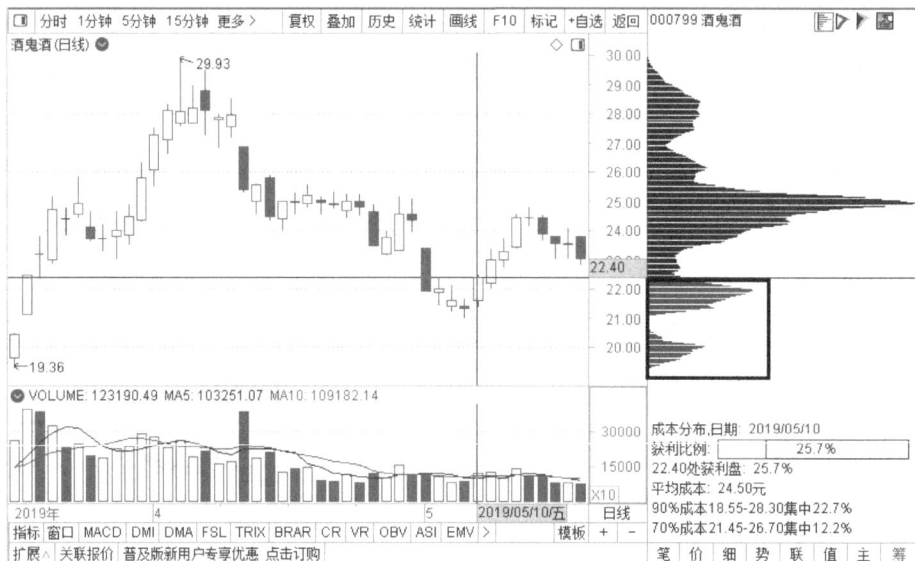

图 4-20　酒鬼酒 2019 年 5 月 10 日的筹码分布图

　　短期止跌之后，个股开始横向震荡。如图 4-21 所示，仅仅经历了 1 个多月的震荡，个股 50% 以上的筹码都汇聚到了 24 元下方，从而形成了鲜明的密集峰，这就是所谓的短期底部峰，它的出现与个股交投活跃有关。

图 4-21　酒鬼酒 2019 年 6 月 20 日的筹码分布图

　　短底峰构筑之后，个股便开始稳健上升，但同期的大盘仍在横向震荡，因而个股的这波上升行情是较为独立的。对于没有大盘支撑的上升行情，我们要密切留意顶部的出现。

如图 4-22 所示，累计涨幅翻倍后，个股经过了十几个交易日的横向震荡后，使 70% 左右的筹码汇聚于这一狭窄的高位区，从而形成了密集峰。这个高位密集峰的形成时间较短，我们称之为短顶峰，它预示着行情的结束与转折，是明确的卖出信号。

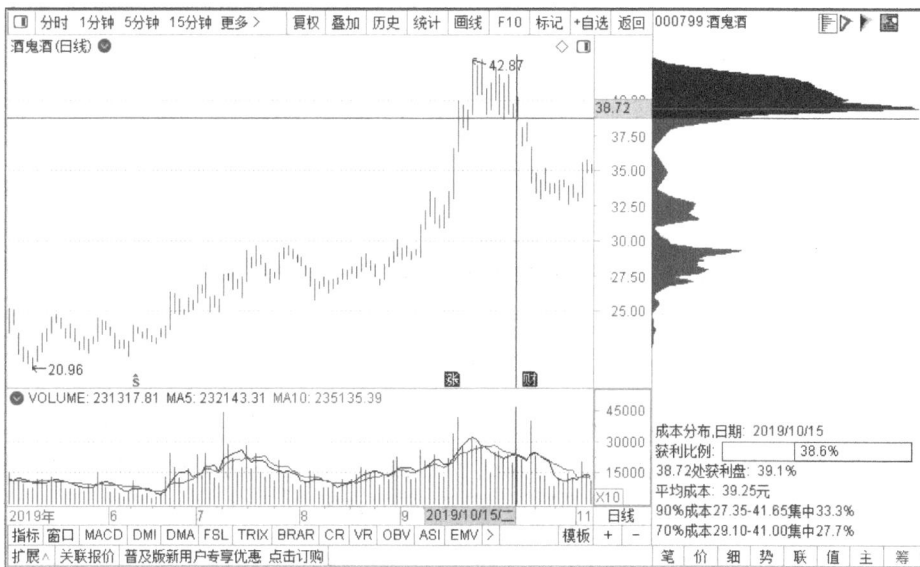

图 4-22　酒鬼酒 2019 年 10 月 15 日的筹码分布图

4.3.4　高位区再度上涨后形成的双峰

个股在高位区持续震荡之后，会在这一高位区形成一个密集峰，但这并不一定是顶部出现的信号，很多时候，若同期大盘走势向好，往往还会出现一波上涨走势。出现上涨走势之后，有可能出现新的密集峰，并与前期的密集峰共同形成双峰形态，这个双峰是较为可靠的顶部出现的信号。仅就短线来说，个股有回落下探前期高峰的倾向。下面我们结合实例来分析。

图 4-23 是北京文化 2019 年 12 月 13 日的筹码分布图。该股处于上升通道中，随后在高位区横向震荡，虽然持续时间较长，但在行情启动区内仍旧堆积着较多筹码，这便形成了底部峰。此底部峰消失得慢，代表着主力资金以长线为主，个股交投不活跃；一般来说，只要同期大盘走势较为稳健，此时仍可继续持股。

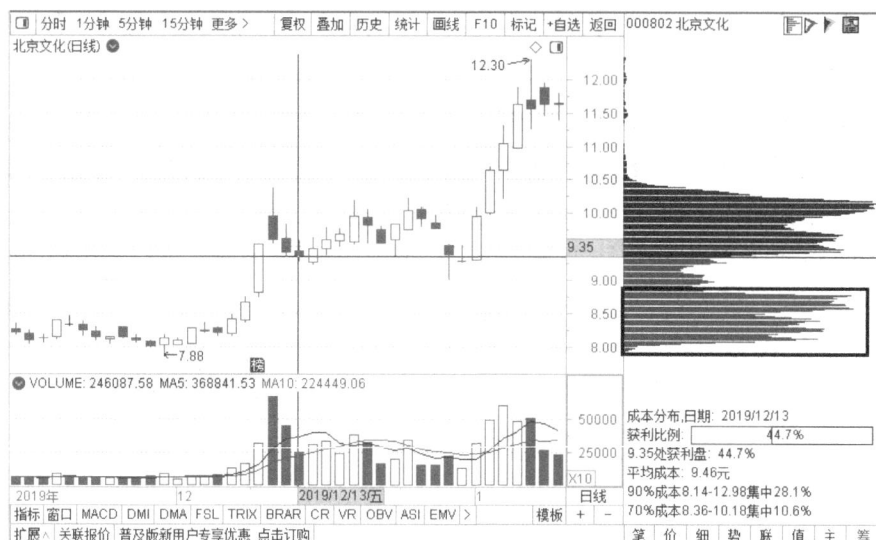

图 4-23　北京文化 2019 年 12 月 13 日的筹码分布图

随后，个股出现了一波上涨走势，向上突破了高位区的筹码密集峰，并于新高点处继续震荡，如图 4-24 所示。随着震荡的持续，我们发现此时的筹码形态呈高位双峰状，而且底部峰也已完全消失。这是危险的信号，说明长线资金在这个新高点处已悄然离场；这也是个股长线走势不乐观的信号。即使是价值型的投资者，也应减仓观望，以规避股价短期大幅度回落所带来的风险。

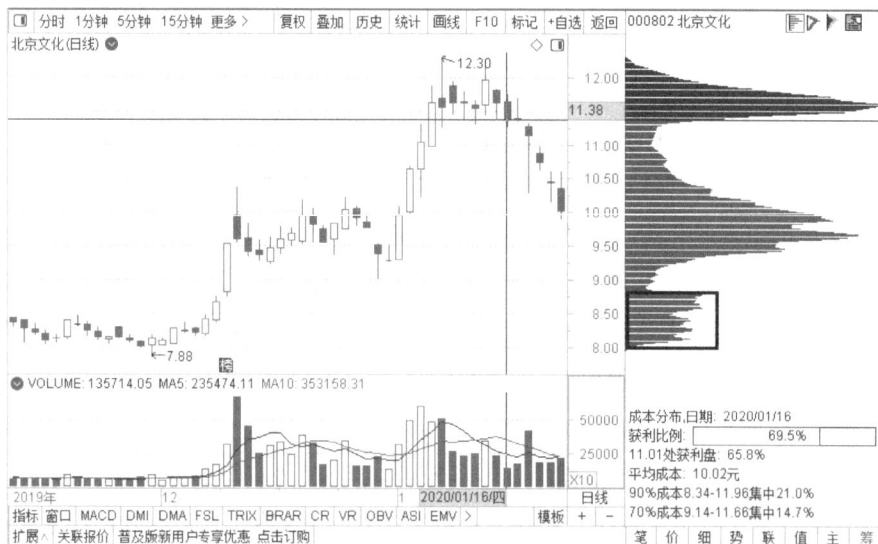

图 4-24　北京文化 2020 年 1 月 16 日的筹码分布图

4.4 高位峰转变为低位峰

低位峰向高位峰转变是由底到顶的过程；高位峰向低位峰转变是由顶到底的过程。但是低位密集峰的出现并不一定代表着底部的出现。在实盘操作中，我们还要结合个股的累计跌幅、在低位区的走势特征等来综合分析。在本节中，我们来看看如何借助低位峰的形态特征及构筑方式来预测底部的出现。

4.4.1 结合 K 线形态看低位峰

K 线形态可以用来预测顶部及底部的出现。在实盘操作中，将筹码形态与 K 线形态相结合，可以得到更准确的预测结果。下面我们结合实例来看看如何将典型的底部 K 线形态与低位峰相结合来预测底部的出现。

图 4-25 是航锦科技 2019 年 4 月 12 日的筹码分布图。该股经历了大幅上涨后于高位区构筑了筹码单峰形态，此峰是"主力卖出，散户买入"的标志，由此也形成了顶部。

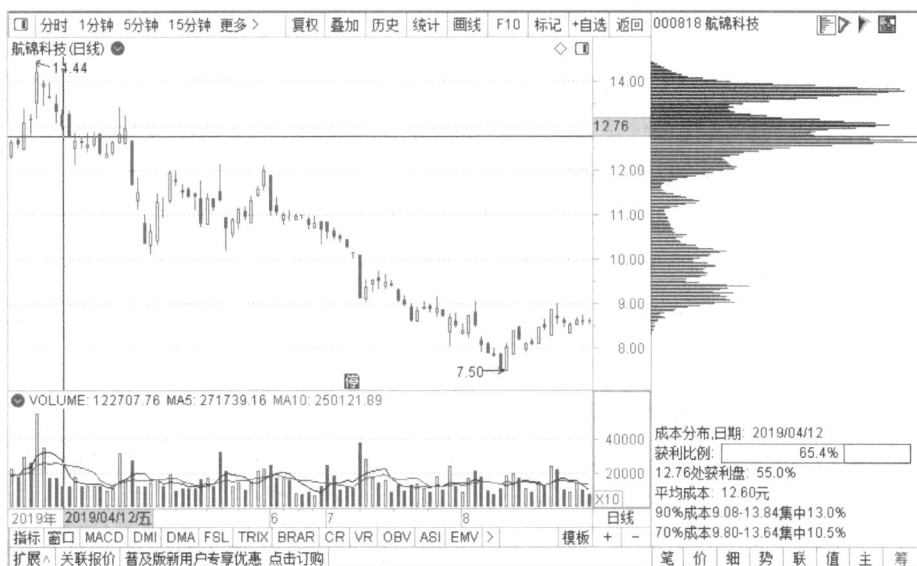

图 4-25 航锦科技 2019 年 4 月 12 日的筹码分布图

随后，个股大幅度下跌，又于低位区止跌企稳。当个股运行至 2019 年 11 月 28 日时，如图 4-26 所示，筹码在低位区呈密集形态；而且，此时的 K 线图中出现了 W 底形态。我们知道,W 底形态是经典的底部 K 线组合形态,它的准确率较高;再结合低位区的密集峰形态是底部的重要特征来看,此位置为中期底部的概率极大。在实盘操作中,可在股价突破颈线且 W 底形态正式构筑成功后买股入场。

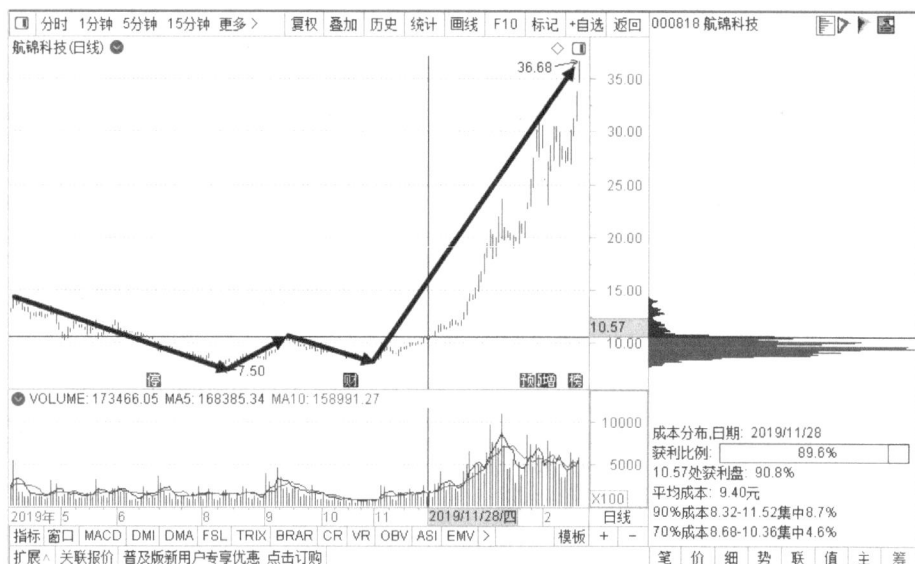

图 4-26　航锦科技 2019 年 11 月 28 日的筹码分布图

4.4.2　V 形底回踩筑成低位峰

在深幅下跌后的低位区,个股首先出现 V 形反转;随后受大盘带动,再度出现一波快速下跌走势并回踩前期低点;个股随后在此位置附近横向震荡,从而形成了一个低位区的筹码密集峰,这个密集峰预示着中期底部的出现。

图 4-27 是银星能源 2019 年 3 月 11 日的筹码分布图。个股首先在高位区形成了筹码密集峰。可以看到,这是一个快速形成的密集峰,代表着主力资金加速离场。随后个股受大盘带动出现了下跌走势。

急速的下跌往往酝酿着 V 形反转。如图 4-28 所示,个股先是出现了 V 形反转,但由于买盘入场的连续推动性不强,且受恐慌盘及短线获利盘的双重影响,个股再度回踩前期低点并横向震荡,由此构筑了一个低位峰。

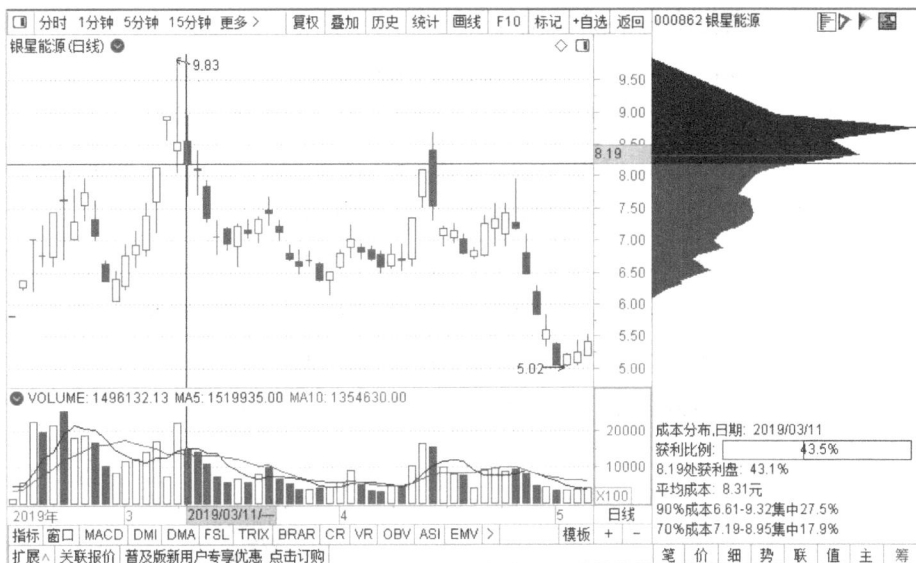

图 4-27　银星能源 2019 年 3 月 11 日的筹码分布图

此时是 V 形反转后，个股再度确认底部时的逢低买入时机。V 形反转预示着有主力资金积极参与该股；再度回踩多是因为大盘震荡及主力能力相对较弱，但这也正好为我们创造了一个良好的逢低买股时机。

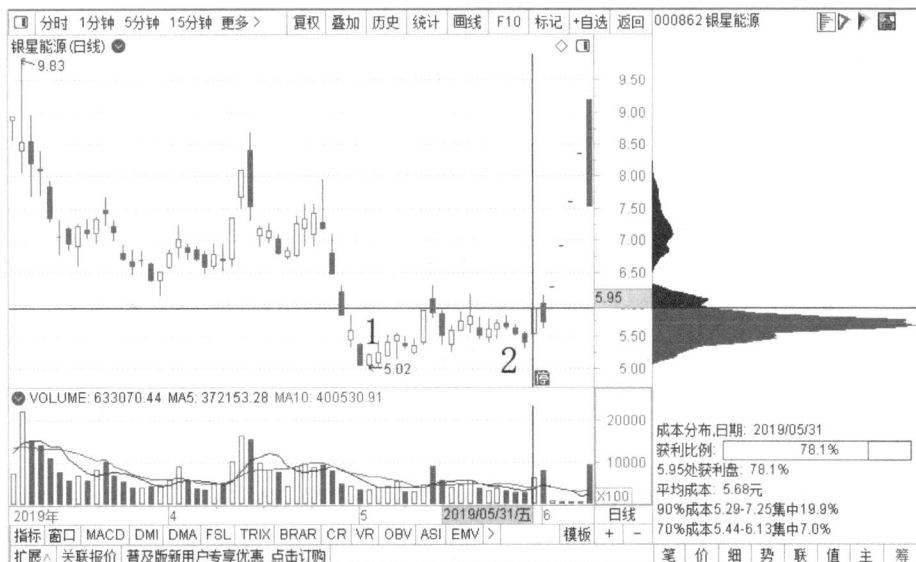

图 4-28　银星能源 2019 年 5 月 31 日的筹码分布图

4.4.3 不完全高位峰与快速低位峰

经过大涨之后，个股进入高位区震荡。若震荡时间相对较长，而下方筹码向这一震荡区间转移的速度却相对较慢，则说明主力持筹数量较多，此时构筑的高位峰被称为不完全高位峰。若这类个股随后在大盘的带动下进入低位区，且低位区筹码汇聚速度快，则多预示着新一轮上攻行情即将展开。

图 4-29 是深南电 A 2019 年 4 月 9 日的筹码分布图。个股在高位区震荡使得筹码开始在此区间汇聚，震荡时间较长，但筹码向上转移的速度较慢。虽然在高位区形成了密集峰，但仍有大量的筹码散乱地分布在下方的区间内，所以此时的高位峰为不完全高位峰。不完全高位峰意味着主力在高位区出货不充分。

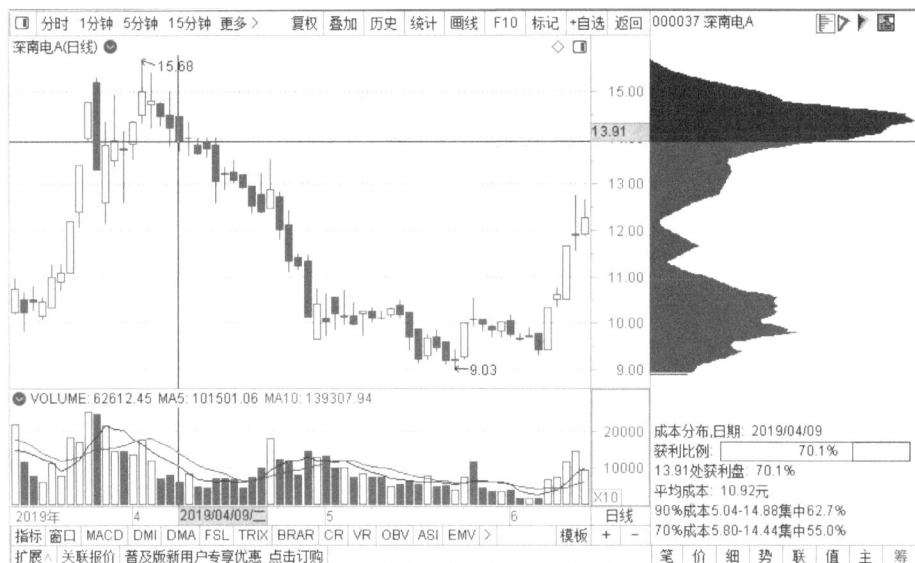

图 4-29 深南电 A 2019 年 4 月 9 日的筹码分布图

如图 4-30 所示，个股在低位区仅仅震荡了十几个交易日，就使得绝大多数筹码汇聚于此，这意味着低位区的筹码换手速度极快，再结合主力在高位区出货不充分这一情况来看，若主力在低位区吸筹，则个股随后有望展开新一轮上攻走势。

在实盘中，应密切关注这类个股。对于该股来说，随后连续中阳线突破低位区就是个股走势反转的明确信号。在实盘操作中，应及时买股入场，以分享主力二度拉升的成果。

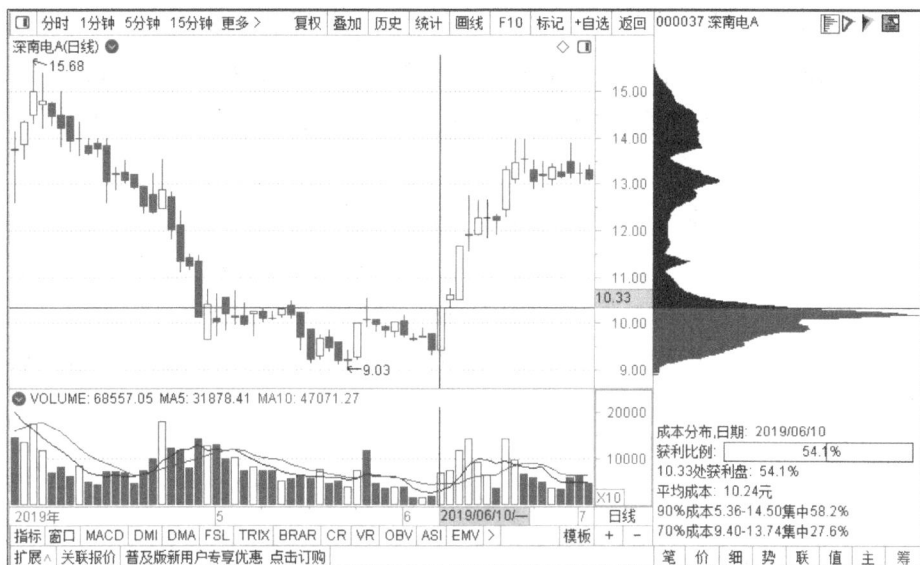

图 4-30　深南电 A 2019 年 6 月 10 日的筹码分布图

4.5　预示上升行情的筹码形态

上升行情意味着机会的出现，由于股市是一个以做多为主要获利方式的市场，因此只有准确把握住上升行情，才能更好地获利。对于上升行情，我们可以从两个问题来把握。一是低位区的上涨是反转还是反弹？二是此前的一波上涨走势是否具有持续性？问题一的答案可以帮助我们准确抄底入场；问题二的答案可以让我们不踏空，并最大限度地获取利润。在本节中，我们讲解几种能够预示上升行情的常见筹码形态，借助于这些筹码形态，相信我们可以更好地把握住升势。

4.5.1　低位挖坑后的坑沿峰

当个股在低位区出现挖坑走势时，由于全线被套，大多数投资者不愿卖出，所以此时量能萎缩，主力也难以大规模建仓。采取拉升方式建仓是主力在此背景下常用的方法之一。具体为：个股首先向上突破这一坑体区；随后，在坑体区上沿位置点建仓。

在坑体区上沿位置点，短线盘有获利空间，前期套牢盘也有解套离场或卖出止损的倾向，因而这是一个多空分歧较为剧烈的区域。若筹码在此位置点呈单峰密集状，股价走势强势且不回落，多预示着有主力资金积极参与该股，个股后期有望上涨。

图 4-31 是中集集团 2019 年 2 月 12 日的筹码分布图。如图中标注所示，个股在低位区破位下行并构筑坑体区；随后又反向突破上行，于坑体区上沿位置点附近横向整理；随着整理走势的持续，筹码呈单峰密集状，这是主力参与的信号。在实盘操作中，可以在个股的这一整理区间内，逢盘中回落低点买股布局。

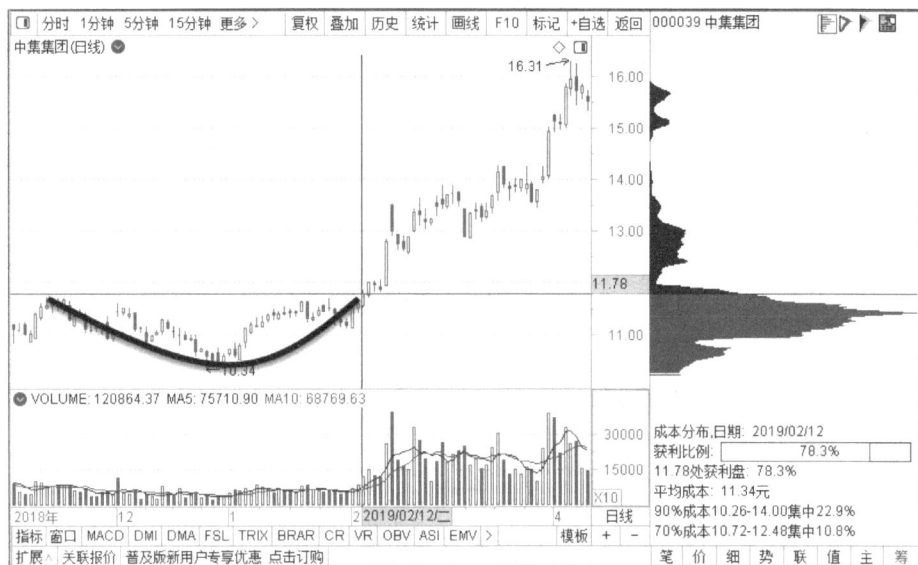

图 4-31　中集集团 2019 年 2 月 12 日的筹码分布图

4.5.2　跳空突破套牢峰

在上升途中，个股往往于震荡之后出现较大幅度的回落；在这个震荡区所形成的筹码密集峰就是个股随后运行中的套牢峰，一旦股价再度向上触碰这一套牢峰，就会导致较多的套牢盘解套出局。因此，若个股能够以向上跳空的方式突破这一套牢峰，则多预示着多方力量充足、主力拉升意愿强烈，这是个股再度步入升势的信号。

图 4-32 是中兴通讯 2019 年 8 月 2 日的筹码分布图。个股前期的累计涨幅不

大，从而因横向震荡而形成了筹码密集峰；随后个股向下跌破了这一区域，并在企稳之后再度上行。

2019 年 9 月 6 日，一根跳空高开、盘中走高的阳线出现，使得股价一举突破了 2019 年 8 月 2 日的筹码分布图中所呈现的套牢峰。在面临着大量解套盘与短线获利盘的双重抛压之下，个股仍能够跳空且收于阳残，这彰显了多方力量的强劲，也是个股重拾升势的标志。

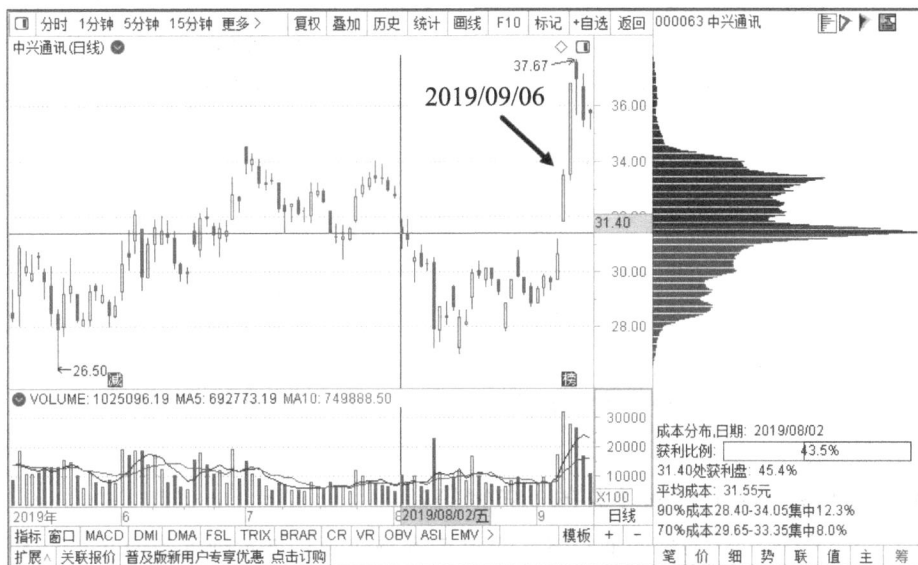

图 4-32　中兴通讯 2019 年 8 月 2 日的筹码分布图

4.5.3　向下发散后低位不密集

快速的上涨（下跌）会使筹码呈发散形态，一旦价格走势企稳，往往会引发明显的多空分歧，从而促使筹码向企稳区间汇聚，但也有例外。

若个股在快速下跌之后，并没有因企稳走势而快速汇聚筹码，则多表明大量的筹码并没有掌握在散户手中，而过低的筹码换手率又无法让主力出货，因此，主力往往会在大盘企稳的背景下再度拉升个股。

图 4-33 是北方国际 2019 年 11 月 18 日的筹码分布图。此时的个股已于低位区企稳半个月左右，但这种横向的整理走势只使得很小一部分筹码在此换手，大量的筹码仍以发散的方式分布在此价格区间的上方。一般来说，我们将这类个股视作主力能力较强但因大盘风险而被迫下跌的品种，一旦

大盘企稳，主力随时有可能再度拉升个股。在实盘操作中，个股于低位区企稳时就是我们中短线买股布局的时机。

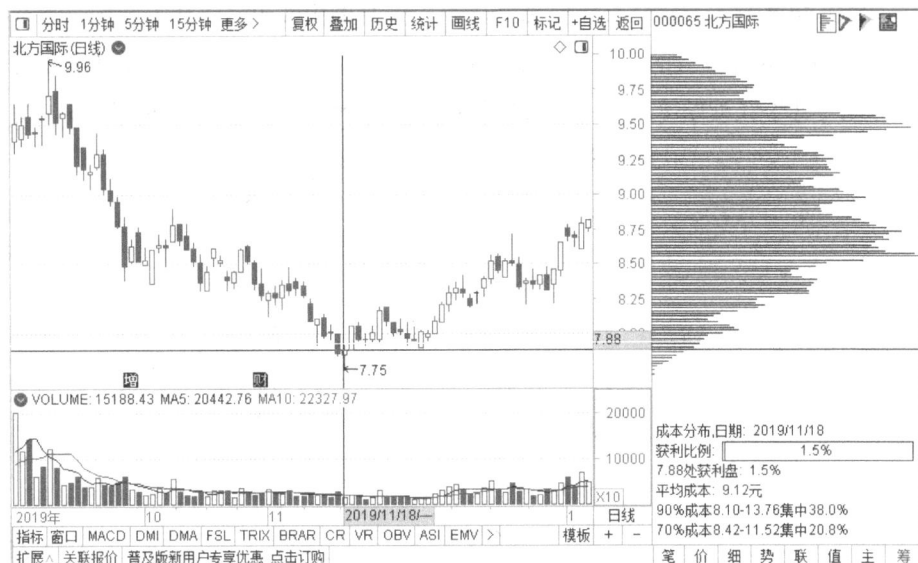

图 4-33　北方国际 2019 年 11 月 18 日的筹码分布图

4.5.4　涨停突破后再度下移的低位密集峰

在大幅度下跌之后的低位区，个股先震荡企稳，并形成低位密集峰；随后又再度向下跌破了这一密集峰，于新低点再度横向震荡整理，并形成了更低的密集峰，此新低位密集峰的筹码正是由之前的低位密集峰转移而来的。一般来说，新低位密集峰位于原低位密集峰的下沿位置点，是个股筹码换手率高、套牢盘减少的标志。如果此时个股出现涨停板并突破这个新低位密集峰，则多表明在新低位密集峰处有主力入场，而个股前期的下跌幅度又极大，因此易触发上攻行情。

图 4-34 是藏格控股 2019 年 5 月 29 日的筹码分布图。个股此前跌幅较大，并因为在此位置区的横向震荡而形成了一个低位密集峰。低位密集峰并不意味着股价走势会立即反转，而由于同期大盘走势不好，个股随后再度破位下行。

在一个更低的位置点（之前震荡区的下沿位置点附近），个股横向整理，又形成了筹码单峰密集形态（见图 4-35），这是一个新低位密集峰，从整体走势来看，个股已有明显的企稳特征。随后，2019 年 6 月 18 日，个股以一个涨停板突破了这个新低位密集峰，预示着一轮上攻行情将展开。

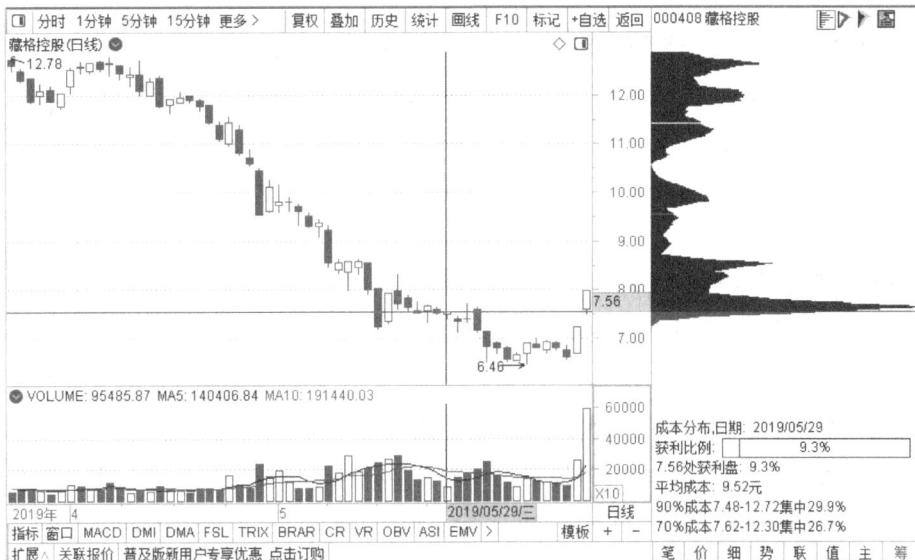

图 4-34 藏格控股 2019 年 5 月 29 日的筹码分布图

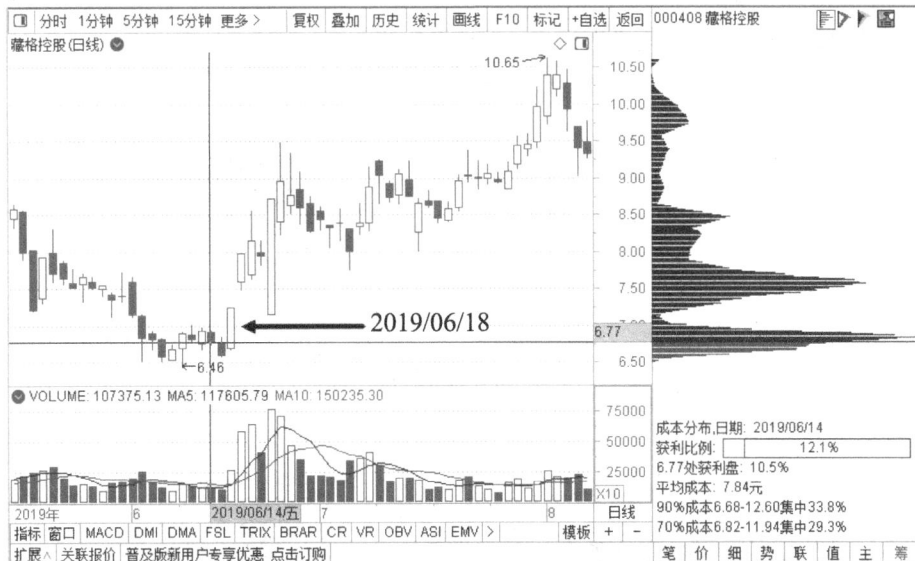

图 4-35 藏格控股 2019 年 6 月 14 日的筹码分布图

4.6 趋势中继的筹码形态

趋势运行的中继整理环节和趋势运行的反转节点是两个难以准确辨识的位置点。如果我们不能正确判断，那么当上升趋势出现时，会过早地获利出局，从而踏空；当下跌趋势出现时，又会"抄底抄到半山腰"，亏损严重。利用筹码形态的特征，再结合股价走势的特征，就可以更好地把握趋势运行的中继整理环节。

4.6.1 难以消失的套牢峰

高位区或者下跌初期的震荡整理走势会使得个股在此位置区形成一个密集峰，随着股价的破位下行，这个密集峰就成了一个典型的套牢峰。如果个股随后在一个更低的位置点震荡整理，且震荡整理的时间较长，但上方套牢峰的筹码始终较多，则说明大量的持筹者仍不愿离场。在下跌趋势中，若绝大多数套牢盘都未止损离场，则说明下跌动能并没有得到完全释放，个股仍有下跌空间，这也预示着这个更低位的震荡整理区只是下跌趋势的中继整理区，而并非底部。

图 4-36 是 *ST 沈机 2019 年 4 月 23 日的筹码分布图。这是一张高位震荡之后的筹码分布图，可以看到，筹码在此高位区呈密集状。随后个股开始破位下行，正式步入跌势，这个密集峰也就成了一个套牢峰。

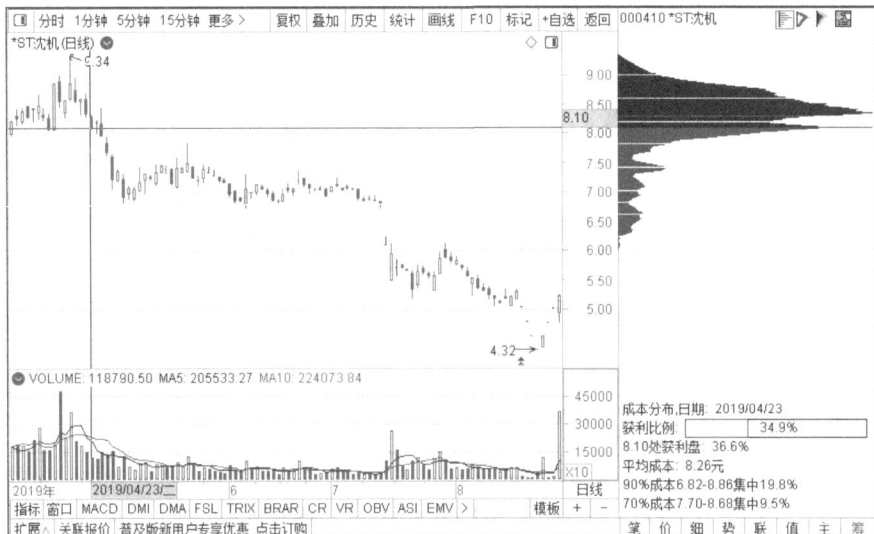

图 4-36　*ST 沈机 2019 年 4 月 23 日的筹码分布图

图 4-37 是 *ST 沈机 2019 年 7 月 12 日的筹码分布图。如图中标注所示，个股在低位区经过长期震荡之后，虽然使得大部分筹码汇聚于此，但上方的套牢峰仍有大量筹码。这表明此前的震荡位置区并非底部，若要抄底入场，仍需谨慎，只宜轻仓参与。

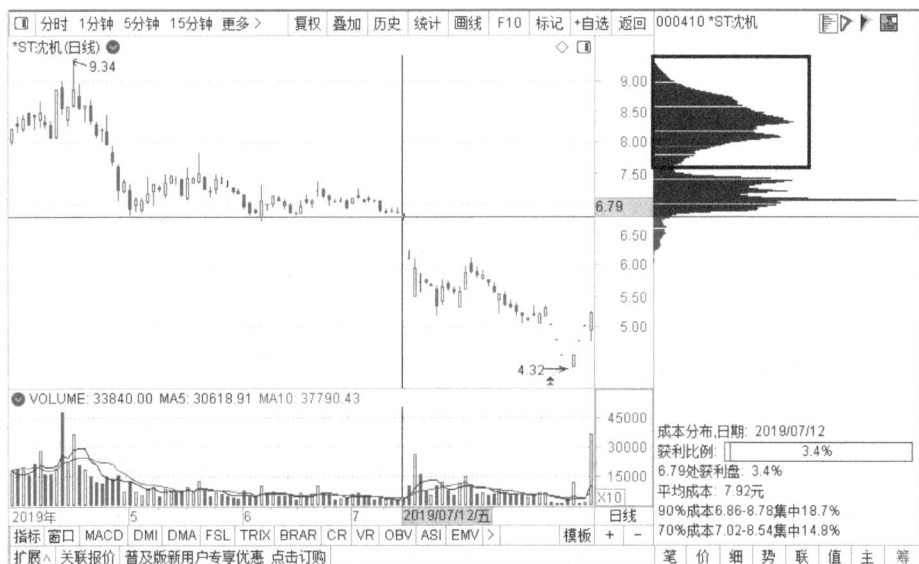

图 4-37　*ST 沈机 2019 年 7 月 12 日的筹码分布图

4.6.2　长阴线反复下穿低位峰

个股在下跌途中构筑一个低位震荡整理平台，使得筹码汇聚于此，且呈峰状；如果期间个股反复出现单根长阴线向下穿越这个筹码密集区的情况，则说明空方力量强大，而这个密集区也很难成为真正的底部。

图 4-38 是华天酒店 2020 年 1 月 21 日的筹码分布图。这是一个低位震荡整理区，筹码也呈单峰密集状。但是，期间出现了很多长阴线向下穿越这个整理区的情况，因而这并不是真正的底部，且空方力量依旧很强，个股随时有可能受大盘影响而破位下行。在实盘操作中，此时不宜抄底入场。

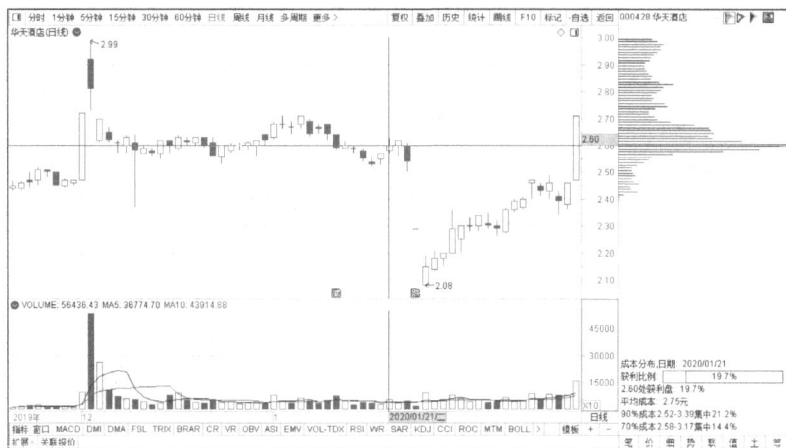

图 4-38　华天酒店 2020 年 1 月 21 日的筹码分布图

4.6.3　长阳线向上穿越密集峰

在上升途中，个股横向震荡整理，使得绝大多数筹码汇聚于此区间，筹码呈密集状。若此时出现长阳线向上穿越这个筹码密集峰的情况，则表明多方力量在这一整理区得到了加强，个股仍有再度步入升势的动力。

图 4-39 是粤高速 A 2019 年 12 月 30 日的筹码分布图。个股因上升途中的横向震荡走势而使得筹码呈单峰密集形态。随后一根长阳线向上突破了这个筹码密集峰，这是新一轮升势将展开的信号。

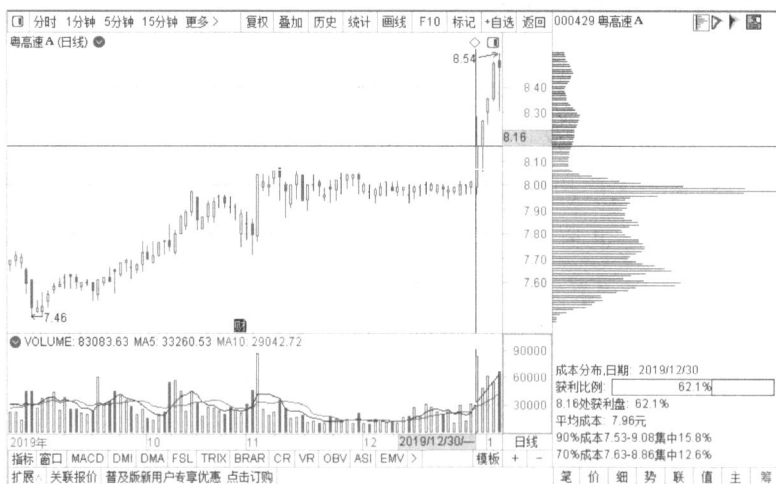

图 4-39　粤高速 A 2019 年 12 月 30 日的筹码分布图

第 5 章

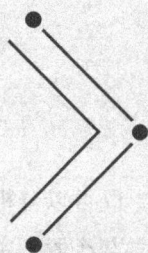

筹码分布与主力动向

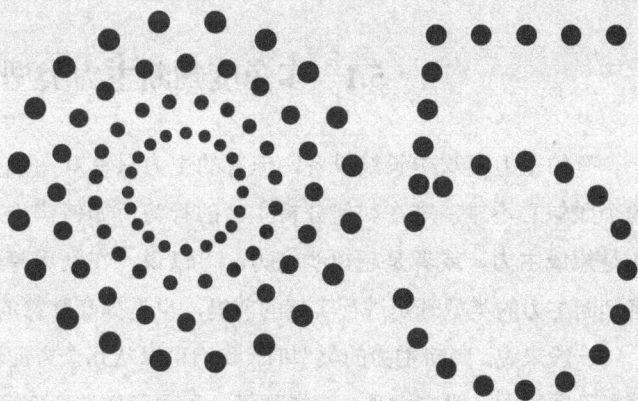

筹码分布是一门灵活的实战技术，利用筹码分布形态的转变，既可以分析多空力量的转变，也可以把握主力资金的意图与动向。主力是否参与个股？主力吸筹的力度如何？主力是中长线投资，还是短线参与？在实战中，我们不仅要辨识各种筹码分布形态，还要掌握一些实用的分析主力行为的技巧，这样才能进一步把握时机、提高胜算。

5.1　多角度判断主力类型

有的主力喜欢中长线投资，但有的主力只喜欢短线交易。发现有主力参与的个股似乎不难，难在如何分析主力的行为，如何辨识主力的类型是长线主力还是短线主力，或者是超短线主力。可以说，在利用筹码分布展开实战时，准确判断主力的类型既是进行实战的前提，也是提高胜算的关键。

一般来说，判断主力的类型时，我们可以从几个方面着手，即个股走势特征、消息及题材面、股本大小、市场环境。下面我们结合实例来进行说明。

5.1.1　从个股走势特征来把握

如果个股之前有较长时间的震荡筑底过程，且其走势在中长期内略强于大盘，则可以将这种特征看作是主力缓慢吸筹的信号。在这种背景下，个股一旦开始向上突破震荡区，且有同期大盘的企稳走势来配合，则很可能步入中长期上升通道；该股属于有中长线主力参与的品种，一旦其步入上升通道，则持续性较强。如果个股之前的走势弱于大盘，却突然出现了快速的突破，则该股多属于有短线主力参与的品种，且其上升趋势的持续性不强，在实盘操作中应避免追高被套。

图 5-1 是沪电股份 2018 年 6 月至 2019 年 10 月的走势图，图中叠加了同期的上证指数走势。在 2018 年 6 月之前，该股走势与大盘接近，但随后却开始独立走强，在大市仍旧"原地踏步"的背景下，如图中标注所示，个股已开启了缓慢上行的格局。

一般来说，这类率先独立于大盘走强且上升势头稳健的个股往往有中长线主力参与。在后期，一旦大盘由弱转强，在得到大市向好支撑的情况下，这类个股往往能走出牛股行情，这是中长线投资者应重点关注的品种。

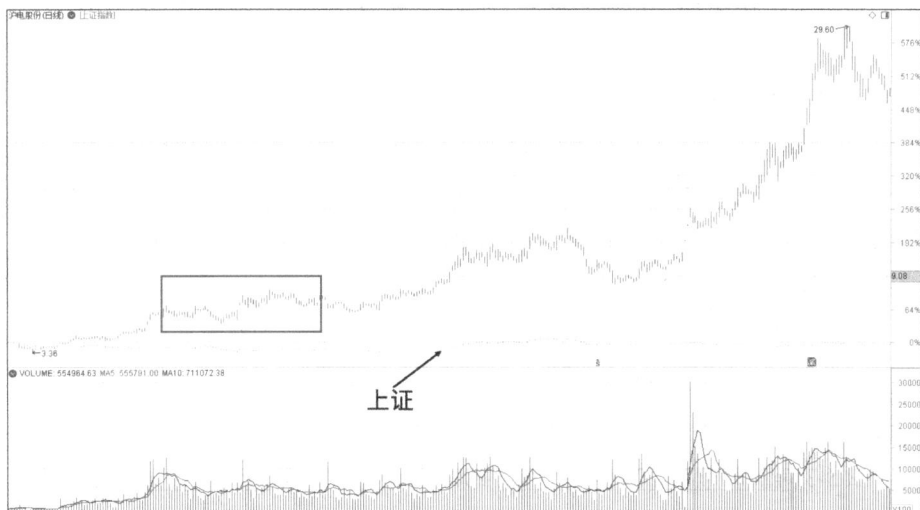

图 5-1 沪电股份 2018 年 6 月至 2019 年 10 月的走势图

图 5-2 是众应互联 2019 年 4 月至 2020 年 1 月的走势图，图中叠加了同期上证指数。如图中标注所示，在上证指数节节攀升、处于牛市格局的背景下，该股走势远弱于大盘，这说明个股并无主力参与，或者主力正处于出货阶段。在此背景下出现的一波上攻行情并不具有持续性，投资者一旦追涨，会很容易被套牢在高位。

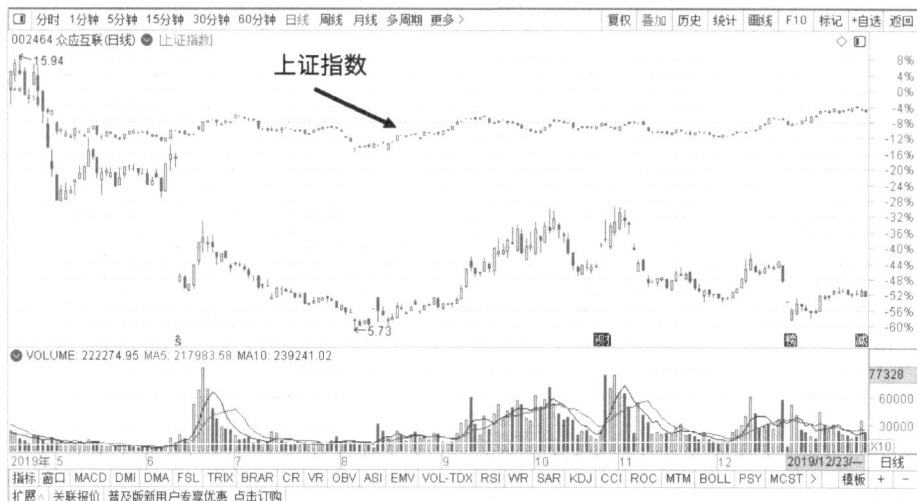

图 5-2　众应互联 2019 年 4 月至 2020 年 1 月的走势图

5.1.2　从消息及题材面来把握

如果引发个股异动的消息不具有持久的价值，如贵金属期货价格突然波动、重要峰会召开、准确性较低的市场传闻等，则此时个股的上涨甚至是当日的强势涨停都更可能是偶然性的波动，而并非是真正的突破。这类个股虽然形态很好，但不宜追涨。

如果个股的题材有着较强的延续性，且价值突出，如政策的扶持倾向、上市公司的转型、业绩向好等，则此时个股的突破启动更可能是中短线主力开始积极参与个股的信号。在实盘操作中应予以重视。

图 5-3 是民和股份 2018 年 2 月至 2019 年 4 月的走势图。该股在经历了长期的横向整理之后，于 2019 年年初，借股市行情好转，开始率先走出低位区，并一路上涨，累计涨幅超过 5 倍。

对于该股来说，该公司的主营业务为养鸡业务，所以在非洲猪瘟的影响下，该股的题材较好；该股在低位区出现了长期盘整走势，并率先开始上攻突破。因此无论是从题材面还是从技术面来看，这些都是促使我们发现主力的线索。在实战中，对于这类有着好题材，却因大盘较弱而长期盘整的个股，我们应耐心布局，等到大盘回暖时，此类个股便极有可能因其热点题材而"一飞冲天"。

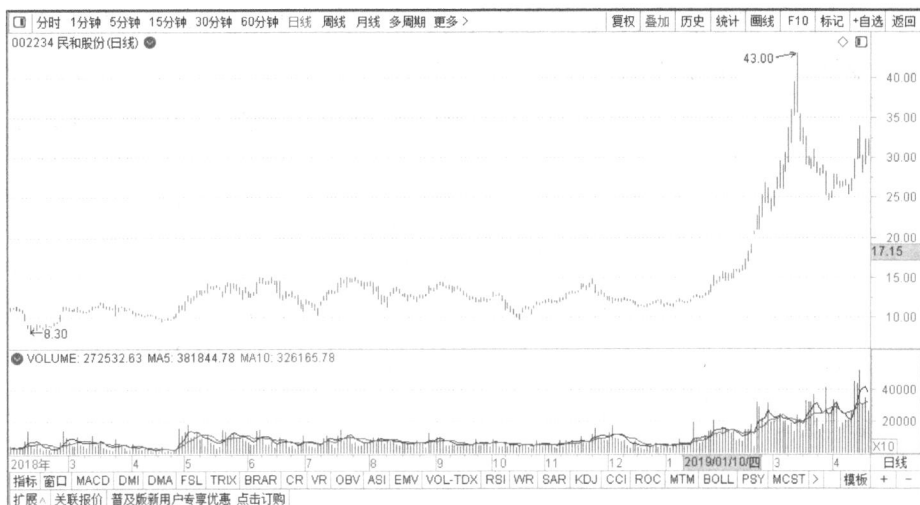

图 5-3 民和股份 2018 年 2 月至 2019 年 4 月的走势图

5.1.3 从股本大小来把握

一般来说，主力参与个股时会首选小盘股，其次是中盘股。对于大盘股来说，我们可以认为没有主力会参与，它是多路资金博弈的结果。

在实盘中，我们可以发现，那些可以凭借一波牛市而飞速上涨的股票大多都有好的题材面（要么是新兴行业，要么有政策扶持，要么有潜在的增值题材）作为支撑，而且盘子较小（总股本一般不会超过 5 亿股，多在 2 亿股以内）。

这也提示我们，在寻找个股时，总股本大小是一个重要的衡量因素。一只好的股票，即使有题材、有业绩，但如果盘子太大，也难有资金愿意参与。因为这类盘子过大的股票的上涨必将引发严重的多空分歧，除非股市大热，市场一片看多，否则大盘股很难有较好的表现。

5.1.4 从市场环境来把握

股票市场的热点时时在变，当我们发现市场能在不同的热点之间来回切换，且市场又少有暴跌时，则这时的市场是很强势的，主力参与个股的热情也将大大提高。在此环境下，我们可以适当追涨买入强势股，因为这往往是一个强者恒强的时段。如果市场环境已经明显转冷，则此时个股出现的逆市上涨或者强势特征往往都是昙花一现，其上涨格局难有延续性。这时无论是中线主力，还是短线主力，都是在借反弹之际逢高出局，若投资者此时追涨，则风险将远高于预期收益。下面我们结合案例来进行说明。

图 5-4 是天威视讯 2018 年 10 月至 2020 年 2 月的走势图。2018 年年末，随着股票市场的不断升温，个股出现了三波有力的上涨；随后，因 2019 年下半年大盘震荡下跌，所以个股出现了急速下跌走势，此时市场温度急剧下降，且投资者处在恐慌之中；后来个股出现了两波企稳反弹走势，但由于市场环境的彻底改变，此时的上涨更宜看作是下跌途中的反弹，不宜追涨。

即使是实力很强的主力，在选择个股时，也需要参照当时的市况。

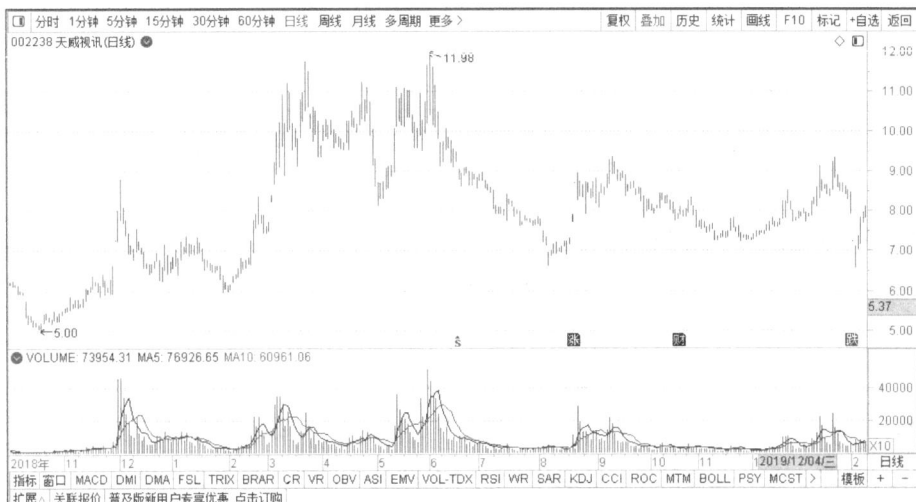

图 5-4　天威视讯 2018 年 10 月至 2020 年 2 月的走势图

5.2　整理环节与出货环节的筹码特征

当一轮行情稳步推进时，相信大多数投资者都有过这样的体验，而且常常陷入其中，这种体验就是"拿不住赚钱的股票"。在一轮行情中只获取小部分的"鱼头"利润，而失去了让资金加速增长的"鱼身"利润。这种体验与心态有关，因为股市的非理性波动总是让我们的资金过山车式地变化，一旦有利润，获利了结似乎是大多数人的习惯。就概率来说，这种习惯似乎是正确的，但当这种习惯成为最后的选择时，我们会错失很多黑马股，也无法感受到股市的魅力。

要解决这个难题，首要的一点就是区分"整理"与"出货"，而筹码分布可以让我们从一个全新的角度来区分二者，并且也很有效。

5.2.1　底部筹码慢转移

强主力之所以被称为强主力，一个重要的原因就是其手中握有大量的流通筹码。低买高卖是主力获利的方法，特别是中长线主力，其一般会在低位区买入足够的筹码。因此，当个股出现明显的筑底行情，随后开始脱离这一区域且涨势强劲时，我们可以通过观察低位筹码的转移速度来判断主力能力的强弱。如果低位筹码转移速度较慢，则多代表该股有中长线强主力参与；只要个股的累积涨幅不是很大，投资者是可以耐心持有的。

筹码慢转移有以下两种表现方式。

（1）底部筹码在个股快速上涨的过程中，向上转移的速度较慢。

（2）在个股经过了上涨途中的盘整之后，仍有大量的筹码分布在上涨途中。

图 5-5 是联化科技 2019 年 12 月 16 日的筹码分布图。在经过了低位区的整理之后，个股开始快速上攻。从图中可以看到，个股虽然短期内涨幅极大，但是上涨时的筹码换手率很低，且量能未见明显放大，体现在筹码形态上就是底部盘整区仍旧汇聚着大量筹码，且这些筹码并未随着个股的加速上涨而向上快速转移。

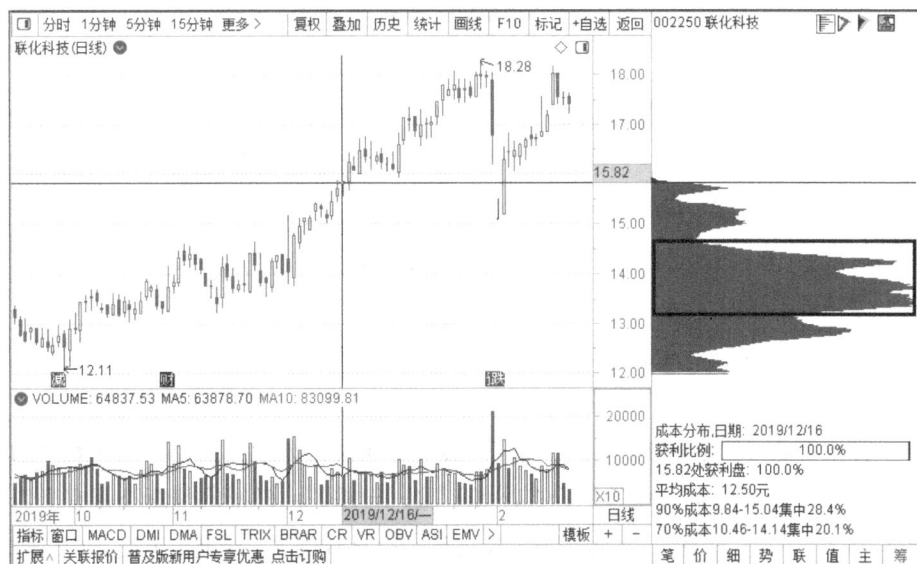

图 5-5　联化科技 2019 年 12 月 16 日的筹码分布图

5.2.2　途中筹码慢转移

图 5-6 是西仪股份 2019 年 3 月 27 日的筹码分布图。经过了低位区的盘整之后，该股开始加速上涨，随后于高位区出现了近 3 周的横向震荡走势。当个股运行到 2019 年 3 月 27 日时，可以看到，仍旧有大量的筹码分布在上升途中，并未完全转移至盘整区。这说明个股的筹码锁定程度较高，就中短线来说，我们仍然可以持股待涨。

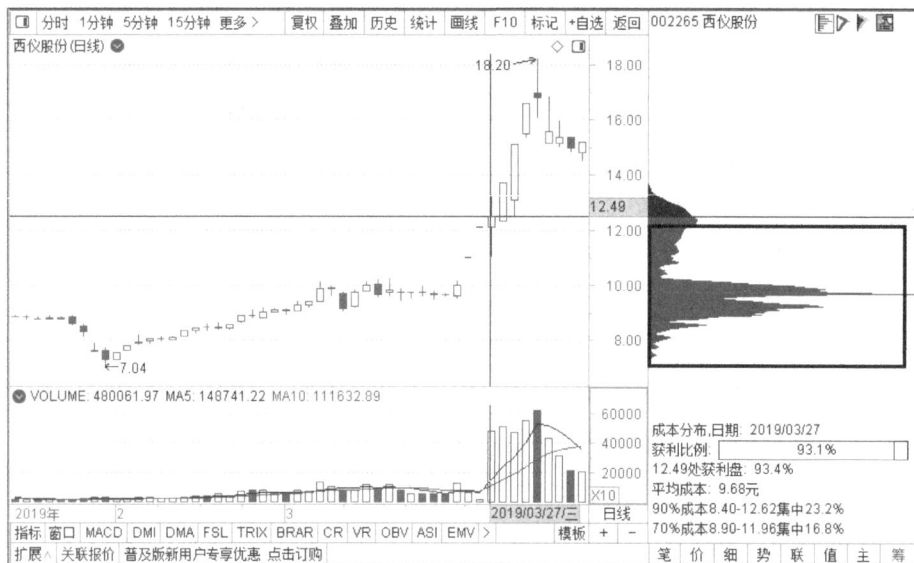

图 5-6　西仪股份 2019 年 3 月 27 日的筹码分布图

5.2.3　完全突破后的盘升密集区

主力的吸筹往往不是一步到位的，当个股随大盘回暖而向上运行时，若此时的主力吸筹不充分，且主力有意中线参与该股，则往往会在突破之后继续吸筹。此时的个股不会急速上攻，但由于有主力不断买入，因而其走势呈现为在突破点位附近震荡盘升。

在这一盘升区，走势持续的时间相对较长，往往能达一个月之久；市场筹码的换手较为充分，从而使筹码形态由低位区密集转变为盘升区密集。这个盘升密集区既是主力的一次加仓吸筹的区域，也是底部获利盘离场的区域。

图 5-7 是营口港 2019 年 1 月 8 日的筹码分布图。该股在低位区横向震荡的时间较长，从而使得大量筹码向此区域汇聚，但是，此时很难判断是否有主力参与其中，毕竟个股的这种走势与大盘运行情况息息相关。因此，就交易而言，此区域有投资价值，可长线入场。

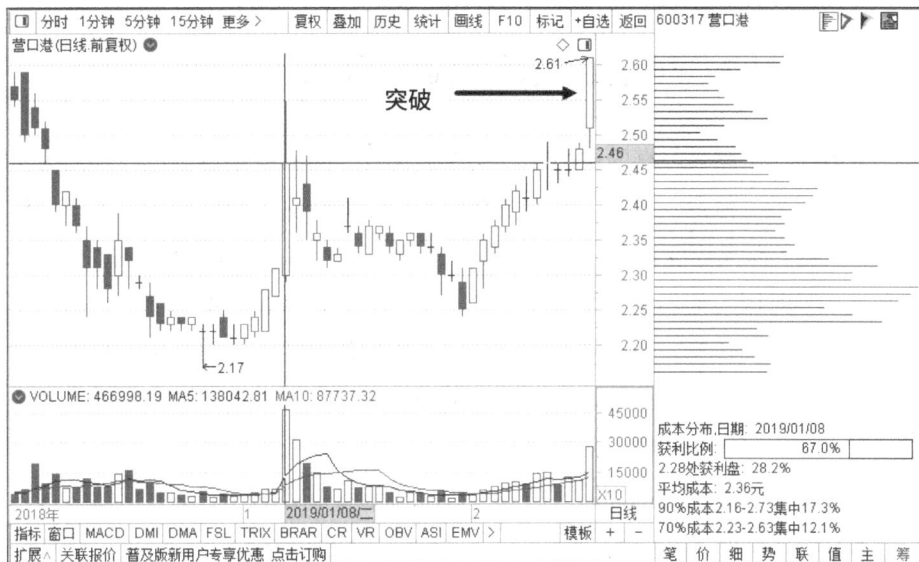

图 5-7　营口港 2019 年 1 月 8 日的筹码分布图

随后，个股以一个涨停板实现了向上突破，这时，我们看到了主力的身影，但仅凭一个涨停板难以判断主力的真实意图与市场行为，我们还要不断地观察。

如图 5-8 所示，个股在涨停之后并没有急速上行，而是缓慢地震荡盘升，且在此过程中，市场筹码换手充分。这一相对狭小的盘升区域让筹码再度汇聚，主力已充分吸筹，底部大多数的获利盘也已离场，从而为个股随后的上涨打下了基础。

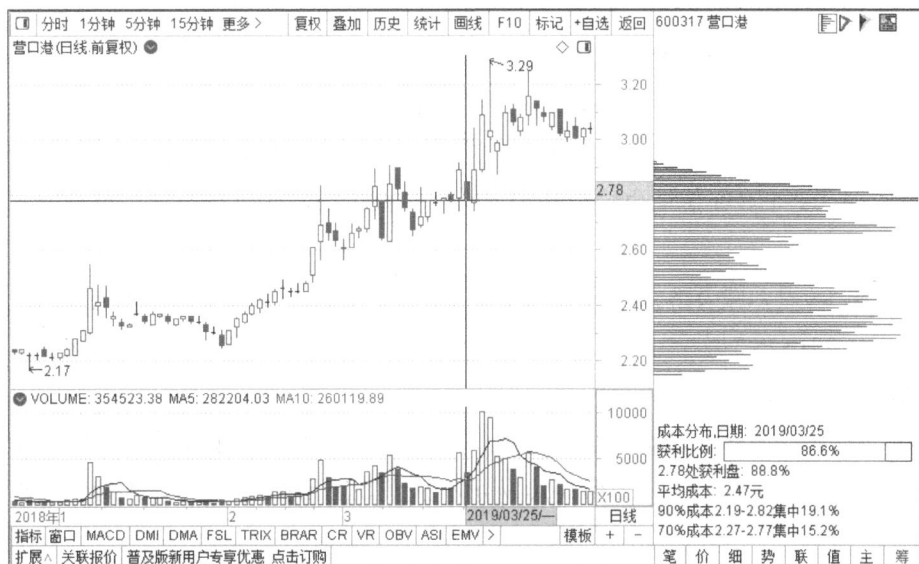

图 5-8　营口港 2019 年 3 月 25 日的筹码分布图

5.3 判断突破后的快速转向风险的技巧

主力参与个股时，有的主力在行动方向上有一定的连续性，可以称之为实力较强的主力。但是，也有一些游资在参与个股时会更多地结合当时的市场环境及投资者的跟风程度来决定下一交易日的操作，对于这种阴晴不定的"主力"（加双引号是因为他们并不是真正意义上的主力），若我们不能准确判断，就可能做出错误的决策，是获利还是亏损，只能凭运气了。在实战中，最重要的就是判断个股突破的有效性，实力较强的主力在参与时，个股一旦突破，其突破成功的概率极大；阴晴不定的"主力"在参与时，个股能否突破成功具有一定的随机性。在本节中，我们就结合筹码分布来看看那些突破后有快速转向风险的股票有何特征。

5.3.1 密集区突破点的快速汇聚

个股因较长时间的横向震荡走势而使得大多数筹码向此区域汇聚，此时是出货环节还是整理环节、主力的能力是否很强，都很难判断。若个股随后向上突破，突破空间很小，且呈滞涨状，但是在短短数个交易日之后，却使得大量筹码在突破点附近快速汇聚，那么这就是一个危险的信号，它表明了以下两点。

（1）市场筹码极度不稳定，散户持筹数量众多。

（2）突破之后，个股有快速转向的风险。

筹码分布的这种变化是个股突破后有快速转向风险的信号，一旦大盘出现回调，则个股在短期内的下跌空间往往是极大的，此时应及时、果断地卖股离场。

图 5-9 是西藏天路 2019 年 3 月 15 日的筹码分布图。该股长时间横向震荡，运行至 2019 年 3 月 15 日时，筹码在当日收盘价下方呈单峰密集形态，这说明此区域的筹码换手充分。

随后，个股向上突破，但没有快速上行，而是在突破日的阳线附近上下震荡。至 2019 年 4 月 23 日时，如图 5-10 所示，股价仍位于震荡区上方，但筹码形态却已完全转变，大量的筹码已转移到了 2019 年 4 月 23 日的收盘价的上方。筹码在密集区突破点实现了快速汇聚，但个股的突破走势却绵软无力。综合来看，个股此时有快速转向的风险，投资者应及时卖出。

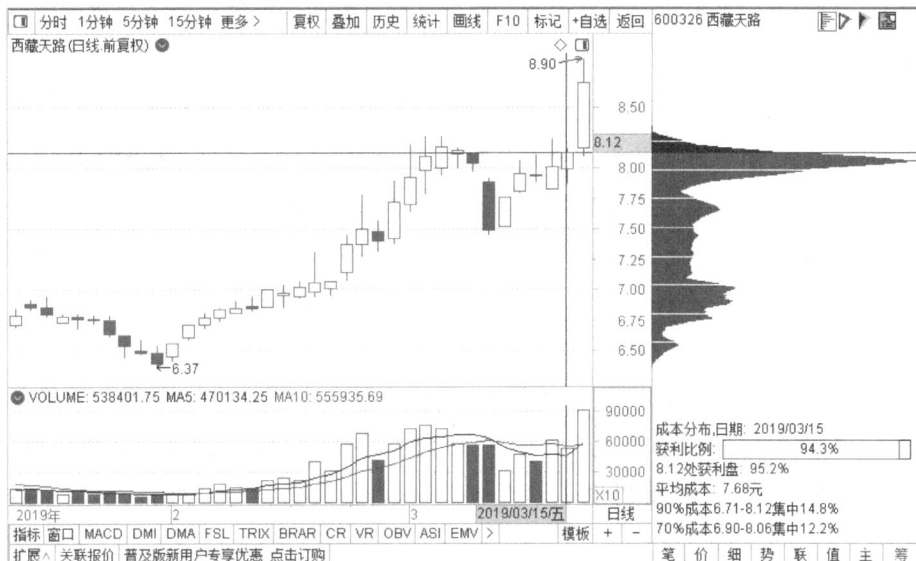

图 5-9 西藏天路 2019 年 3 月 15 日的筹码分布图

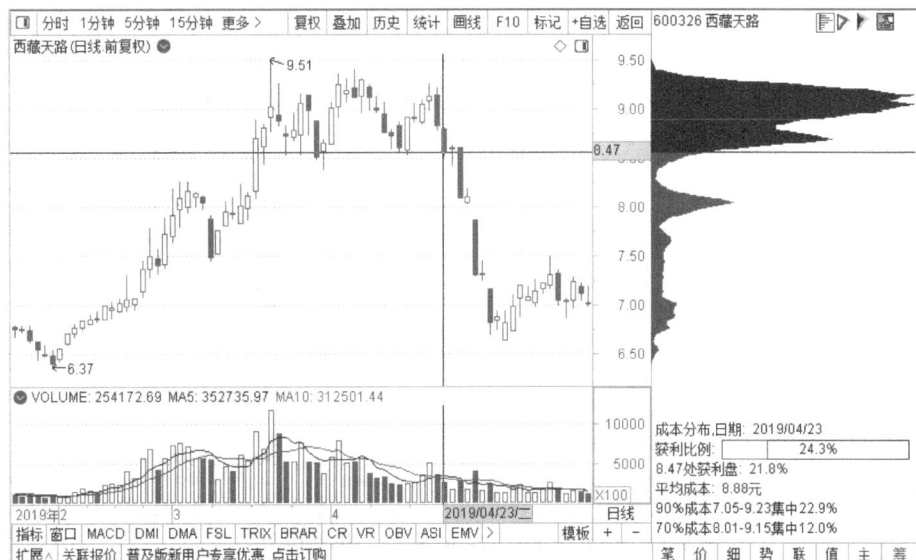

图 5-10 西藏天路 2019 年 4 月 23 日的筹码分布图

5.3.2 发散态突破点的慢速移动

发散态突破点的慢速移动，是指个股在上升途中出现了横向震荡走势，但筹码并未在此区域形成单峰密集形态；随后个股向上突破，此时的筹码从整体来看，仍旧是发散形态，这是因为在突破之后，筹码向突破位置点转移的速度极为缓慢。

这种形态常出现在基金重仓股的筹码分布图中，由于入驻基金较多，且锁仓程度较高，所以筹码并没有随着个股的突破而快速向上转移。在股市环境相对较好的背景下，由于多空分歧不明显、做多思维占据主导地位，所以这类个股的中长线表现往往较好；但是，在股市环境相对较差的背景下，这种形态则是投资者跟风意愿较弱的信号，表明各路基金难以形成合力，个股突破后快速转向的概率极大。在实战中，不宜追涨。

图5-11是白云山2019年4月25日的筹码分布图。个股在此之前稳步盘升，且在途中经过了横向震荡，但由于散户相对较少，该股具有蓝筹属性，长期投资者较多，且筹码换手速度缓慢，因而直至当日，筹码依旧呈发散形态。

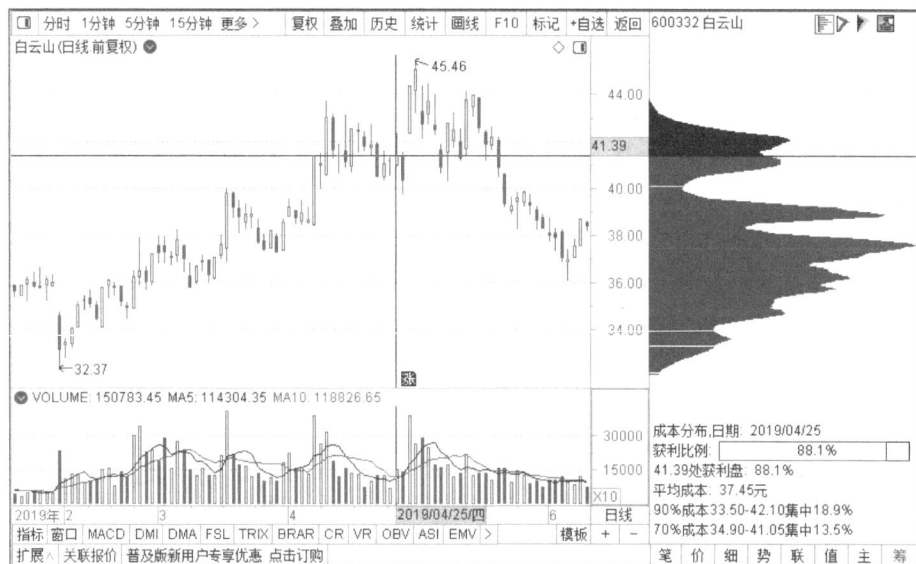

图5-11 白云山2019年4月25日的筹码分布图

如图5-12所示，个股随后实现了突破，但筹码向上转移的速度相当慢，投资者跟风热情极低，此时的市场环境又较差，一旦大盘走势发生变化，由于跟风盘稀少，少量的抛盘就可以使股价大幅度降低，就如同少量的买盘可以让个股实现突破一样。在实盘操作中，结合股市当时的整体氛围来看，个股突破后快速转向的概率更大，此时不应追涨。

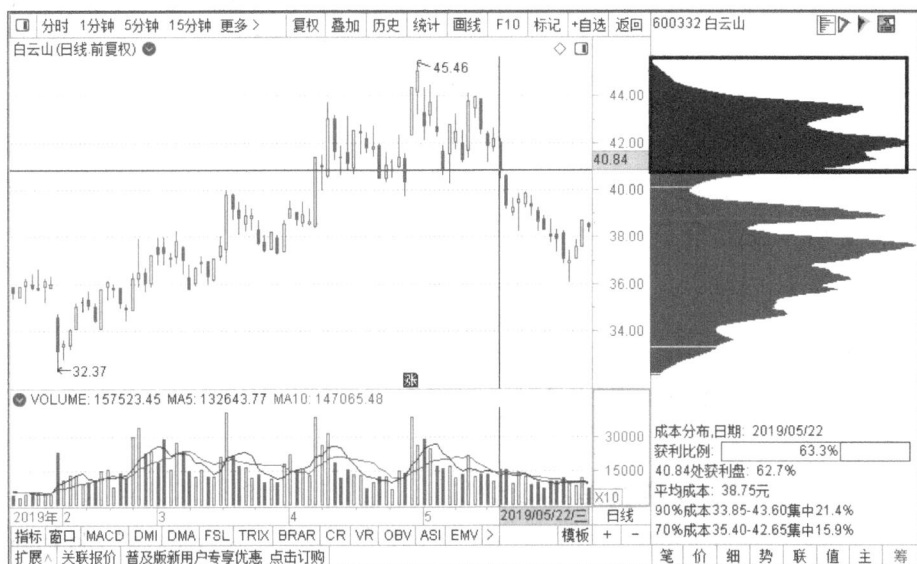

图 5-12　白云山 2019 年 5 月 22 日的筹码分布图

5.3.3　突破后遇高位峰阻挡

低位整理之后的向上突破可能是反弹，也可能是反转，结合筹码分布形态来看，可以更为准确地进行判断。

如果在个股向上突破之时，上方仍有前期形成的密集峰，则此密集峰对个股的继续上涨将有着十分强大的阻力，而在大盘运行相对疲软的背景下，个股的走势就有可能调转向下。

图 5-13 是深粮控股 2019 年 11 月 25 日的筹码分布图。从图中可以看到，个股从高位急速下跌之后，在低位区虽然经过了一段时间的横向震荡整理，但仍留有 3 个高位密集峰，这是阻挡型的密集峰。据此可以判断，在上涨过程中，每个密集峰都对个股有着较强的阻挡作用。这提示我们，在实盘操作中，当股价涨至密集峰附近时，应卖出观望。

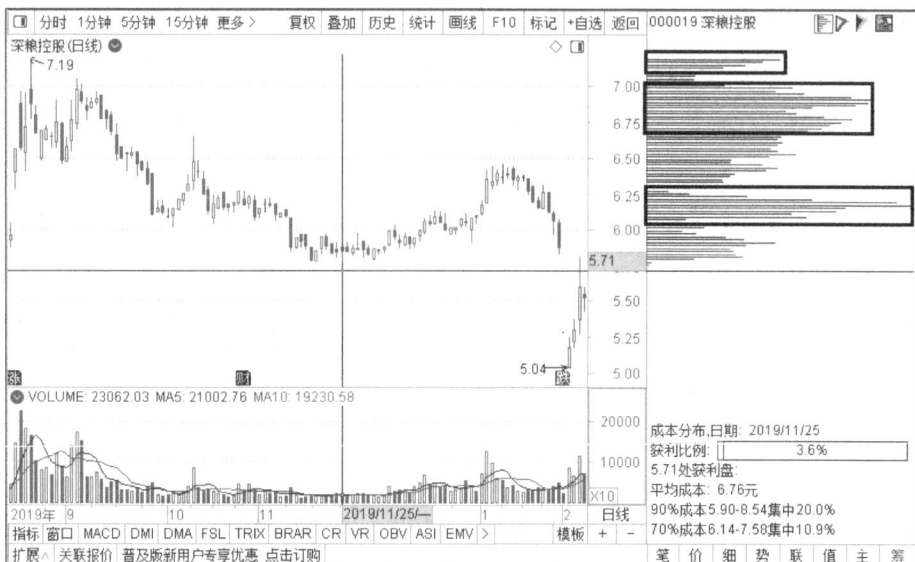

图 5-13　深粮控股 2019 年 11 月 25 日的筹码分布图

5.3.4　连续大阳线突破宽幅密集区

在所有的震荡走势中，宽幅震荡后的突破难度最大。因为此时的个股面临着双重抛压，即震荡区上沿附近的解套盘抛压和震荡区下沿附近的获利盘抛压，如果个股还有高位套牢盘，则还有高位止损盘抛压。

宽幅震荡走势的持续使得筹码相对均匀地分布于震荡区间内，这是筹码换手较充分的标志，也是大多数筹码掌握在散户手中的标志。

此时个股若以连续大阳线的方式实现突破，则将遇到大量市场抛盘的阻挡。这种突破方法对于多方力量的消耗也是极大，除非个股有十分出众的题材，否则其再度跌回震荡区的概率极大。

图 5-14 是深大通 2019 年 11 月 12 日的筹码分布图。个股从高位下跌，于相对低位区宽幅震荡，多空分歧明显，股价上下波动幅度大。直至当日，筹码仍呈现出较为集中但又宽幅分散的形态。

再结合个股之前的走势可以判断，这一区域的筹码换手很充分，但筹码锁定度极低，大量的筹码分散在各类投资者的手里。此时，个股以连续大阳线的方式向上突破，虽一举突破了筹码宽幅密集区，但此突破方式对多方力量的消耗却极大，所以个股的上涨走势已接近尾声。在实盘操作中，应果断卖出，以规避短线深幅回落的风险。

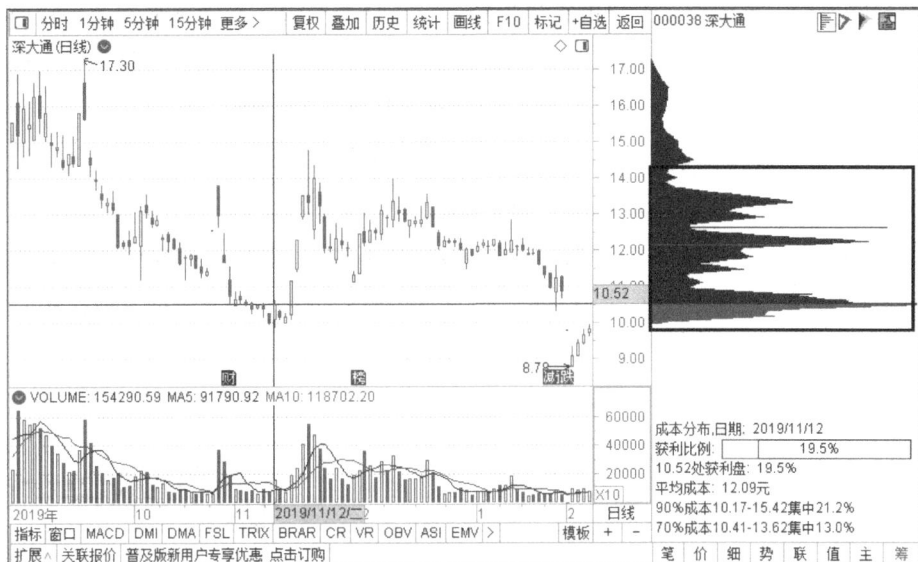

图 5-14 深大通 2019 年 11 月 12 日的筹码分布图

5.4 低位密集区的筹码形态

低位区是一个看似只有机会，然而却是机会与风险并存的区域。买得好，可以实现资金的快速增值；买得差，可能会承担由个股滞涨带来的时间成本，也可能会承担由个股继续下跌带来的本金亏损。面对这个风险与机会并存的区域，我们要学会辨识不同的筹码形态。在本节中，我们就结合筹码形态的变化及特征来看看如何做出买卖决策。

5.4.1 快速形成的底部密集区

当个股因受大盘的系统性风险或自身利空的影响，于高位区快速下跌，且下跌幅度极大时，在这种背景下，个股一旦出现长时间的横盘震荡走势，往往就会形成低位筹码密集区。如果这个筹码密集区是由高位筹码密集区转变而来的，那么这就是高位、低位筹码的快速转移。

筹码的这种转移方式的市场含义是：高位区聚集了大量的市场浮筹，由于股价跌速快、跌幅深，大量的市场浮筹卖出，低位区筹码换手十分充分，从而使得市场筹码的整体成本接近这一低位区中的价格。这样，个股就具备了上涨的支撑力，一旦股市行情转好，该股就会变成具有上攻潜力的品种。

图 5-15 是宜华健康 2019 年 4 月 25 日的筹码分布图。个股在高位区经历了一个月左右的震荡，由于每个交易日的盘中振幅均较大，筹码向高位区快速转移，从而形成了高位筹码密集区。2019 年 4 月 25 日，个股向下跌破了这一密集区，这是一个危险的信号，预示着个股破位下行，此时应及时卖出，以规避风险。

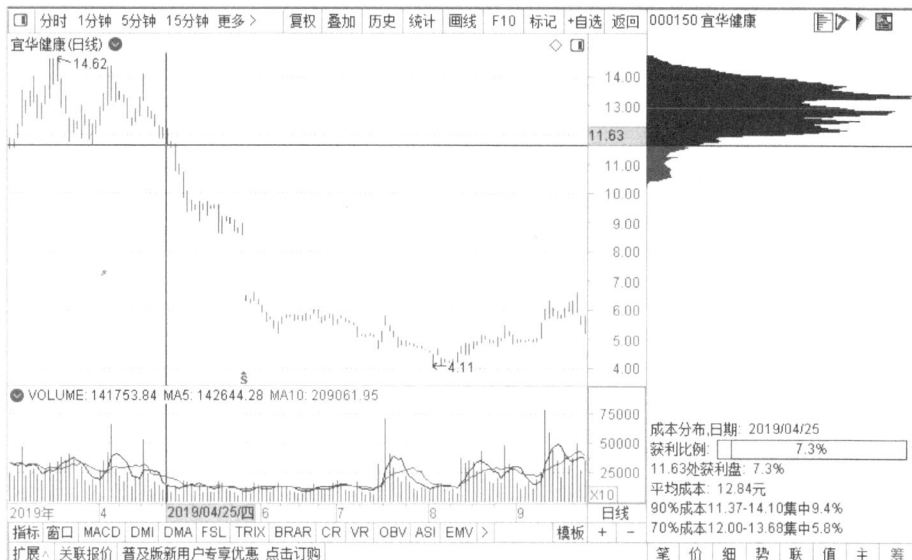

图 5-15　宜华健康 2019 年 4 月 25 日的筹码分布图

随后，个股经历了快速、深幅的下跌，并于低位区开始横向震荡整理，筹码再度快速汇聚并形成密集状态见图 5-16，结合图 5-15 来看，这就是高位筹码向低位快速转移的表现。如果说高位快速密集形态是风险，那么此时出现的低位快速密集形态就是机会，投资者可以适当买入。

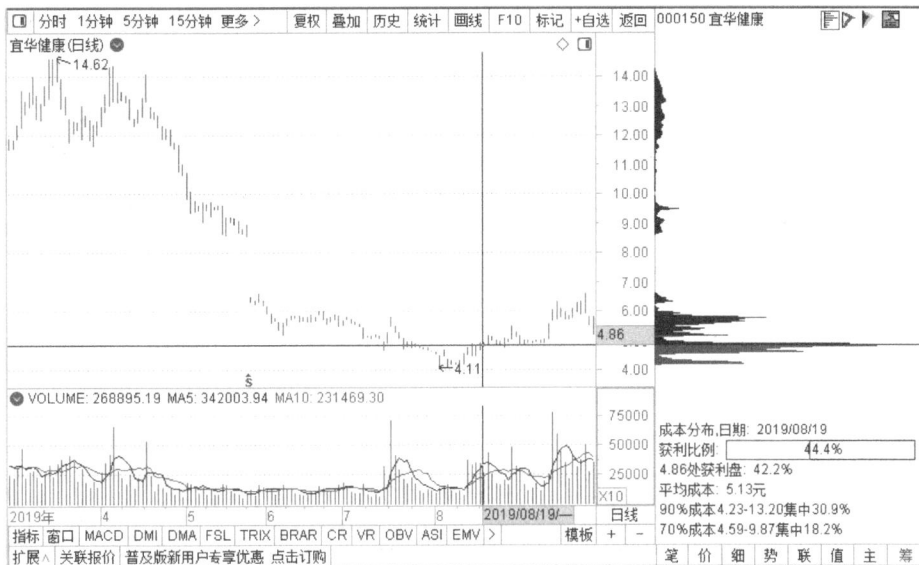

图 5-16　宜华健康 2019 年 8 月 19 日的筹码分布图

5.4.2　高峰不下移的时间成本

　　筹码在高位区呈密集状态，随后个股破位下行，并于低位区横向震荡，这将使得高位区的筹码向低位震荡区转移。如果转移速度过慢，则个股很难有较好的上攻行情。这是因为高位区的筹码就像压在个股身上的"大山"，并对个股上涨起阻挡作用，而且个股快速跌破高位筹码密集区，本身也说明主力的实力较弱。下面我们结合一个实例来进行说明。

　　图 5-17 是丰原药业 2019 年 4 月 23 日的筹码分布图。个股运行至当日时，可以看到已形成了筹码密集区；随后个股破位下行，并于低位区再度横向震荡。

　　如图 5-18 所示，个股在低位区横向运行了两个多月，此时仍有近一半的筹码分布在前期高位区，这表明筹码由高位区向低位区转移的速度异常缓慢，高位区的大量筹码对于个股后期上涨来说无疑是一个巨大的阻碍。因此，在低位区买入这类股票，即使它已接近底部甚至见底，我们也极有可能承担较高的时间成本，这类股票并不是适合中短线布局的好品种。在实战中，这种情况是值得我们注意的，若不通过筹码分布形态，仅利用股价跌幅及走势来判断是很难发现这个问题的。

图 5-17　丰原药业 2019 年 4 月 23 日的筹码分布图

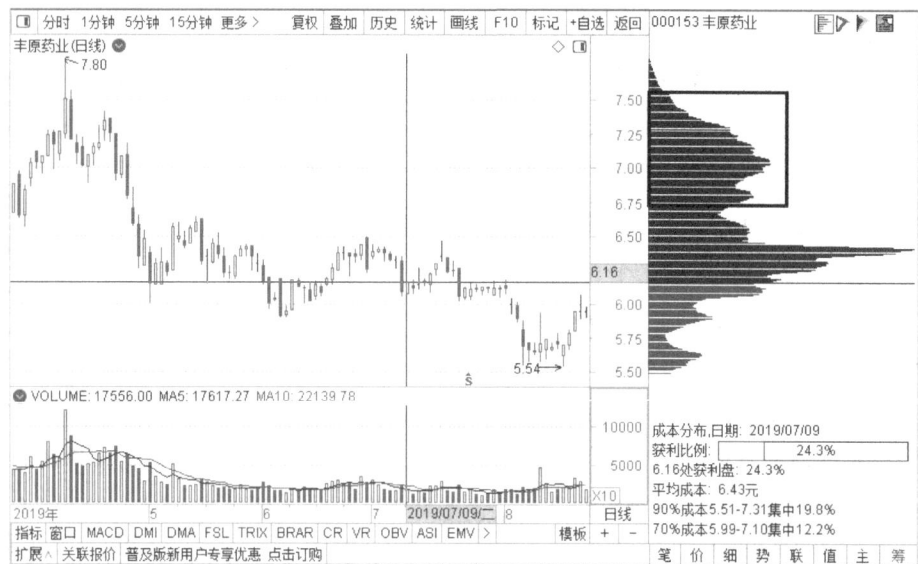

图 5-18　丰原药业 2019 年 7 月 9 日的筹码分布图

5.4.3　上涨慢发散后股价下跌

在个股向上运行的过程中，筹码随着上涨走势而呈发散形态，但向上转移的速度较慢，这种情形被称为"慢发散"。随后，因受利空或系统性风险的影响，股价直线跳水，幅度巨大，一般来说，跳水幅度不小于 50%。个股随后于低位区企稳，并形成了低位区的筹码密集形态。

上涨慢发散的筹码形态说明市场浮筹较少，个股未在高位区停留，而是因利空而直线跳水，主力没有出货的时间与空间，因而当个股在低位区走势企稳，并形成了新的筹码密集区时，个股往往会再度上涨。此低位筹码密集区就是主力加仓的区域，也是主力为应对随后的高点获利抛压而建立的底仓。

图 5-19 是东旭光电 2019 年 4 月 22 日的筹码分布图。筹码呈慢发散形态。随后，股市出现了雪崩式下跌，该股也出现了断崖式下跌，主力资金也深套其中，个股于跌幅巨大的位置点才开始企稳。

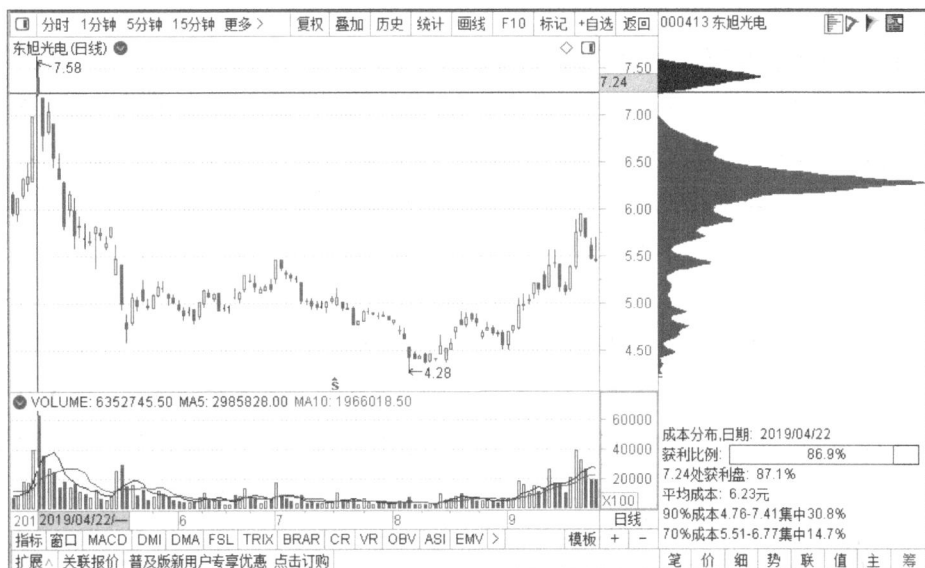

图 5-19　东旭光电 2019 年 4 月 22 日的筹码分布图

图 5-20 是东旭光电 2019 年 9 月 4 日的筹码分布图。此时的个股已于低位企稳，筹码也因企稳走势而呈单峰密集形态。基于主力需要资金自救这一判断，此时是很好的中短线布局时机。

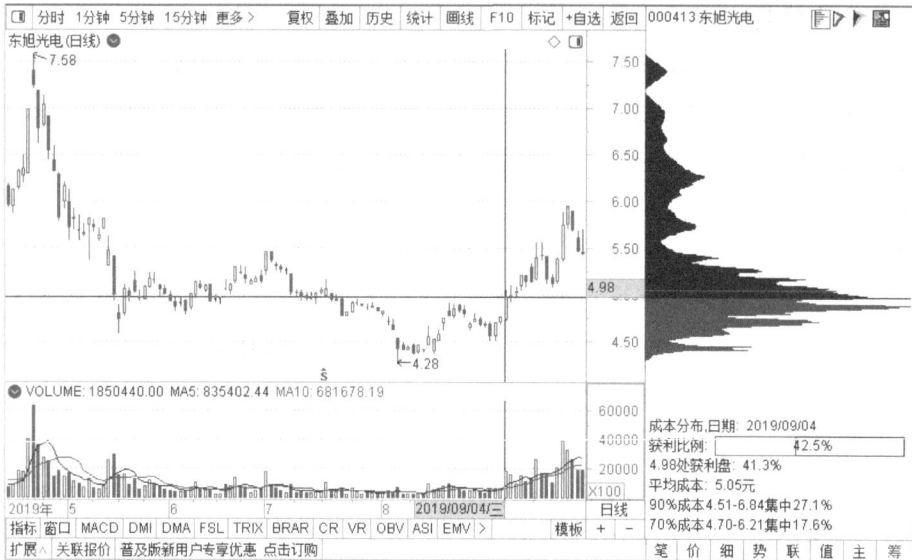

图 5-20　东旭光电 2019 年 9 月 4 日的筹码分布图

5.4.4　低位密集峰小幅度上移

若低位区相继出现密集峰，且后一个密集峰略高于前一个密集峰，则说明更为强劲的买盘力量使得筹码在充分换手的过程中得以向上移动。一般来说，这是主力资金参与其中的信号，主力的积极吸筹促使密集峰小幅度上移。在实盘操作中，在后一个略高的密集峰的位置，我们可以逢个股短线回调至此震荡区的低点买股入场。

图 5-21 是兴业矿业 2019 年 12 月 2 日的筹码分布图，图 5-22 是兴业矿业 2019 年 12 月 23 日的筹码分布图。对比可见，图 5-22 中的密集峰略高于图 5-21 中的密集峰，密集峰的出现说明在这个价格区间内筹码换手十分充分。而密集峰重心的上移又体现了买盘的持续入场，这正是主力资金入场的信号，也预示着个股后期有望打开上升空间。

图 5-21　兴业矿业 2019 年 12 月 2 日的筹码分布图

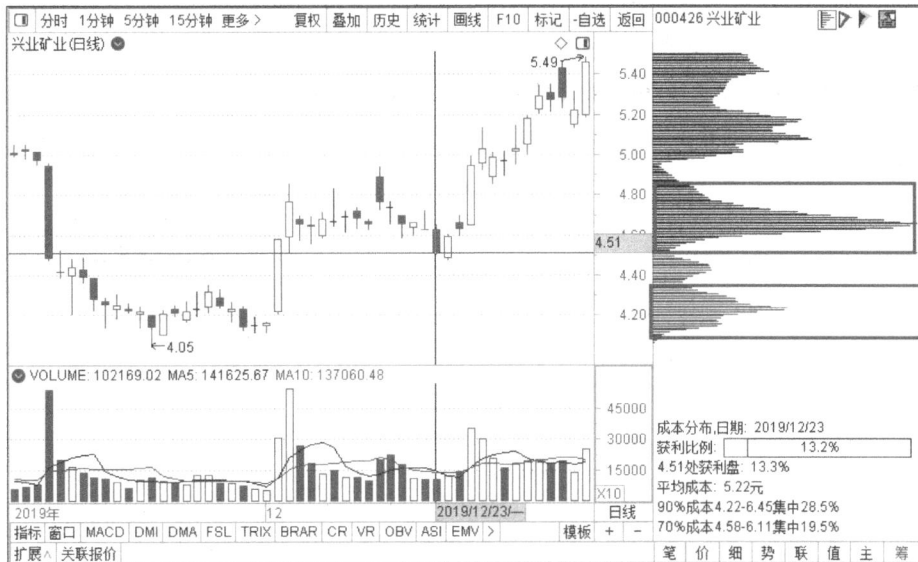

图 5-22　兴业矿业 2019 年 12 月 23 日的筹码分布图

5.5 高位密集区的筹码形态

高位区源于持续的上涨走势，高位区可能是顶部，也可能只是上升途中的一次整理区。一般来说，如果个股的业绩增速远小于股价涨速，则其股价将处于被高估的状态。在实盘操作中，我们更应关注买卖盘力量的变化情况。在本节中，我们结合高位区的筹码形态的变化来看看如何把握股价走势。

5.5.1 中长期高点的递增峰

中长期高点的递增峰形态常见于个股累计涨幅较大的位置区，是顶部出现的信号。它的形态特征是：个股在高位区运行时出现了 3 个相邻的密集峰，且后一个密集峰比前一个密集峰的筹码数量多。递增峰的出现既是筹码加速换手的信号，也是高位区抛压加重的标志。一般来说，此时个股很难再度向上突破，多会筑顶反转。

图 5-23 是中润资源 2019 年 4 月 24 日的筹码分布图。个股经两波大幅度上涨之后，在高位区出现了递增峰的筹码形态，这是一个顶部反转的信号。在实盘操作中，我们应逢震荡高点及时卖股离场，以规避趋势反转下行的风险。

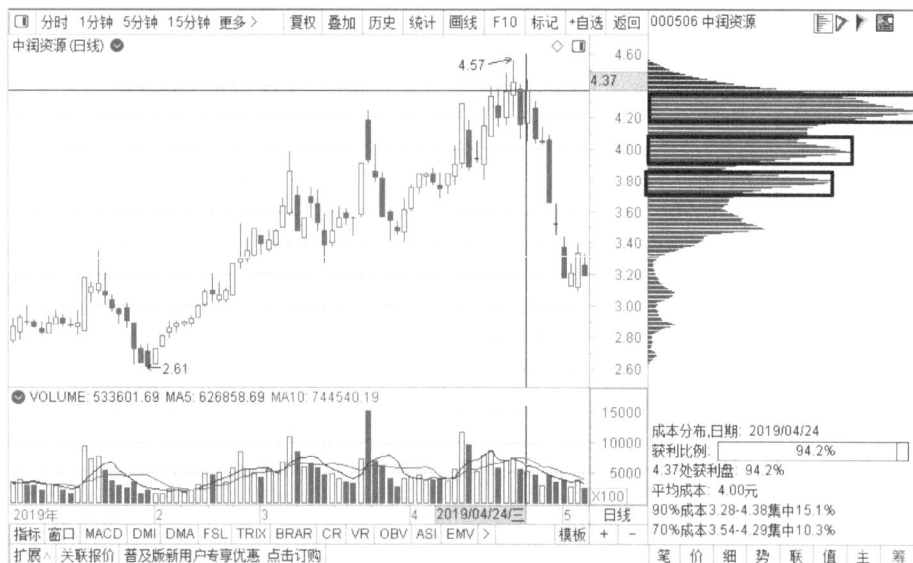

图 5-23　中润资源 2019 年 4 月 24 日的筹码分布图

5.5.2 中线低峰而长线高峰

判断一个筹码峰的高点与低点时，不仅要看中期走势，还要看全局走势（对于期间未经历重大资产重组的个股来说），只有这样，才能更为准确地把握高点与低点。个股中期跌幅较深（如达到50%），并不能代表此时的低点就是一个很低的位置点，若将时间轴拉伸，我们可能会发现，这里仍是相对高点，因而此处形成的筹码峰更可能是下跌途中的整理峰，而不是底部峰。下面结合实例来说明。

图 5-24 是渝开发 2019 年 6 月 26 日的筹码分布图（1）。图中左侧为该股2019 年 4 月至 7 月的走势。由图可见，这是一个低位峰，而且此时个股跌幅已经很深，那么是否可据此认为此时形成的低位峰代表筹码在底部区换手充分，且预示着趋势的反转呢？答案当然是"否"。

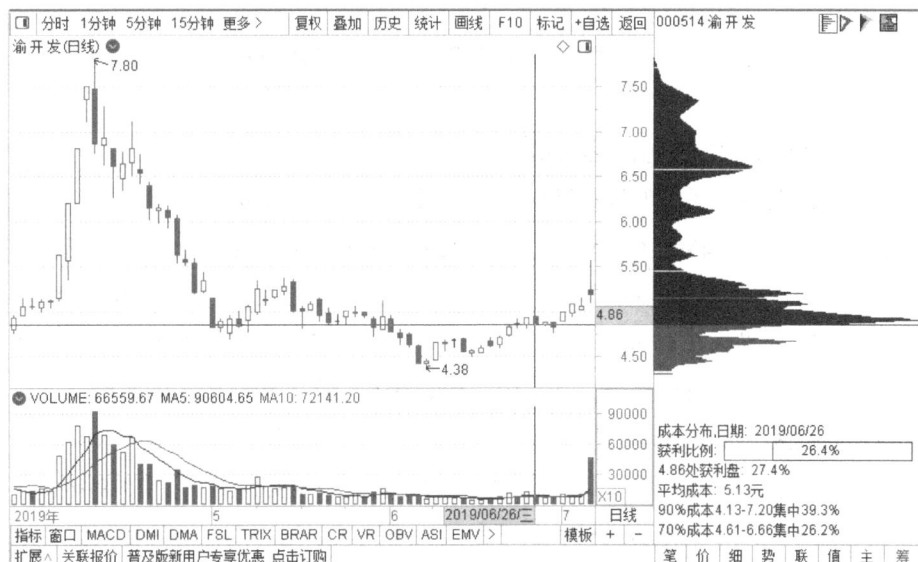

图 5-24 渝开发 2019 年 6 月 26 日的筹码分布图 （1）

图 5-25 展示了该股 2019 年 2 月至 2019 年 6 月的走势，从这张图中可以看到，2019 年 6 月 26 日的这个位置点仍为长期的高位峰，因而从基本面来分析，若大盘走势不好，个股仍有较大的下跌空间。基于此种判断，在实盘操作中，在此位置点出现的筹码峰仍属高位峰，并不适宜抄底入场。

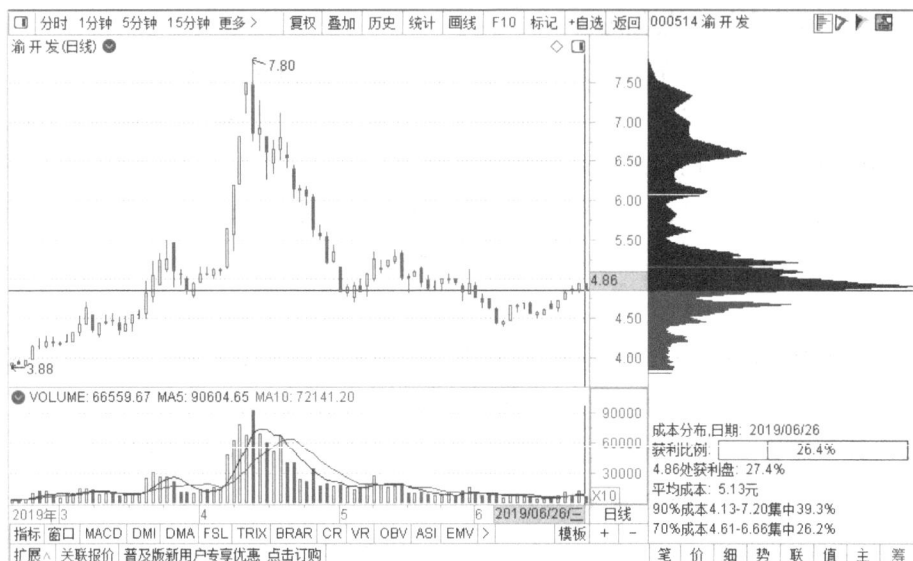

图 5-25 渝开发 2019 年 6 月 26 日的筹码分布图（2）

5.5.3 突破后盘中跌破的高位峰

个股先在高位区出现筹码峰形态，随后以大阳线向上突破，但是刚刚突破成功，就出现了回转走势，并于盘中跌破了这个筹码峰。这种情形是市场抛压剧增的标志，预示着此区域或是中期顶部，价格走势即将反转，此时应卖股离场。

图 5-26 是航天发展 2019 年 9 月 5 日的筹码分布图。从筹码分布图来看，虽然有大量的筹码分布在整个上升途中，但是在高位区汇聚了较多的筹码，所以个股在高位区出现了筹码峰。

次日，个股以大阳线向上突破，但无力维持突破走势；随后于 2019 年 9 月 12 日在盘中出现下跌走势，长长的下影线向下突破了这个高位筹码密集区。这种形态预示着价格走势将反转，是卖出信号。

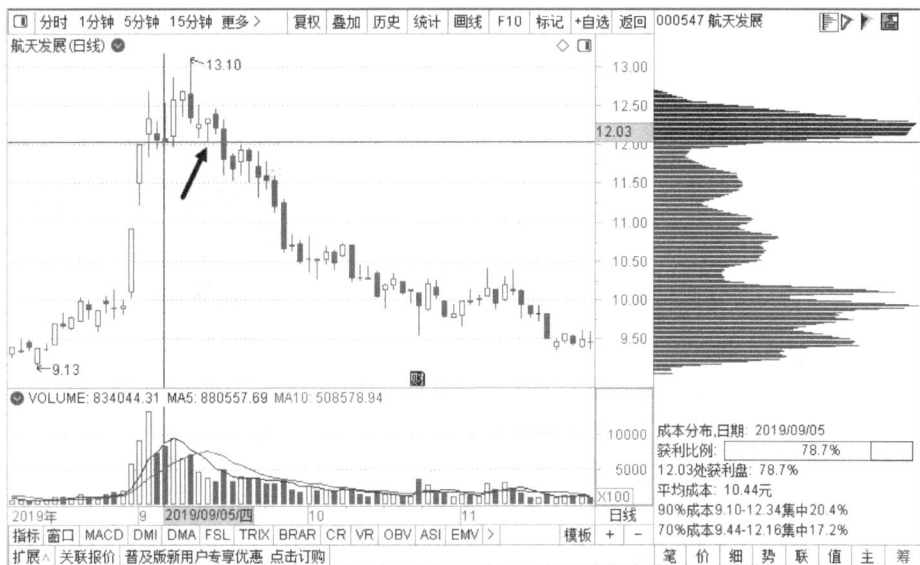

图 5-26　航天发展 2019 年 9 月 5 日的筹码分布图

5.5.4　回调后的高低双峰

在持续上涨的过程中，个股出现横向震荡走势。若随着震荡的持续，个股出现了由震荡区的筹码密集峰和底部启动区的筹码密集峰组成的双峰形态，则其属于回调后的高低双峰形态。此形态代表主力的持筹数量较多、能力较强，预示着随着整理走势的结束，个股将步入升途。

图 5-27 是神州信息 2020 年 2 月 4 日的筹码分布图。个股在震荡整理过程中出现了回调后的高低双峰形态，它预示着升势的持续。在实盘操作中，我们可以在震荡区间逢低买入。

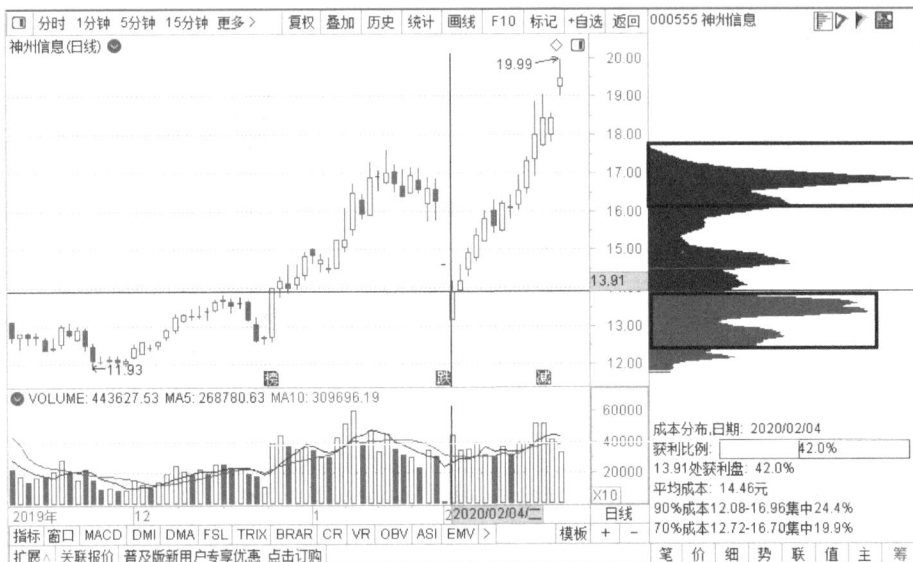

图 5-27 神州信息 2020 年 2 月 4 日的筹码分布图

第 6 章

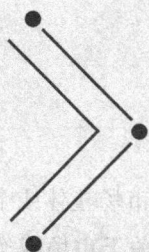

> "量在价先"技巧解读

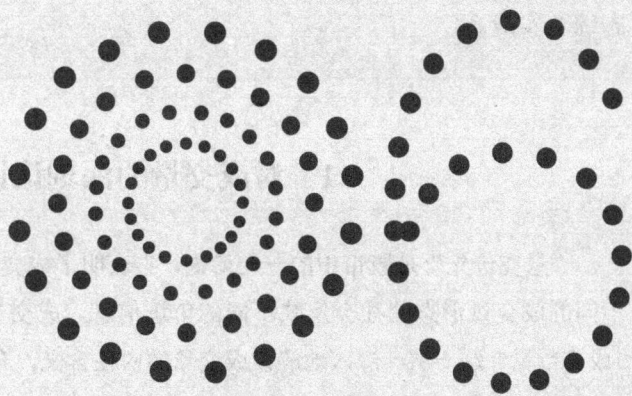

　　价、量、时、空是技术分析的四大要素。成交量直接反映了市场整体或个股的交投情况，我们研究成交量，就是要从交投情况中发掘出关于市场或个股走势的信息，进而预测价格的变动方向。利用筹码形态展开实战时，在很多情况下都要结合特殊的量能形态、量价配合关系来综合分析，因此，量价对于筹码形态综合实战而言有着核心支撑作用。在本章中，我们将单独、深入地讲解量价技术；在第 7 章中，我们将结合量价技术等来讲解筹码形态综合实战。

6.1　对成交量的深刻认识

　　"量在价先"是股市中的一句谚语，它表明了成交量可提前反映股价走势。不同的成交量形态往往会反映不同的市场信息。成交量的市场含义绝不仅限于"成交数量"这一层，深入地解读成交量的内在含义，有助于我们更好地认识它、把握它。

6.1.1　多空双方的交锋力度

　　成交量的大小直接体现了多空双方的交锋力度。量能放大，说明多空双方的交锋较为激烈、市场分歧加剧；量能缩小，则说明多空双方的交锋较为温和、市场分歧减轻。对于同样的价格走势，若多空双方的交锋力度不同，其所蕴含的市场含义自然也是不同的。

图 6-1 是海德股份 2019 年 6 月至 8 月的走势图。如图中标注所示，在个股横向整理的 4 个交易日里，虽然股价走势无太大的波动，但是同期的成交量却大幅放出，这说明看似平缓的价格走势背后却隐藏着强烈的多空分歧。结合个股正处于短线暴涨后的高点这一情况来看，这是抛压沉重、买盘无力继续推升的标志，也预示着深幅调整走势即将出现，是卖股信号。

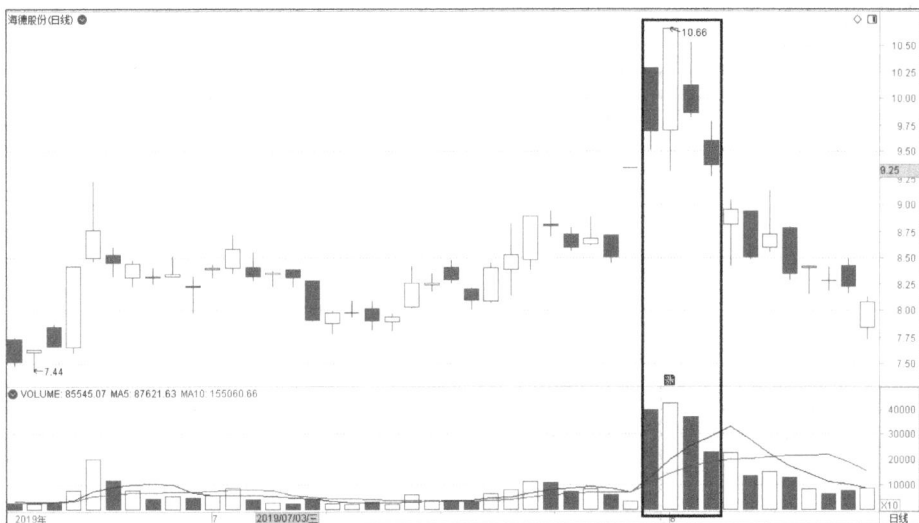

图 6-1 海德股份 2019 年 6 月至 8 月的走势图

6.1.2 呈现多空双方力量对比情况

将股价的涨跌、量能的缩放相结合，我们可以透过量价配合关系来更好地把握买卖盘的入场力度、多空双方力量对比情况等信息。

当股价上涨时，若成交量没有明显放大，则说明少量的买盘就可以推高股价，是多方力量较强的标志，也是其占据主动地位的信号；当股价上涨时，若成交量放大或明显放大，则一方面说明买盘入场力度较大，另一方面也说明抛压依然很重。当股价大幅下跌时，若成交量没有明显放大，则说明少量的卖盘抛出就可以使股价大幅降低；当股价下跌时，若成交量放大或明显放大，则一方面说明空方抛压重，另一方面也说明有大量买盘在积极涌入。

图 6-2 是哈工智能 2019 年 8 月至 11 月的走势图。如图中标注所示，在个股上涨的 3 个交易日里（期间出现了一根小阴线），尽管个股以大阳线的方式上涨，气势如虹，但量能却越放越大，几乎为天量，这也说明个股的上涨导致巨量卖盘涌出，而且随着股价的升高，抛压也在增大。换个角度来看，如此大的量能代表着只有买盘入场力度较大才能抵挡抛盘并推升股价，但这种力度是难以维持的，一旦买盘入场力度减弱，个股势必会出现短线调整走势。

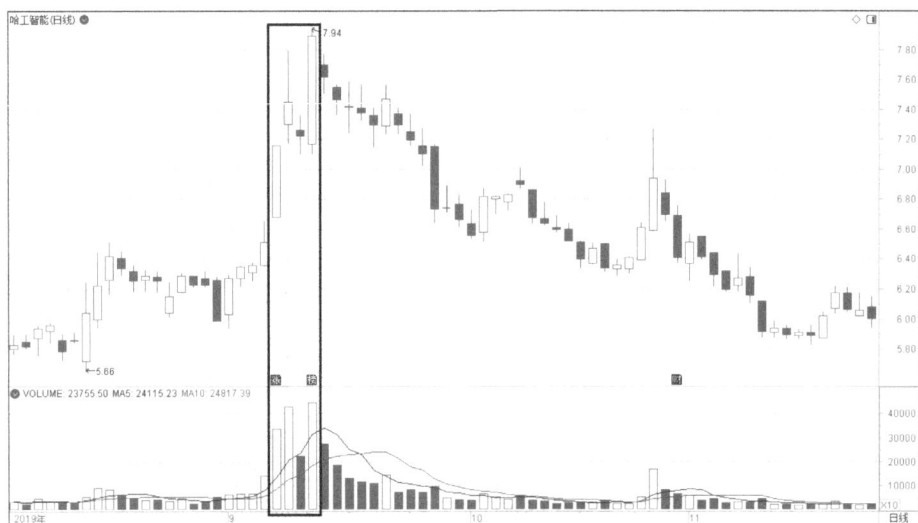

图 6-2　哈工智能 2019 年 8 月至 11 月的走势图

6.1.3　呈现市场抛压的大小

交易是双向的，市场抛压的大小预示着股价的短线波动方向，特别是在典型的位置点，如盘整后的方向选择点、快速下跌后的短线低点、上涨后的短线高点等。在结合价格走势的背景下，看看当日的量能大小、局部的量能大小，就可以大致了解当前的市场抛压的大小。这种抛压可能与主力出货行为有关，可能与获利盘卖出意愿强弱有关，但无论如何，在抛压沉重的状态下，个股易跌难涨。利用成交量来把握市场的抛压情况，可以让我们更好地规避风险、保护本金。

图 6-3 是东北制药 2019 年 8 月至 11 月的走势图（1）。在图中标注的这个

时间点（2019 年 8 月 28 日），个股在盘中跳空上行，但收盘时股价回落幅度较大，从而呈现出上影线形态。个股当日仍处于上涨状态，且未回补跳空缺口，这似乎是有效的突破。但结合当日量能明显放大的情况来看，当日的盘中回落源于获利盘大量离场。可以说，个股在向上突破时遇到了沉重的抛压，从而使股价下跌，在此情形下，个股短线易跌难涨。

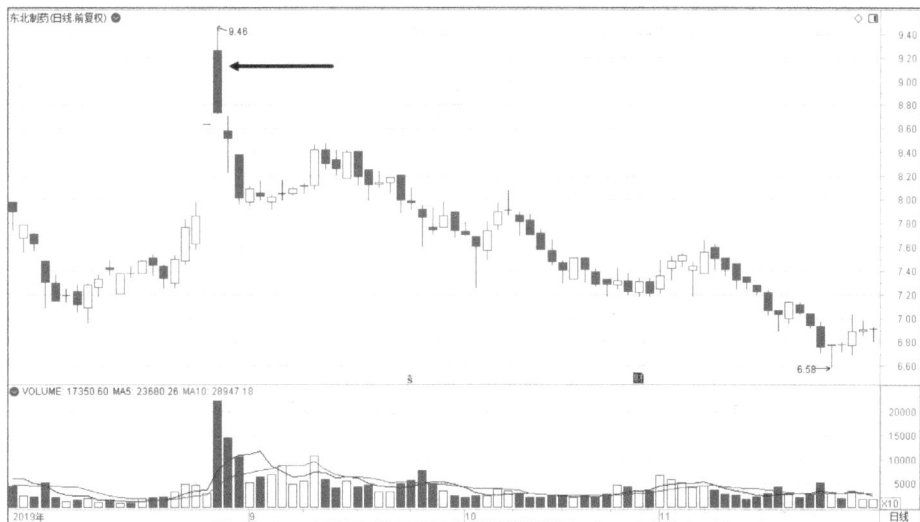

图 6-3　东北制药 2019 年 8 月至 11 月的走势图（1）

6.1.4　呈现趋势运行状态

成交量既可以预示个股短线涨跌情况，也可用于分析中长线的趋势运行情况。量价分析的实质就是动力与方向分析，其中，成交量是动力，价格走势是方向。成交量就是决定个股涨跌的力量，而价格走势是对成交量的反映。

根据量价分析的一般原理，股价上升，应伴随成交量放大。在牛市中，股价的上升常常伴随成交量的放大，股价回调时成交量随之减小；在熊市中，由于买盘迟迟不入场，所以只需少量的抛盘就可以持续地促使股价下跌，因此，缩量下跌是熊市的主要特征；急速下跌之后，会出现恐慌性抛盘及抄底盘，所以成交量会显著放大，这往往是阶段性底部的信号。

图 6-4 是东北制药 2019 年 8 月至 11 月的走势图（2）。在个股下跌的过程中，可以看到量能持续萎缩，缩量是下跌趋势的主要特征。只要价格走势

未长时间企稳、缩量下跌形态未被打破，跌势就很难见底。在实盘操作中不可过早抄底入场。

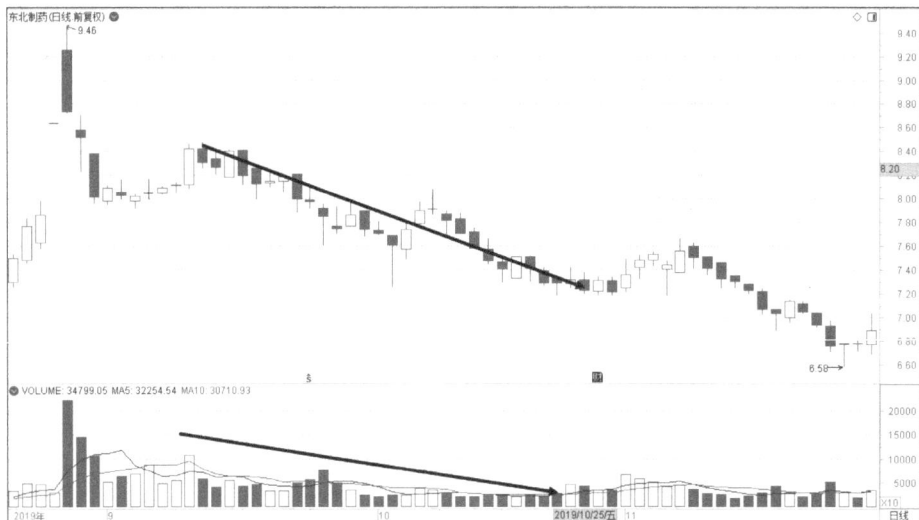

图 6-4　东北制药 2019 年 8 月至 11 月的走势图 （2）

6.1.5　反映筹码锁定度

结合个股走势及市场运行情况，我们还可以通过成交量的缩放来分析个股的筹码锁定度。一般来说，在低位区或者上涨启动初期，筹码锁定度高意味着主力持筹数量多，后期看涨；在高位区或者下跌破位初期，筹码锁定度高意味着主力仍未大量出货，此时应提防股价下跌的风险。

图 6-5 是建投能源 2018 年 10 月至 2019 年 5 月的走势图。个股以如图中标注的后一根量柱所对应的阳线实现了突破上涨，虽然当日的量能有所放大，但却远小于此前上涨时的量能，更小的量能代表着更低的换手率和更高的筹码锁定度。这种成交量形态表明因之前的回落走势、缓慢攀升走势，主力手中已掌握了更多的筹码。由于此时的个股刚刚步入升势，所以随着筹码锁定度的提高，个股后期仍有充足的上升空间。

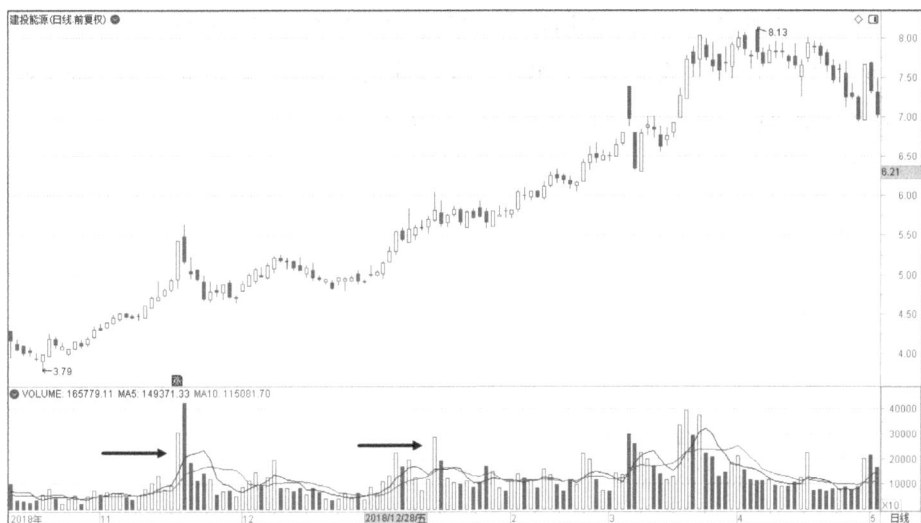

图 6-5 建投能源 2018 年 10 月至 2019 年 5 月的走势图

6.2 放量、缩量与主力常见的买卖方式

虽然成交量形态种类繁多，但归根结底它们都是放量与缩量这两种基本形态的变形，放量与缩量也是主力行为的最直接的表现。我们只要理解了放量与缩量的市场含义，就可以正确地解读出各种成交量形态所蕴含的市场含义。在本节中，我们结合主力常见的买卖方式来看看如何利用常见的成交量形态来预测股价走势。

6.2.1 放量与缩量的界定

放量就是指成交量放大。放量是一个相对的概念。当我们运用放量这一概念时，一定要指出是哪一段时间相对于哪一段时间出现了放量。当我们采取不同的比照标准时，可以得到完全不同的结论。例如，个股在这一波上涨中成交量持续放大，我们可以说它放量了；但如果把这一波上涨中的成交量与前一波上涨中的成交量进行对比，则很可能是相对的缩量（即成交量相对缩小）。

在使用放量这一概念时，若没有特指，我们所说的放量，就是指这一段时间的成交量相较于与这段时间相邻的前一段时间的成交量而言放大了。

图 6-6 是盛达资源 2019 年 11 月至 12 月的走势图。如图中标注所示，个股在一波上涨中出现了放量形态，我们这里所说的"放量"，就是指这一波上涨中的成交量相较于前一段时间的均量而言放大了。

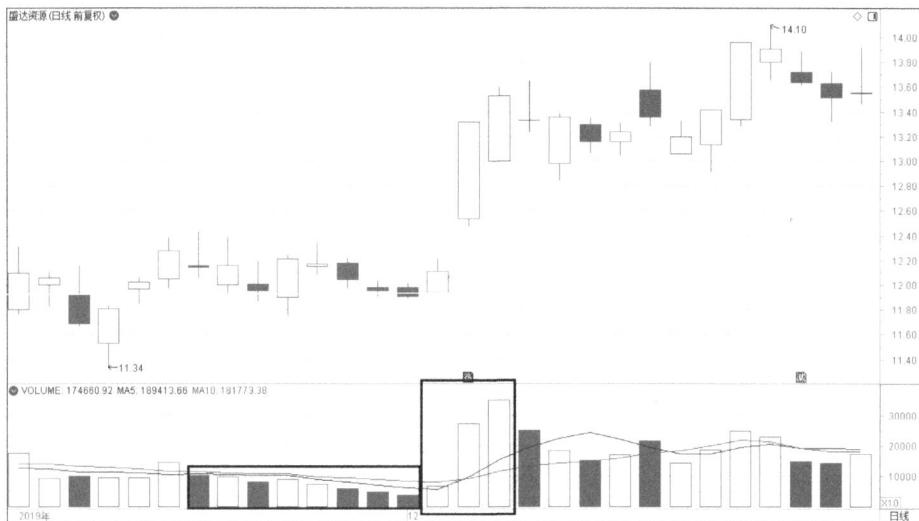

图 6-6 盛达资源 2019 年 11 月至 12 月的走势图

6.2.2 主力大力卖出与脉冲式放量

脉冲式放量是指成交量在一两日内突然放大，且放量效果十分明显。这一两日的成交量远远超过此前的均量，但是在这一两日之后，成交量又突然恢复为此前的均量水平。

一般来说，成交量的放大或缩小是一个逐步过渡的过程，但脉冲式放量完全不同，它是成交量的一次脉冲式跃动，突然放大，又突然地恢复如初，是成交量的明显异动。

对于消息面而言，如果是公司突然发布利好或有重大事件发生，股票走势多呈现为缩量涨停板的形式。个股在明显利好之下却无法封板，虽然买盘推升了股价，但却涌出了大量抛盘，市场分歧过于剧烈，而个股又处于短线高点，因而随后在买盘无法持续增加的情况下，股价难有较好的表现。

脉冲式放量的出现往往与主力的大力卖出行为有关，这是脉冲式的放量上涨。通过主力的大力卖出，个股放出天量，且股价出现在突破位置点，而主力则在这个过程中基于良好的追涨氛围而实现了减仓，所以当脉冲式放量上涨形态出现在短线高点时，它常会引发较大幅度的回落。

主力的大力卖出行为既可以是阶段性的高抛低吸式的出货，可以称之为局部出货；也可以是总体性的出货，可以称之为总体性出货。无论是局部出货，还是总体性出货，随着主力的大力卖出，股价都会呈现疲软的下跌走势。

通过对前面几种价格上涨时的放量形态的分析，我们发现，无论是哪种情况，当脉冲式放量出现时，多预示着短期上涨行情的结束，随之而来的可能是趋势的反转，也可能是一波上涨后的回调。这要结合具体的市场走势、市场环境等因素来综合分析。

图 6-7 是 *ST 天首 2019 年 10 月至 2020 年 2 月的走势图。2019 年 12 月 23 日，个股处于盘整后的突破位置点，当日量能明显放大，次日又突然恢复如初，这是脉冲式放量上涨形态，它出现在阶段的高点时往往与主力的大力出货行为、大力减仓行为有关，也预示着个股随后难以成功突破。在实盘操作中我们应短线卖出，而不应追涨入场。

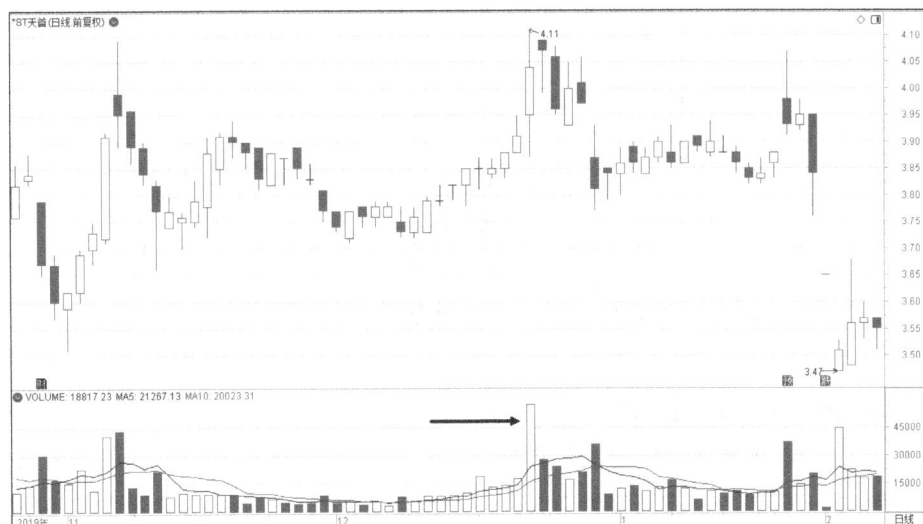

图 6-7　*ST 天首 2019 年 10 月至 2020 年 2 月的走势图

6.2.3　主力大力卖出与连续性放量

连续性放量也被称为堆量，它是指成交量在数个交易日甚至数十个交易日中持续大幅度放出的形态，放量时的成交量大小与放量前的成交量大小形成了鲜明的对比。一般来说，这种成交量形态往往出现在低位区及上升途中，出现在低位区的连续性放量往往与主力的建仓行为相关，出现在上升途中的连续性放量则往往是主力大力出货行为的体现。

图 6-8 是绿庭投资 2019 年 11 月至 2020 年 2 月的走势图。个股在一波上涨走势中出现了连续性放量形态，这一波上涨独立于大盘、幅度较大，且放量效果明显。这与主力的大力出货行为有关，也表明了主力能力不强，且在随后的高点处有较强的出货意愿。

一般来说，当成交量在随后的高点处缩小时，个股往往会出现中短线深幅调整走势，投资者应卖股离场，以规避风险。

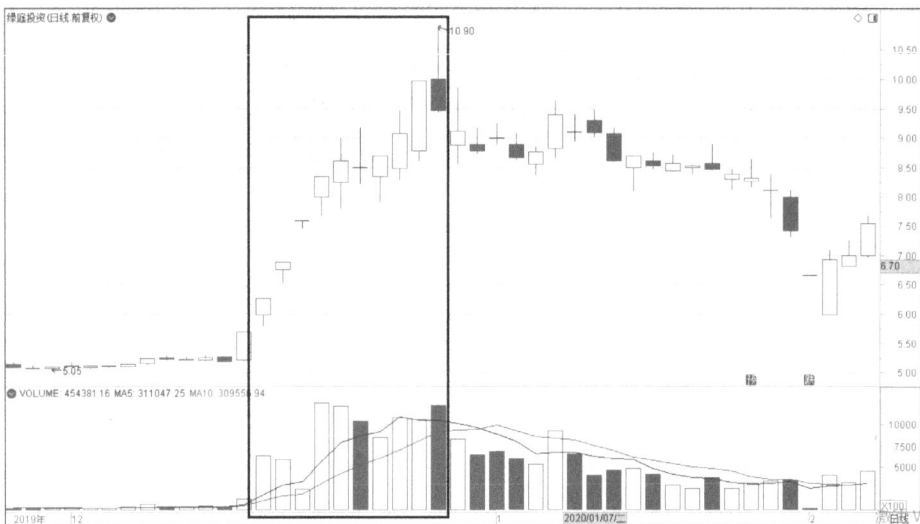

图 6-8 绿庭投资 2019 年 11 月至 2020 年 2 月的走势图

6.2.4 缩量式整理及穿越

一只股票的市场流通筹码是有限的，主力手中掌握的筹码越多，意味着散户手中的筹码越少。市场浮筹最大的特点就是稳定性差，特别是在个股上穿解套区或者短线大涨之后，由于散户有着较强的解套出局、获利卖出的意愿，因此，若市场浮筹较多，则个股多会出现显著的放量形态。结合这一特点来看，缩量式整理及穿越走势常常与主力参与能力较强有关，这是我们在实战中可以重点关注的信息。

图 6-9 是长江传媒 2019 年 11 月至 2020 年 1 月的走势图。如图中标注所

示，在个股向上穿越之前的震荡区的过程中，量能并未放大，结合之前震荡过程中的量能来看，这属于缩量式的向上穿越走势，表明该股有主力参与，且其能力相对较强。当前个股短线涨幅较小，仅以连续小阳线的方式向上运行，由此可知，其后续仍有不错的上升空间。在实盘操作中我们可以积极地买股入场。

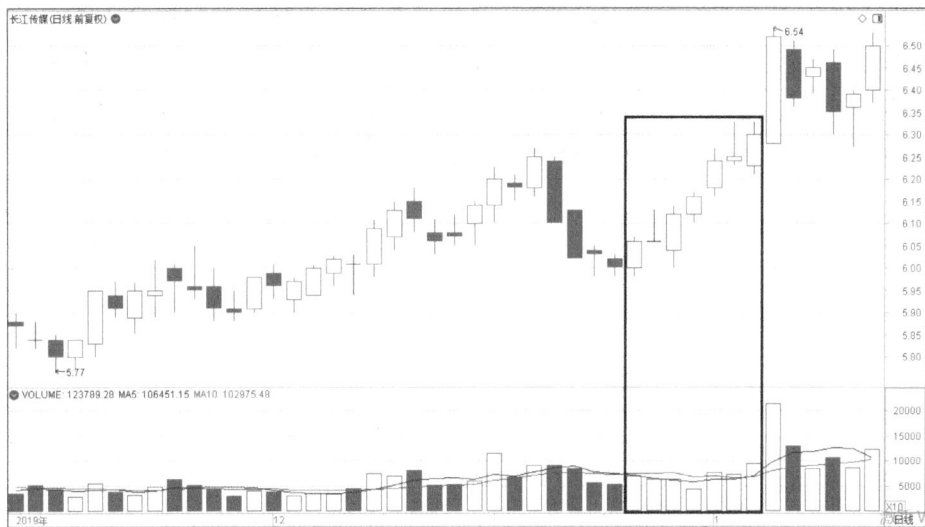

图 6-9　长江传媒 2019 年 11 月至 2020 年 1 月的走势图

6.3　8 种量价配合关系

学习量价配合关系时，我们可以从投资专家格兰维尔总结的 8 种量价配合关系入手。这 8 种量价配合关系实用性强、简单易懂，被称为经典的量价配合关系，可帮助我们构筑起量价知识体系。

6.3.1　价升量升

价升量升也被称为量价齐升。它是指随着价格的不断攀升，成交量也不断放大；当一波上涨走势使得价格创出了新高时，在这一波上涨走势中所产生的成交量也会同步地创出新高。

这种量价配合关系多出现在上升趋势运行过程中，是买盘入场力度不断增大、多方力量占据主导地位的标志，也是升势仍将持续下去的标志。在升势启动之后，若出现了这种量价配合关系，则我们可以逢股价的短线回落低点择机买入。

图 6-10 是兰生股份 2019 年 1 月至 4 月的走势图。个股自长期盘整区开始突破向上，可以看到明显的价升量升形态。发现这种量价配合关系后，若个股短线涨幅不大，则可以追涨入场。除此之外，我们还可以等其出现深幅（幅度为 20% 左右）调整走势后再买入，因为这种量价配合关系是趋势上行的可靠保证，个股一般不会一次涨到顶，充分回调之后，第二波上涨往往更为强势。

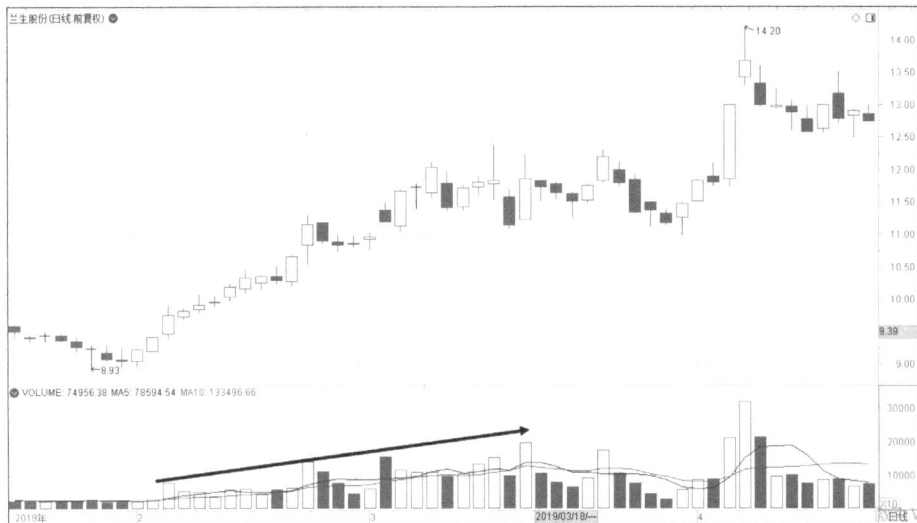

图 6-10　兰生股份 2019 年 1 月至 4 月的走势图

6.3.2　价量背离

价量背离形态是指在上升走势中，价格在一波上涨中创出新高，但成交量却没有创出新高（即这一波上涨中的成交量小于前一波上涨中的成交量）。

这种量价配合关系是买盘入场力度减弱的表现，常出现在个股累计涨幅较大的位置区，预示着升势将见顶。图 6-11 所示是量价背离的标准形态。

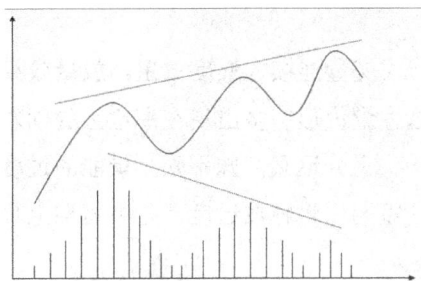

图 6-11　上升趋势中量价背离的标准形态

6.3.3　价升量减

价升量减形态是指在一波上涨走势中，成交量在上涨波段刚开始的一两个交易日中最大，随后随着个股的上涨，成交量却不断缩小，呈现出价越涨、量越缩的变化方式。

在一波上涨走势中，正常的局部量价配合关系是放量上涨，但价升量减的量价配合关系打破了这种常态，它表明了随着股价的上升，买盘越来越少，而没有量能支撑的上涨是无法使个股于短线高点企稳的。当量能大幅度缩小时，这一波上涨走势也将宣告结束，随之而来的则是一波深幅下跌走势。

图 6-12 是茂业商业 2019 年 3 月至 5 月的走势图。在个股的一波上涨走势中，可以看到成交量随着股价的上升而逐步缩减，这就是价升量减形态。这时的量能无法支撑个股于短线高点企稳，在实盘操作中，应短线卖出。

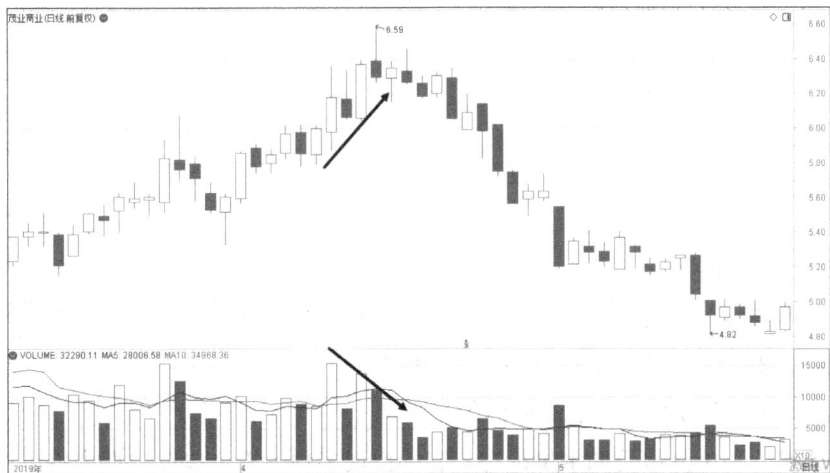

图 6-12　茂业商业 2019 年 3 月至 5 月的走势图

6.3.4 量价井喷

量价井喷形态是指成交量连续大幅度放出，放量效果十分明显，且同期的价格走势急速上行。这种量价形态多出现在高位区的创新高走势中，给我们的直观感觉是该股上涨势头十分迅猛，殊不知，量能的过度放大、价格的急速上涨也预示着多方力量在短期内将释放过度，是中短期上攻走势结束、随后将出现深幅调整行情的标志。

图 6-13 是国药股份 2019 年 7 月至 12 月的走势图。该股在突破盘整区后的一波上涨走势中出现了量价井喷形态。从图中可以看到，这一波上涨走势极为迅急，成交量放大的效果也十分明显。在这一波上涨走势后，一旦价格滞涨、成交量开始快速缩小，往往也就预示着主力开始全面出货，个股的中期顶部也将出现，此时我们应及时卖股离场。

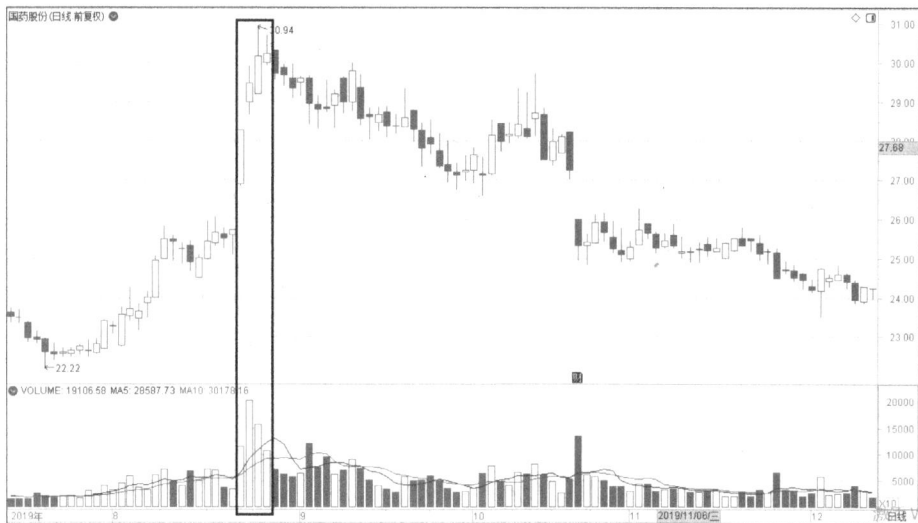

图 6-13　国药股份 2019 年 7 月至 12 月的走势图

6.3.5 堆量滞涨

堆量滞涨形态是指在一波短线上涨走势后的局部高点，个股的量能连续数个交易日保持着十分明显的放大形态，但此时的股价却没有在量能的助推下快速上涨，反而呈现出明显的滞涨状态。

这是一种十分常见的量价形态，它的出现多预示着个股在短期内将出现深幅下跌走势。在堆量滞涨形态中，如果异常放大的量能源于市场的真实交易，而非主力的大力出货，则说明此时个股的抛压极其沉重，即使是巨量的买盘入场也无法有效促使个股快速上涨，那么一旦买盘入场力度减弱，自然会形成一波下跌走势。如果异常放大的量能是主力大力出货所致，那么这种量价形态同样是看跌信号。

图 6-14 是置信电气 2019 年 11 月至 2020 年 2 月的走势图。在短期高点，个股出现了明显的堆量滞涨形态，这是短期内个股市场抛压极为沉重的体现，也是短期内个股将出现大幅下跌走势的信号。在实盘操作中，此时我们宜卖股离场，以规避短线下跌风险。

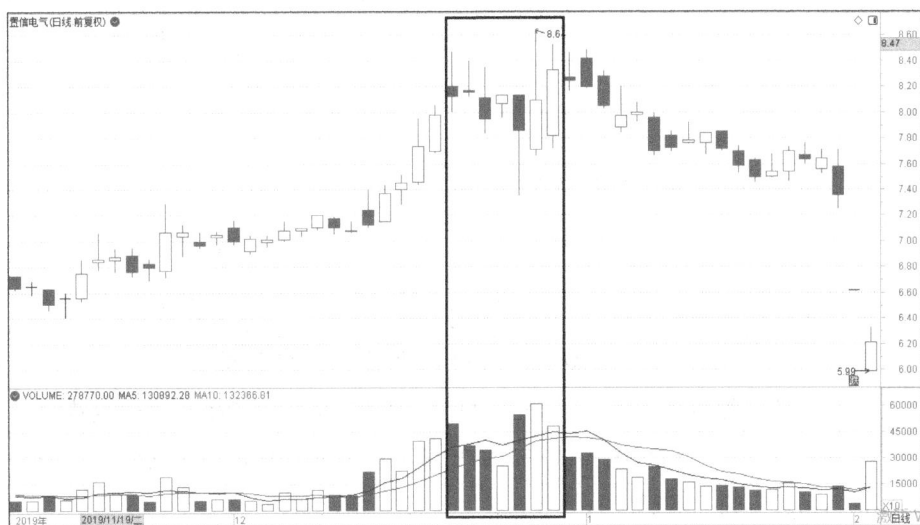

图 6-14 置信电气 2019 年 11 月至 2020 年 2 月的走势图

6.3.6 二次探低缩量

二次探低缩量形态是指在横向宽幅震荡走势中，当个股第二次探至阶段性的低点时，其成交量明显小于第一次探至此位置时的成交量。

当这种二次探低缩量形态出现在上升途中的宽幅震荡走势中时，它是个股仍将在高位区维持震荡走势、短期内难以破位下行的信号，也可以作为我们短线买股入场、把握反弹行情的信号。当这种二次探低缩量形态出现于长期下跌后的低位震荡区时，它是空方力量减弱、个股跌势结束的信号，此时它预示着中长期底部将出现，是我们中长线买股入场的信号。

图 6-15 是凯盛科技 2019 年 4 月至 7 月的走势图。个股在中长期的低位区出

现了震荡走势，如图中标注所示，当个股第二次探至低点时，其成交量明显小于第一次探至此位置时的成交量，这就是二次探低缩量形态。这种量价配合关系是空方力量已无力再度出货的标志，也预示着底部将出现，此时我们应及时进行中长线的买股布局操作。

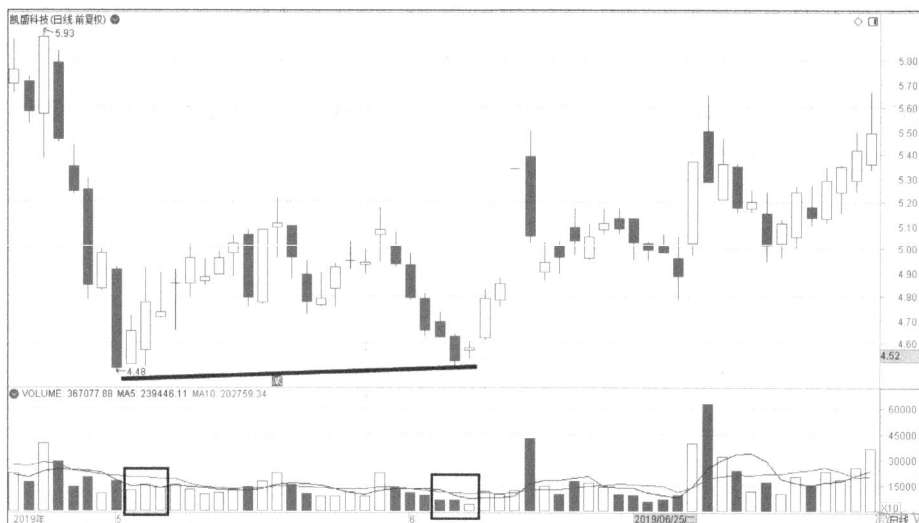

图 6-15　凯盛科技 2019 年 4 月至 7 月的走势图

与二次探低缩量形态相似的是三次探低缩量形态，它是指在震荡走势中，当个股第三次下探至震荡区的低点时，出现了明显的缩量形态。它同样是个股短期内将出现反弹上涨行情的信号。

6.3.7　低位放量下跌

低位放量下跌形态是指在深幅下跌后的低位区，个股再度出现了一波跌幅较大、跌速较快的下跌走势，且在这一波下跌走势中成交量明显放大。

在价格下跌了相当长的一段时间后，会出现恐慌性抛盘。随着成交量日益增加，价格大幅度下跌。当恐慌性卖盘抛出后，预期价格可能上涨；同时因恐慌性卖盘抛出后所创的低价不可能在极短的时间内被跌破，故恐慌性卖盘抛出后，往往标志着空头市场的结束。

图 6-16 是法拉电子 2019 年 3 月至 2020 年 2 月的走势图。该股在低位区先是出现了横盘整理走势，随后再度破位下行。值得注意的是，在这一波下跌中成交量明显放大，这是空方力量在低位区集中释放的信号，它多预示着底部将

出现。在中短线操作中，我们可积极地买股布局。

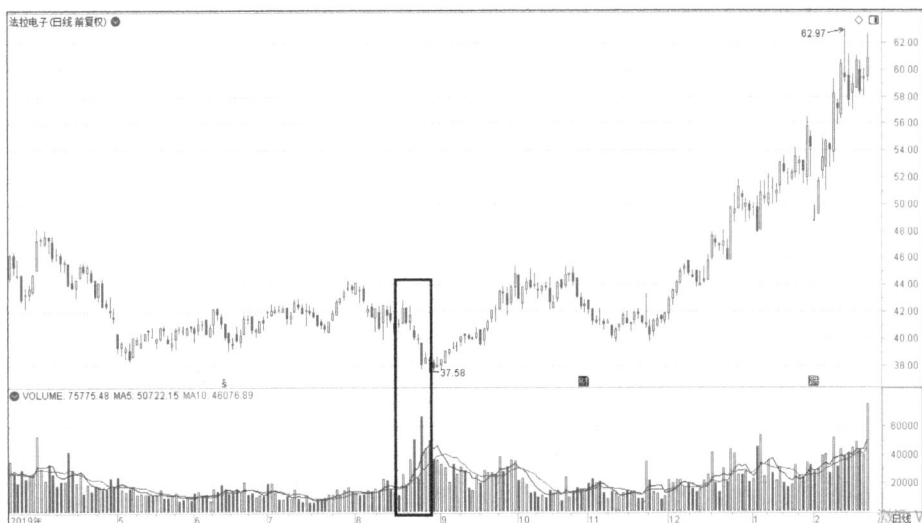

图 6-16　法拉电子 2019 年 3 月至 2020 年 2 月的走势图

6.3.8　高位放量跌破均线

高位放量跌破均线形态是指在持续上涨后的高位区，个股出现了放量下跌走势，并且股价跌破了预示着趋势运行方向的中期均线 MA30 或 MA60。

MA30、MA60 是上升趋势的支撑线。在高位区的震荡走势中，价格向下跌破移动平均线，且成交量放大，是趋势运行遇强阻力的信号。原有趋势将被打破，且会引来恐慌盘的抛售，而这只是一个开始，这种恐慌盘后续还有多少我们不得而知，但恐慌盘越多，股价跌幅越深。

图 6-17 是克劳斯 2018 年 12 月至 2019 年 5 月的走势图。图中有 4 条均线，分别为 MA5、MA10、MA20、MA30。如图所示，该股在长期上涨后的高位区出现震荡滞涨走势，随后个股放量下行并且有效地跌破了 MA30，这是中期趋势反转下行的信号。此时，我们应及时卖股离场，以规避风险。

这 8 种量价配合关系十分常见，更多时候是将它们应用在对局部走势的判断中，同时我们也要结合价格运动的大方向来操作，才能更好地控制仓位、明确操作方法。例如，堆量滞涨形态多预示着个股短期内将出现下跌走势，所以如果它出现在长期上涨后的高位震荡区，则它往往就是中期顶部将出现的标志，因此，我们在随后参与短线行情时，应注意控制好仓位，以规避高位风险。

图 6-17　克劳斯 2018 年 12 月至 2019 年 5 月的走势图

6.4　量价配合关系实战解读

结合股价走势特征，并利用一些量价配合关系，我们可以更为精准地把握低吸高抛的时机。在本节中，笔者总结了 A 股市场中一些常见的量价配合关系，它们有的可以预示短线高低点，有的则代表着主力的动向、预示着个股的中线行情。下面我们结合实例来逐一进行解读。

6.4.1　递增式放量

递增式放量是指成交量逐级放大。在递增式放量的过程中，可以看到后一交易日的成交量略大于前一交易日的成交量。一般来说，它只能持续数个交易日。

递增式放量往往与价格走势沿某一方向快速发展有关，它是买盘持续加速流入（递增式放量与股价上涨同步出现），或卖盘持续加速抛售（递增式放量与股价下跌同步出现）的体现。

一般来说，递增式放量形态的成交量峰值所在的位置点就是个股短线走势的反转点。例如，当个股呈递增式放量形态上涨至成交量无法再放大时，此时多是短线最高点。

图 6-18 是卧龙电驱 2019 年 10 月至 2020 年 1 月的走势图。如图中标注所示，个股在两波上涨中均出现了递增式放量形态。伴随着这种成交量形态，股价快速上扬；每当成交量无法放大时，个股都会出现或强或弱的短线回落走势。一般来说，在递增式放量过程中，股价上涨得越快，随后的短线回落幅度越大。

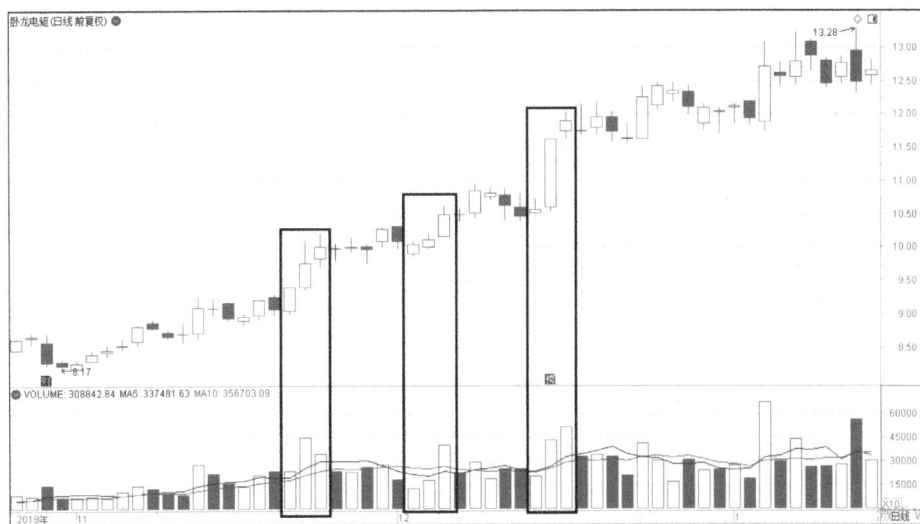

图 6-18 卧龙电驱 2019 年 10 月至 2020 年 1 月的走势图

6.4.2 次低位缩量平台

次低位是一个重要的位置区，要了解次低位，我们得先从低位谈起。所谓低位，就是指这只股票经过长期的下跌之后，跌到了前期高点的 50% 以下的位置，有时候甚至跌到 80% 左右的位置。而次低位是指股价在经过大幅下跌后，到达低位即近期的最低点，随后出现了一波反弹走势，并到达比近期最低价格高 20% ～ 30% 的价格所在的位置。这个位置从中长线上看是比较低的位置，但是从短线上看它又是相对的高位，所以判定次低位是以中线为前提的。

在次低位出现缩量形态，一般来说，与主力资金积极吸筹后的锁仓行为有关。正是主力此前的大力度吸筹，才使得个股在这个次低位平台区能够出现缩量整理形态。次低位平台的缩量效果越显著，表明主力之前的吸筹力度越大，个股后期的中短线上涨空间越可观。

图 6-19 是龙溪股份 2019 年 4 月至 10 月的走势图。如图中标注所示，个股出现了次低位缩量形态，这种量价配合关系也预示着个股随后的中短线上涨走势较强劲。

从该股走势来看，相对于次低位形成前的一波上涨走势而言，次低位横盘整理时的缩量效果十分显著。由于主力在之前的一波上涨中积极建仓，从而使得不少投资者囿于反弹思维而抛出筹码，主力则大量买入，因而个股出现了一波放量上涨的走势。

随后主力吸筹力度减弱，股价出现滞涨形态，虽然此时上涨乏力，但是却并没有导致更多抛盘涌出，这意味着空方力量已得到有效释放，个股已露出结束跌势、步入止跌企稳走势的苗头。因此，我们可以把这种次低位缩量形态看作是主力能力相对较强，个股中期走势向好的信号。

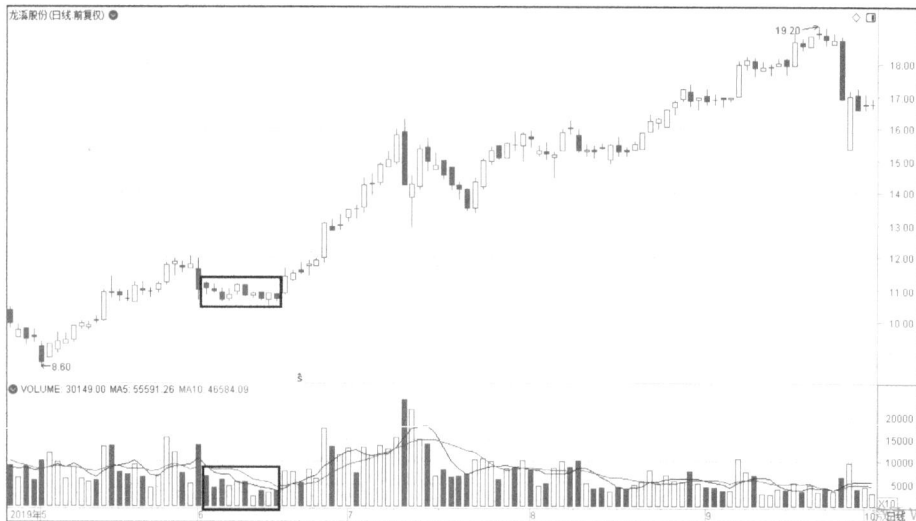

图 6-19 龙溪股份 2019 年 4 月至 10 月的走势图

6.4.3 震荡区整体式缩量

震荡走势会引发明显的多空分歧，若个股在震荡区的量能并没有随着股价的波动而呈现出忽大忽小的变化，而是呈现出整体式缩量，则多代表主力能力较强。结合个股当前所处的位置区间，我们可以做出买卖决策。

整体式缩量是指当股价随着一波上涨而涨至震荡区高点时,量能未见放大,仍旧呈相对缩量状;当股价随着一波回落而跌至震荡区低点时,量能可能会萎缩得更明显。若不看个股的震荡走势,仅看量能的变化情况,会发现此期间的量能没有明显放大,而是整体呈缩量状。

图 6-20 是益佰制药 2019 年 8 月至 2020 年 2 月的走势图。如图中标注所示,即使股价反弹至震荡区高点,并在盘中上穿震荡区,也没有引发多空分歧,量能依旧萎缩,这就是震荡区整体式缩量形态。再结合个股处于中长期的低位区这一情况来看,这种形态代表着个股后期上升空间充足,是买入信号。在实盘操作中,可以逢个股震荡过程中的回调低点积极买股布局。

图 6-20 益佰制药 2019 年 8 月至 2020 年 2 月的走势图

6.4.4 低位整理区极度缩量

缩量形态往往被认为是多空双方交锋趋于温和的表现,很多投资者秉持着"无量就无行情"的观点,所以并不重视缩量形态。其实,只要我们注意观察、善于分析,同样可以从缩量形态中获取丰富的市场信息,而这其中最为重要的信息就是关于主力参与力度及持仓情况的信息。在缩量形态中,有一种极度缩量形态,它是指缩量之后再缩量。结合股价走势来分析极度缩量形态,往往可以更好地了解主力的能力、预测个股的后期走势。

图 6-21 是神奇制药 2019 年 8 月至 2020 年 2 月的走势图。个股在低位区的

震荡过程中出现了持续多个交易日的极度缩量形态。在低位区整体式缩量的背景下，这 3 个交易日的极度缩量形态看似不醒目，但却表明该股的主力参与力度较强，市场流通筹码较少。结合个股正处于中长期的低位区这一情况，可以预测，在主力的积极参与下，个股随后的中长线上升空间还是很大的，在实盘操作中，可以买股布局。

图 6-21　神奇制药 2019 年 8 月至 2020 年 2 月的走势图

6.4.5　抵抗下跌式巨量震荡

当股市出现系统性风险或者个股突然发布利空公告时，个股可能并未如预期那样快速下跌，且因大买盘的连续入场而抵抗住了大量涌出的抛盘；但明显的多空分歧却导致股价上下大幅波动、量能放大。这就是抵抗下跌式巨量震荡形态。

这种量价配合关系并不是主力能力强、上涨动能充足的信号，这种抵抗下跌式巨量震荡形态常常出现在滞涨股中。但是综合来看，这类个股在经过了这种抵抗下跌式巨量震荡之后，随后的走势都明显弱于大盘，所以这是卖出信号。

图 6-22 是金枫酒业 2019 年 8 月至 12 月的走势图。如图中标注所示，在同期大盘下跌的背景下，个股上下波动，且放出巨量，这就是抵抗下跌式巨量震荡形态。此时，我们应逢盘中高点卖出，这种放量式的抗跌走势只是暂时的，一旦买盘入场力度减弱，个股随后的走势往往呈"补跌"格局。

图 6-22　金枫酒业 2019 年 8 月至 12 月的走势图

6.4.6　涨停板脉冲式放量

对于脉冲式放量来说，有一种类型较为特殊，那就是涨停板脉冲式放量。除了脉冲式放量的量能特征之外，在分时图上，涨停板脉冲式放量还有两种表现方式。一是个股当日封板，并以涨停板报收；二是个股盘中封板，但随后开板，收盘时并未封板。虽然盘口形态不同，但两者的市场含义相近，且都出现在短线高点处，都预示着个股涨至高点后快速转向的风险。当日放量效果越明显，个股的短线回落速度越快、下跌空间越大。

图 6-23 是东方明珠 2020 年 1 月 20 日的分时图。个股当日上封涨停板，但随后开板；在日 K 线图上，个股一举突破盘整震荡区，上升空间似乎已打开。但从量能来看，当日的量能放得过大，次日量能又大幅度萎缩，这是典型的涨停板脉冲式放量形态。

虽然个股当日出现过涨停板，但这并不是股价上涨的信号。结合脉冲式放量的市场含义来看，主力正在积极出货，而当日的天量也与主力的大力度出货行为有关。在实盘操作中，此时是卖股时机，而非追涨买入时机。

图 6-24 是华银电力 2019 年 7 月 1 日的分时图。个股当日在盘中反复开板多次，正处于加速上行通道中，这是个股上涨过程中的第二个涨停板。但个股次日收于阴线，随后第三日的量能又大幅度萎缩。这表明当日的涨停板具有脉冲

式放量的市场含义，个股并不具备连续上涨的动力，它是短线卖出的信号。

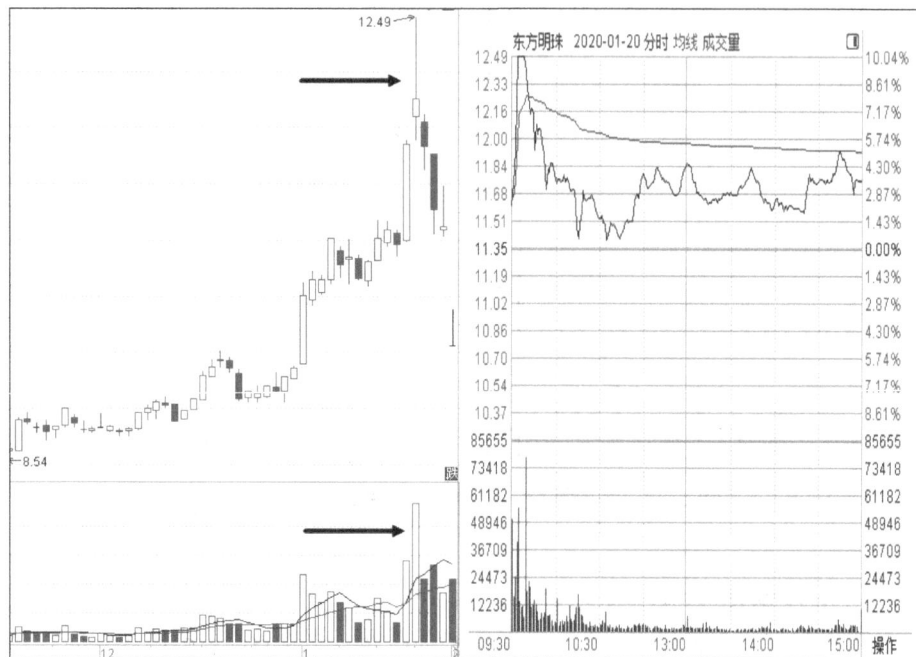

图 6-23　东方明珠 2020 年 1 月 20 日的分时图

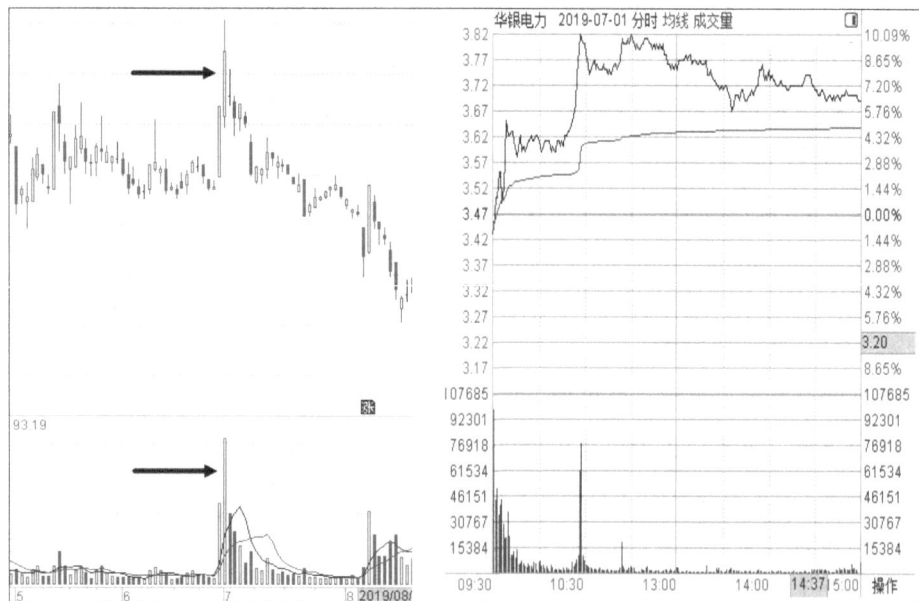

图 6-24　华银电力 2019 年 7 月 1 日的分时图

6.4.7 连续放量后的天量

短线黑马股的快速上涨往往伴随着量能的大幅度放出。起初,放量较为平均,个股呈现出连续放量上涨的形态,股价也加速上扬,这时可以持股待涨,不必过早地获利离场。但是,一旦个股在连续放量的背景下放出天量,则表明短线上涨已到尽头,个股很难再有更充足的上涨动力,短线回落走势即将出现。

图 6-25 是江中药业 2019 年 9 月至 12 月的走势图。个股先是出现了一波连续放量式的快速上涨走势,且这些交易日的放量较为平均,只要这种量价配合关系未被破坏,就可以短线持股待涨。随后个股在连续放量的背景下,突然放出了天量,这就是短线的最高点,应果断卖出,因为这种在连续放量的背景下放出天量的形态是不具有持续性的,它只能成为脉冲式放量形态。在实盘操作中,在放出天量的当日应逢盘中高点卖出,若当日未能及时卖出,则应于次日寻找盘中高点择机卖出。

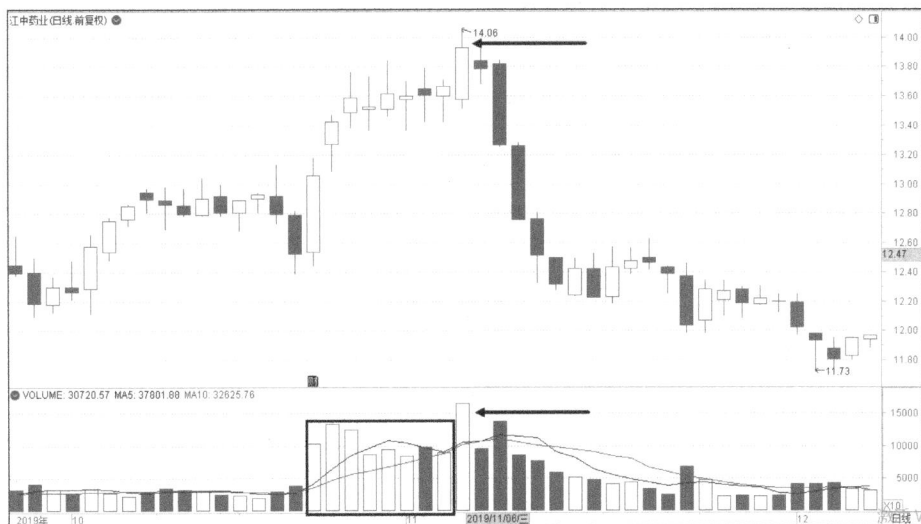

图 6-25 江中药业 2019 年 9 月至 12 月的走势图

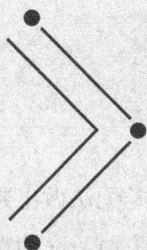

第 7 章

筹码形态综合实战

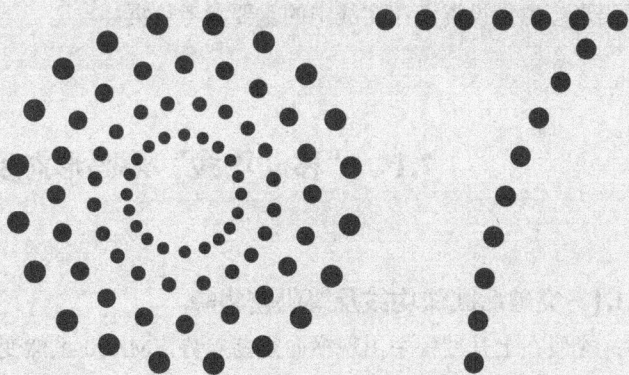

　　同样的筹码形态可能产生于不同的走势中，仅仅看筹码形态是无法做出判断的。例如，同样是单峰密集形态，当股价运行于均线上方或下方时，它的市场含义是不同的。此外，还要分析个股的趋势运行情况、考虑绝对股价的高低点等。可以说，在利用筹码形态进行实战的过程中，我们要关注的其他技术面信息还有很多。在本章中，我们以最重要的几个盘面信息（移动均线、涨停板、放量、缩量、K线）为依托，看看如何利用筹码形态来展开实战，这些经典的筹码形态也是投资者在实战中的重要参考依据。

7.1　"移动均线"筹码形态实战

7.1.1　突破后回踩均线及筹码密集峰

　　个股在上升过程中出现横向震荡走势，MA30虽然变得平缓，但仍旧向上；个股运行于MA30上方，由于震荡时间较长，所以在此区间形成了筹码密集峰；此时个股先向上突破了这一密集峰，随后因获利盘抛售，再度回探至MA30及筹码密集峰的位置点。这个位置点就是起涨前的回抽确认点，也是个股一轮上攻行情的启动点。

　　图7-1是生益科技2019年6月26日的筹码分布图。此时的个股因长期盘整而呈筹码密集形态，随后个股突破上行，而后再度回踩MA30及筹码密集峰，

此时就是中短线买股入场的最佳时机。

MA30 的稳步上扬说明多方力量依旧占据主动地位；密集峰的形成及随后的突破说明个股即将上涨；随后的回调确认了上攻行情的启动点，是起涨前获利筹码离场的过程。

图 7-1　生益科技 2019 年 6 月 26 日的筹码分布图

7.1.2　远离均线长阴破高点峰

个股的一波上涨使得股价向上远离了 MA30，并在相对高点出现横向整理走势；由于交投活跃，此位置汇聚了大量筹码，从而形成了一个短期高点筹码密集峰。此期间出现的长阴线就是一个短线反转的信号，它预示着空方力量开始占据主动地位，此密集峰有可能成为套牢峰。

图 7-2 是长城电工 2019 年 4 月 23 日的筹码分布图。个股因短期高点的横向震荡而形成了一个鲜明的筹码密集峰，并于 2019 年 4 月 23 日出现了长阴线，这根长阴线正好位于高位密集峰处，说明空方力量较强。而且此时的股价离MA30 较远，由于股价在远离 MA30 之后有再度接近甚至反向穿越 MA30 的倾向，所以这是一个卖出信号。

在实盘操作中，我们应注意股价与 MA30 的"聚合—分离"特性。这种特性是指在股价波动的过程中，当股价因快速上涨或下跌而远离 MA30 时，会有较强的反向作用力使其向 MA30 靠拢；当股价与 MA30 接近、汇合时，这种平衡状态往往又会因个股的上涨或下跌而被打破。

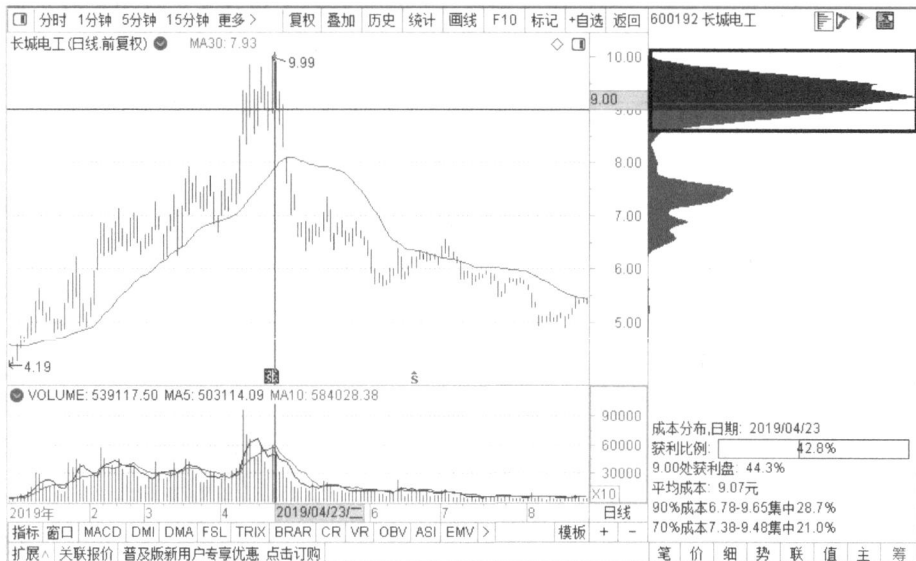

图 7-2　长城电工 2019 年 4 月 23 日的筹码分布图

7.1.3　高位峰长影线盘中破均线

个股在高位区横向震荡，从而形成筹码密集峰，此时，股价滞涨；在随后的某个交易日中，股价在盘中大幅下跌并向下跌破 MA30，收盘时股价回升，且站于 MA30 之上，这就是高位峰长影线盘中破均线形态。它的出现预示着空方力量正逐步加强，虽然多方暂时稳住了局面，但个股随后跌破盘整区的概率极大。在实盘操作中，当这种形态出现时，我们随后应逢震荡高点卖股离场。

图 7-3 是金种子酒 2019 年 9 月 27 日的筹码分布图。个股在高位区出现了这种高位峰长影线盘中破均线的形态。此时的筹码也汇聚于高位区，虽然不是单峰形态，但这个高位峰也汇聚了 60% 的流通筹码，属于具有操作价值的筹码密集峰。

对于该股来说，由于盘中跌破 MA30，因而多方力量仍然较强。在实盘操作中，随后应逢多方发力促使股价反弹时卖出。

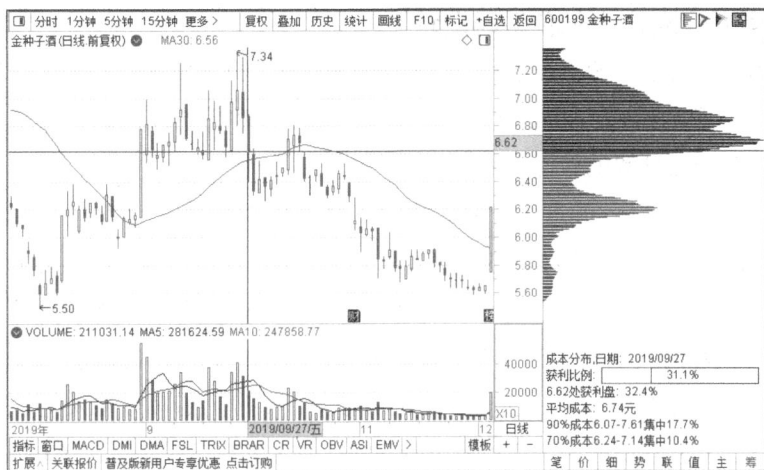

图 7-3　金种子酒 2019 年 9 月 27 日的筹码分布图

7.1.4　快涨远离 MA5 出现单日密集峰

稳健的上涨应该是股价依附于 MA5 向上运行。当个股涨速过快使得收盘价向上远离 MA5 时，由于短线获利抛压加重，个股易出现回落走势。此时，如果出现单日筹码密集峰，则往往是主力借助股价快速上涨产生的追涨效应而大力出货的信号，持股者应及时获利离场。

图 7-4 是江苏吴中 2020 年 2 月 10 日的筹码分布图。个股在连续的涨停板之后出现了单日筹码密集形态，这是主力在高位出货的信号之一；而且此时的股价远离了 MA5。这两个都是卖出信号，在实盘操作中，此时应果断卖出。

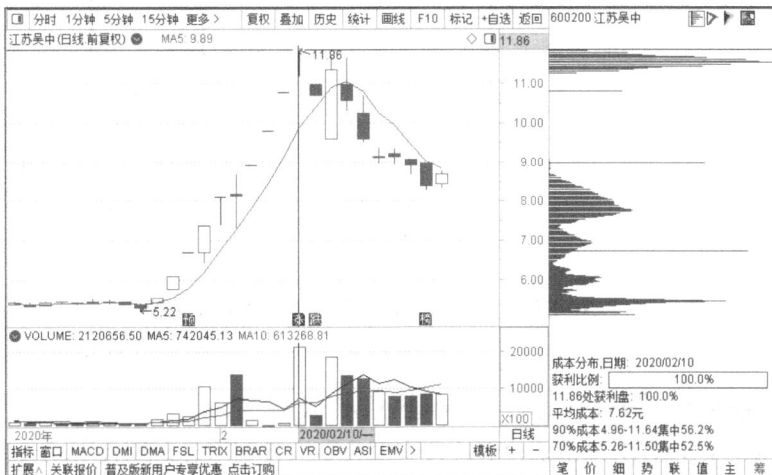

图 7-4　江苏吴中 2020 年 2 月 10 日的筹码分布图

7.1.5 均线黏合向上低位筹码慢转移

个股在经过了一轮上涨之后，位于相对高位区，此时盘整走势是最常见的，它可能是筑顶的信号，也可能是中继整理的信号。利用均线的黏合形态及筹码分布形态可以帮助我们做出判断。

如果均线呈黏合形态（短期均线向下靠拢中期均线）且有向上的倾向、MA30 对股价回落构成支撑，则代表多方力量仍旧占据主动地位，因为主力出货会导致多空力量不平衡，所以这种走势一般不会出现在主力出货的背景下。如果盘整时间相对较长（达到 1 个月及以上），且仍有大量的筹码位于低位区，则说明市场浮筹依旧较少、主力能力依旧较强，个股随后再度步入上升通道的概率极大。在实盘操作中，所以逢个股回落至 MA30 附近时买股入场。

图 7-5 是 ST 昌九 2019 年 1 月 31 日的筹码分布图。个股在中期上涨之后出现了这种均线黏合向上的形态；在经过了震荡之后，仍有大量筹码堆积于低位区，这种组合形态预示着此时的盘整走势仅仅是中继整理，而非顶部。在实盘操作中，我们可以逢个股短线回落时进行中短线买股操作。

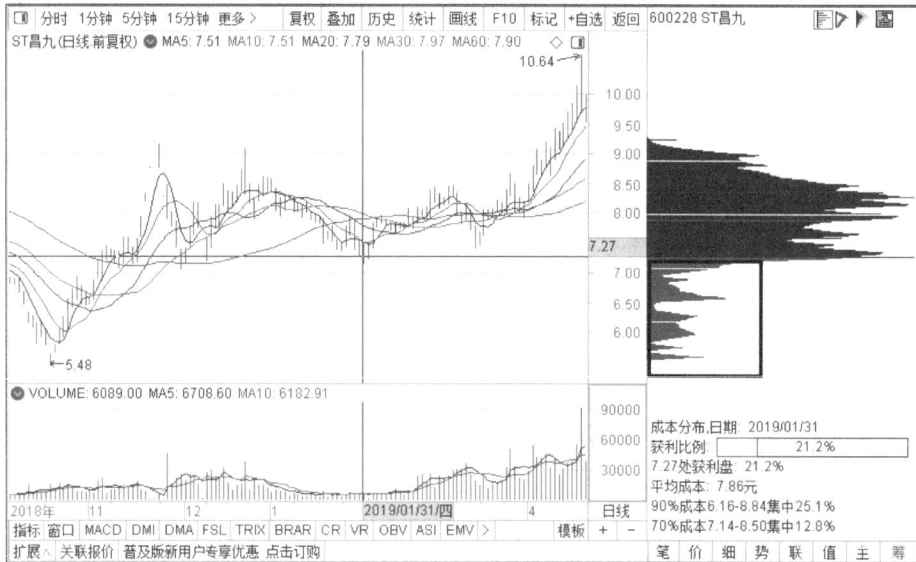

图 7-5　ST 昌九 2019 年 1 月 31 日的筹码分布图

7.1.6 均线多头短线回落后呈单峰密集形态

在低位区，若均线系统由缠绕形态变为多头排列形态，则代表着买盘力量不断增强、趋势可能逆转向上。此时，一波短线回落使得筹码在这个位置点汇聚，并呈现单峰密集形态，此形态表明筹码换手充分，被套盘悉数离场，上升阻力大幅减小，个股随后步入升势的概率极大。在实盘操作中，此短线回落低点就是入场点。

图 7-6 是深康佳 A 2019 年 12 月 19 日的筹码分布图。该股在低位区出现了这种组合形态：首先是均线由缠绕形态转变为多头排列形态；随后因短线获利盘离场，个股出现了一波小幅度回落，并形成筹码单峰密集形态。这个短线回落点就是因主力积蓄能量、获利浮筹离场而产生的，它是个股快速上攻行情的启动点，也是绝佳的中短线买入点。

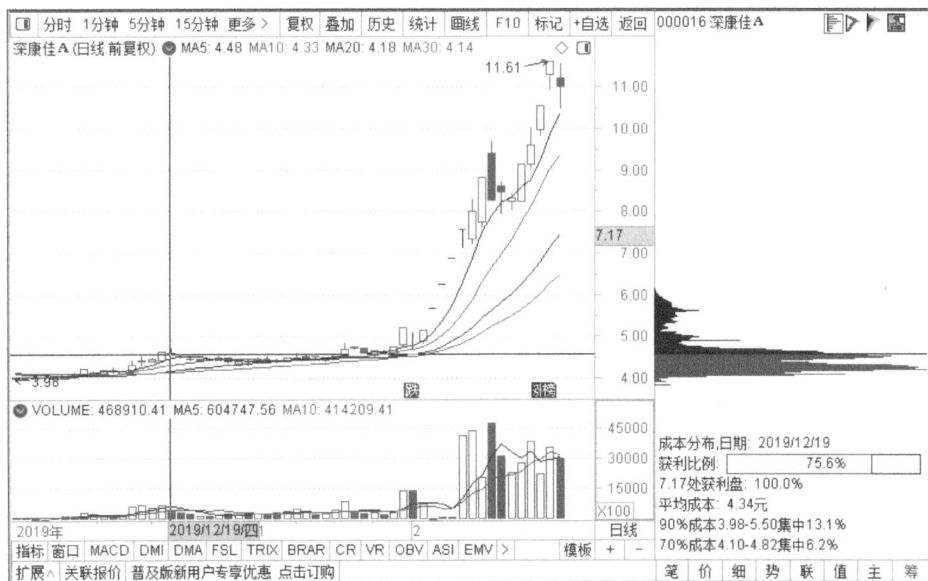

图 7-6　深康佳 A 2019 年 12 月 19 日的筹码分布图

7.2　"涨停板"筹码形态实战

涨停板是短线实战中一种非常重要的形态。通过涨停板，我们可以更有目的地分析个股、把握机会；将涨停板与筹码形态相结合，可以进一步提升短线成功率。在本节中，我们就来看看如何利用涨停板和筹码形态的组合关系来进行操作。

7.2.1　涨停板单日筹码大转移

涨停板吸筹是主力在大势较好、个股题材较好的情况下常用的一种手法。涨停板吸筹时的重要的盘面信息是：在涨停板出现的当日，会有大量的筹码发生转移。从筹码形态来看，在涨停板之前的一个交易日与涨停板之后的一个交易日，筹码形态发生了较为显著的变化。下面我们结合实例来进行说明。

图 7-7 是太龙药业 2020 年 1 月 17 日的筹码分布图。此前，个股一直在低位区震荡，前期累计跌幅较深，低位区交投清淡，从而使得筹码由高位区向低位区转移的速度相对较慢。股价处于低位，有上涨空间，个股此时需要的是与之有关的热点事件及主力的参与。

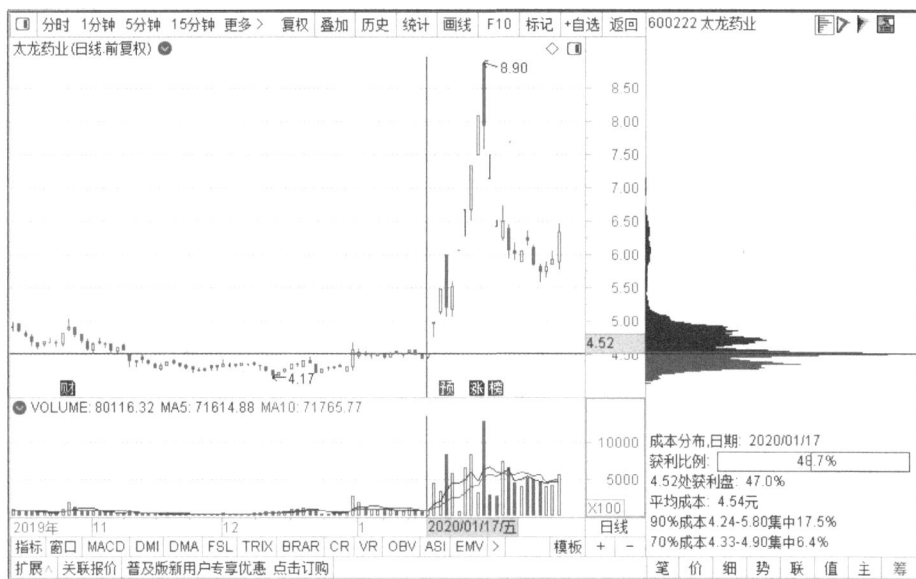

图 7-7　太龙药业 2020 年 1 月 17 日的筹码分布图

该股 2020 年 1 月 20 日的筹码分布图如图 7-8 所示。因物联网题材较热，个股以涨停开盘，但由于热点突然出现，主力手中也没有足够的筹码，所以该股在早盘阶段反复开板并大幅放量，如图 7-9 所示。我们需要正确分析涨停板放量的原因究竟是主力借热点出现之机卖股套现，还是主力借涨停板加速吸筹？我们不妨利用筹码形态来分析。

对比图 7-7 和图 7-8，可以看出，仅仅一个交易日，筹码形态就发生了巨大的变化。在当日涨停价位上，一部分筹码上移，结合个股在低位区震荡时间短、未形成单峰密集形态来看，主力手中没有足够的筹码来使筹码大转移；而且当日开板时间不是很长，场外投资者的参与力度也不会很大，再考虑到在新型冠状病毒感染肺炎疫情下个股的医药题材、所处的价位等，认为这更可能是主力涨停板吸筹的标志。在实盘操作中，若当日没有追涨买入，则次日开盘后，只要不是高开很多，投资者是可以及时短线买入的，毕竟从中短线来看，个股的上攻走势才刚刚开始，后续仍有较为充足的上升空间。

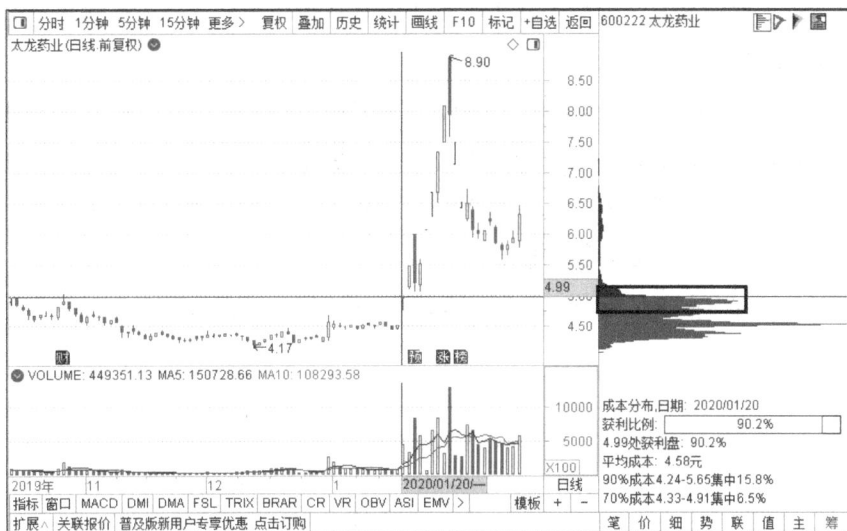

图 7-8 太龙医药 2020 年 1 月 20 日的筹码分布图

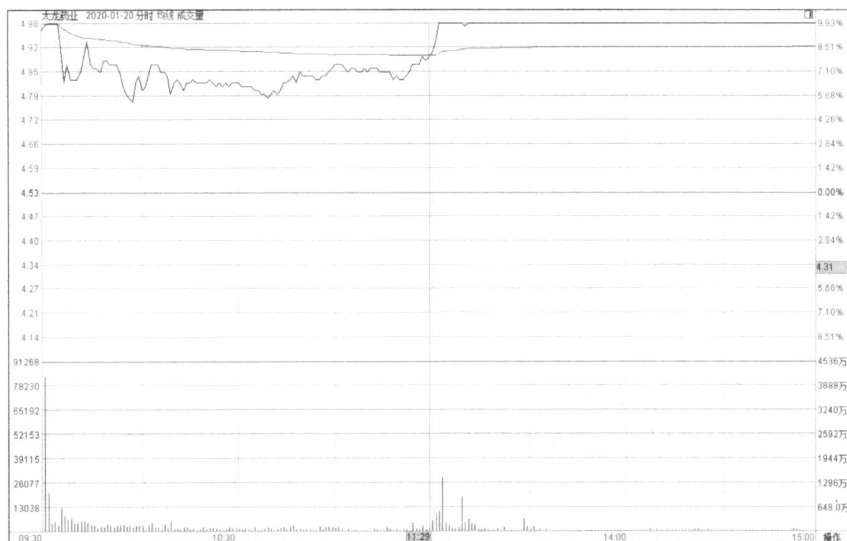

图 7-9 太龙医药 2020 年 1 月 20 日的分时图

7.2.2 涨停突破短底峰后回探

短底峰就是指个股在低位横向震荡的时间很短（不超过半个月），却使大量的筹码汇聚在这一位置区，从而形成了密集峰。短底峰常出现在个股中短线急跌之后，预示着股价走势将反转。

若个股以涨停板的方式向上突破短底峰，则多意味着在之前的低位震荡过程中有主力资金参与。涨停板并不是个股展开攻势的信号，但也体现了主力的吸筹速度，预示着个股有望步入上升通道。

图 7-10 是国农科技 2020 年 2 月 17 日的筹码分布图。在此之前，个股处于震荡整理走势中，股价在低位经过 2 个交易日快速下跌后止跌，缓慢爬升 9 个交易日后，形成了筹码密集峰；2020 年 2 月 17 日，个股以涨停板的方式向上突破这个密集峰，其后是 4 个连续涨停。

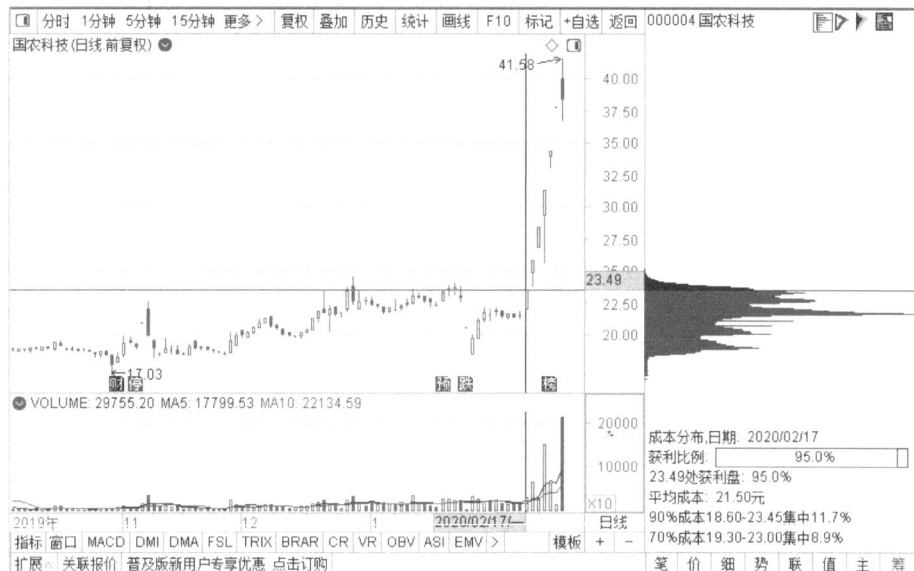

图 7-10　国农科技 2020 年 2 月 17 日的筹码分布图

7.2.3 反复涨停穿越整理区单峰

个股在上升过程中出现横向震荡走势，从而形成了筹码密集峰。若期间个股多次（至少两次）以涨停板的方式上穿筹码密集峰，则表明多方上攻意愿较强，只是多方力量仍在积蓄。随着震荡走势的持续，在多方力量积蓄完成之后，新一轮上攻行情也将出现。

图 7-11 是深康佳 A 2020 年 1 月 23 日的筹码分布图。此时的个股呈单峰密集形态，这说明此位置区的筹码换手非常充分。那么在这一位置区是否有新主力参与？接盘方主要是散户吗？能否准确判断这些问题将直接影响我们随后的操作。

随后，个股两次以涨停板的方式上穿这个筹码密集峰，而且在横向震荡区的股价重心也略微上移。涨停板的出现是主力积极参与该股的标志，股价重心缓缓上移则说明多方力量仍旧占据主动地位。综合来看，在这一位置区中，可能是新主力在入场，也可能是老主力在加仓，个股随后创出新高、再度步入升势的概率较大。在实盘操作中，我们可以在震荡区个股短线回调后的低点买股入场。

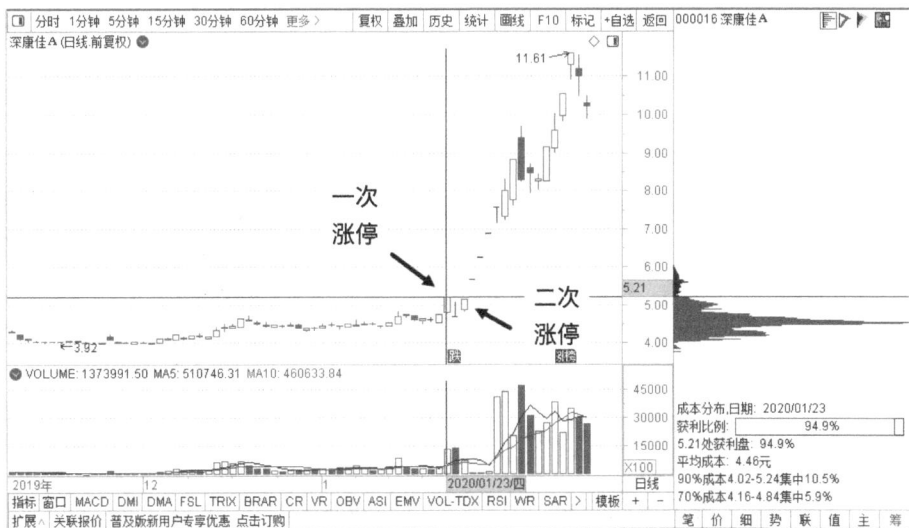

图 7-11 深康佳 A 2020 年 1 月 23 日的筹码分布图

7.2.4 三连板平台涨停上穿密集区

三连板平台是指个股以连续 3 个涨停板的方式实现上涨，随后在相对高点横向震荡，由此构筑了一个平台区。若三连板平台的构筑时间较长，则会使筹码全部转移至此区域，从而呈现出单峰密集形态。以涨停板向上穿越这个单峰密集区是主力资金参与意愿较强的信号，这类个股后期突破上行的概率较大。

图 7-12 是深科技 2019 年 12 月 5 日的筹码分布图。个股在三连板平台区呈单峰密集形态；随后受短线获利盘的影响，个股在三连板平台附近，形成了一个长期震荡平台，并在震荡区形成了筹码单峰，此时就是一个极好的中短线买股入场时机。

三连板平台的出现代表着主力资金参与该股的力度较大。虽然在平台区的震荡过程中，难以得知主力是否出逃，但此时出现的涨停板上穿筹码密集区形态给了全体流通盘获利、解套出局的机会，若主力已经出货，那么个股是难以具备这种以涨停板突破上行的动力的。因此，出现涨停上穿密集区形态表明主力仍旧处在其中。在实盘操作中，我们应紧跟主力的步伐。

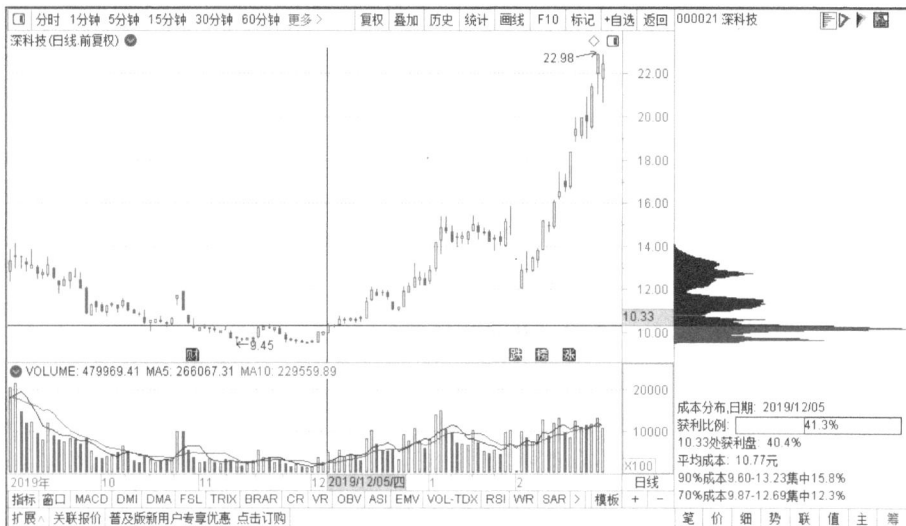

图 7-12　深科技 2019 年 12 月 5 日的筹码分布图

7.2.5　涨停三角吸筹走势的筹码变化

涨停三角吸筹走势是一种较为特殊的形态，它与主力资金的吸筹行为相关。个股首先以一个涨停板来激发多空分歧，主力随后借多空分歧进行加仓；个股随后出现小幅回落走势，但由于买盘仍占主动地位，因而股价一般不会跌至涨停板当日的开盘价以下。

这种涨停三角吸筹走势常出现在主力有意加大吸筹力度，且此时持筹数量较少的背景下。因而涨停三角吸筹走势出现后，可以看到大量筹码汇聚于此，而且低位区的涨停三角吸筹走势往往使得个股的筹码呈单峰密集状。

图 7-13 是康芝药业 2020 年 1 月 17 日的筹码分布图。该股在开启上攻行情前，一共出现了两次涨停三角吸筹走势，两次都给了我们回调买入的机会。

如图中标注所示，第一次出现涨停三角吸筹走势是在低位盘整之后，它可以激活市场交投，为主力快速吸筹创造条件，但毕竟股价涨幅较小，主力难以大力度吸筹。在此时的单峰密集形态中，主力虽然充当的是买方，但由于散户的参与，主力买入的数量未必会很多。由于投资者的积极入场会导致股价稳步上扬，因而涨停板之后短线回调的低点便是较佳的中短线买股布局点。

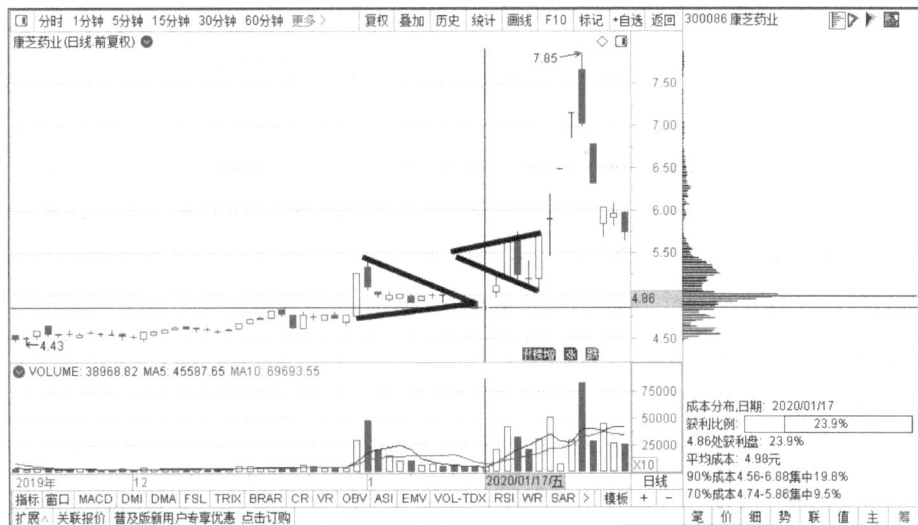

图 7-13　康芝药业 2020 年 1 月 17 日的筹码分布图

图 7-14 是康芝药业 2020 年 2 月 3 日的筹码分布图。此时第二次出现涨停三角吸筹走势。经过了之前的涨停三角吸筹走势，主力已买入一定的筹码，因而此时筹码因市场浮筹的减少并未呈现出单峰密集形态，但仍呈现为筹码密集形态，这也是主力仍在吸筹的重要标志。在此位置点仍可以中长线买股布局。

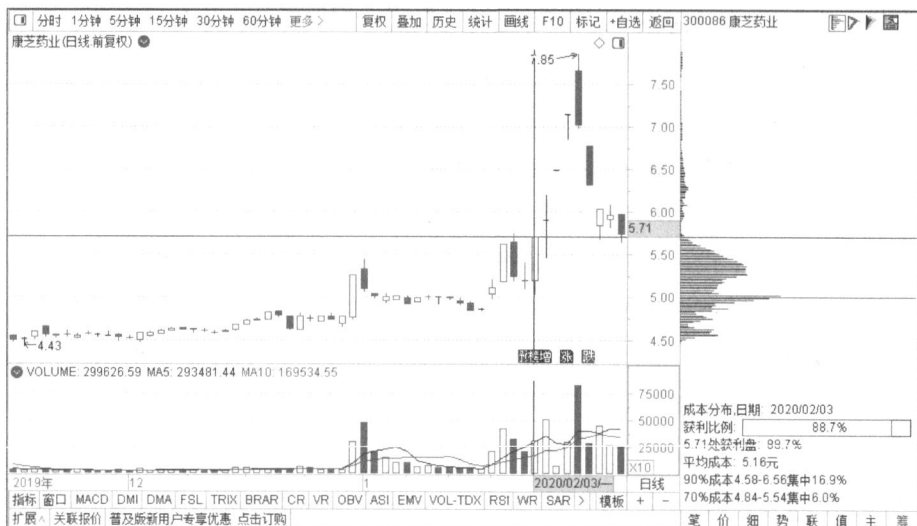

图 7-14　康芝药业 2020 年 2 月 3 日的筹码分布图

7.2.6　涨停放量回落筹码慢转移

筹码的转移速度不仅体现在量能的变化上，很多时候我们还可以借助量能变化与筹码变化的鲜明的反差来分析个股、预测走势。例如，当量能放得较大，而筹码的转移速度又较慢时，多意味着这种放量只是盘面表象，并未对个股的实际走势产生重要影响，主力能力依旧较强，个股沿原有方向运行的概率也将大大提高。下面我们结合案例来进行说明。

图 7-15 是盛运环保 2019 年 6 月 10 日的筹码分布图。该股因利好出现了 5 个涨停板，有趋势反转的迹象；但是，在第五个涨停板之后，个股出现一波放量回落走势。如果这种放量回落走势与主力的出货行为有关，那么此时的上涨只是一时的反弹，并不是真正的反转。

判断这种放量回落走势是否与主力出货行为有关的重要依据就是筹码的转移情况。如果大量筹码由底部区转移到回落低点，则说明市场浮筹多，主力能力不强，而且很有可能借个股利好之机逢高出货。

图 7-16 是盛运环保 2019 年 6 月 18 日的筹码分布图。对比图 7-15，可以看到，筹码形态的变化很小，仅仅有一小部分筹码转移到了回落时的低点。形态鲜明的放量回落走势、筹码的慢速转移，两者似乎毫无关联，但这恰好向我们展示

了该股的内在情况，即主力能力强，盘面的放量下跌走势只是表象，大量的筹码仍旧在主力手中，而且该股有利好触发，突破反攻行情才刚刚开始。因而此时的短线回落低点不是卖出点，而是我们中短线入场的绝佳位置点。

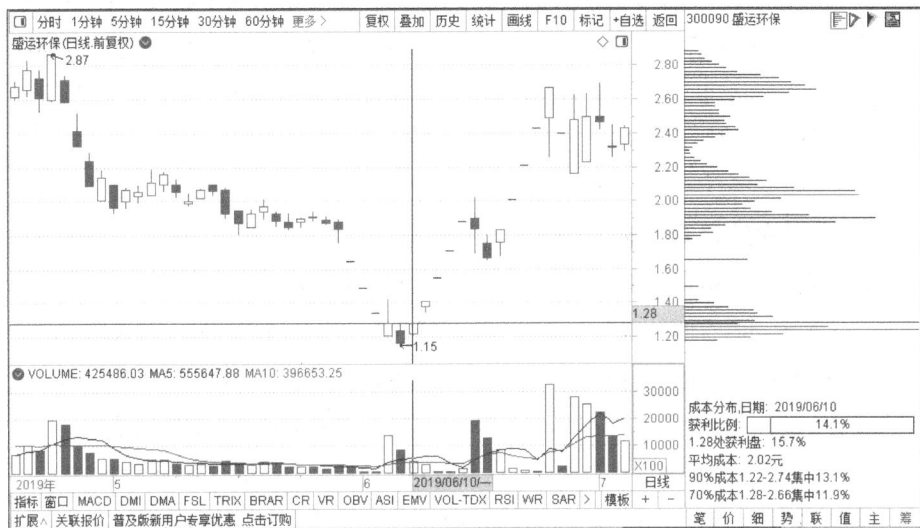

图 7-15　盛运环保 2019 年 6 月 10 日的筹码分布图

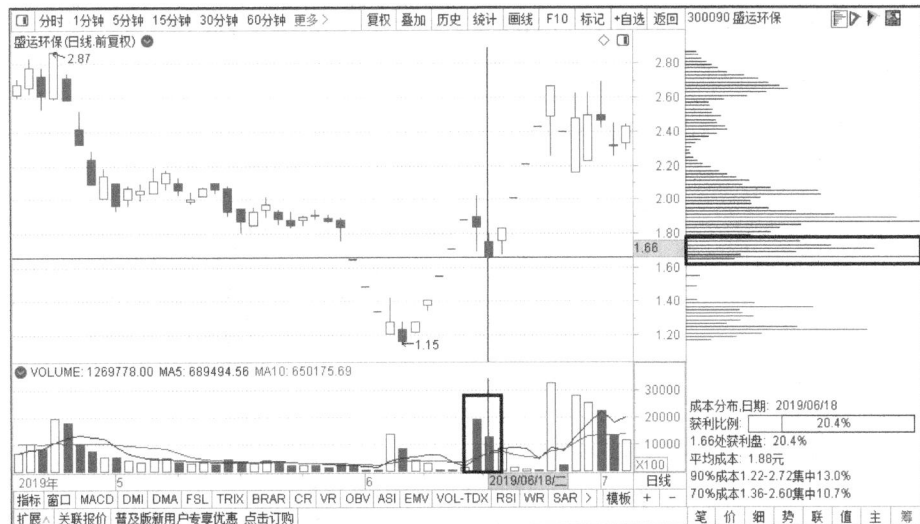

图 7-16　盛运环保 2019 年 6 月 18 日的筹码分布图

7.3 "放量"筹码形态实战

放量意味着多空双方交锋加剧,它往往是价格剧烈波动下的产物;而且放量也蕴含着重要的信息,它既可能是买盘入场力度大的信号,也可能是市场浮筹多的标志。在分析价格走势的基础上,将放量与筹码形态相结合,有助于我们把握股价的中短线运行轨迹。

7.3.1 递增式放量穿越密集峰

递增式放量是指量能逐级放大。当个股以递增式放量的方式向上穿越筹码密集峰时,这种形态具有两种市场含义。一是随着量能的不断放大,抛压越来越重,虽然买盘仍在推动股价上行,但是一旦买盘力度减弱,沉重的抛压将引发股价回落;二是当股价突破筹码密集峰时,密集峰的筹码全部变为获利盘,个股的短期获利抛压极其沉重,易引发股价回落。综合来看,这种形态出现后,个股将出现深幅调整走势。

图 7-17 是金通灵 2019 年 12 月 9 日的筹码分布图。如图所示,个股因横向震荡走势形成了筹码密集峰;2019 年 12 月 9 日之后的一波上涨走势使股价向上穿越了这个筹码密集峰,但量能却呈递增式放大形态,这说明这次的突破只是暂时的,个股难以站稳于突破后的高点。在实盘操作中,持股者应及时卖出,场外投资者则应待股价回落后再决定是否买入。

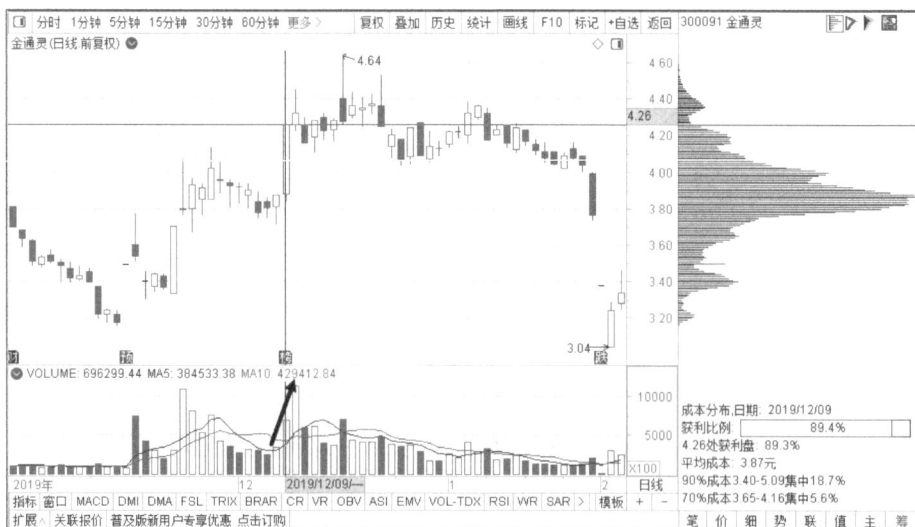

图 7-17 金通灵 2019 年 12 月 9 日的筹码分布图

7.3.2　天量冲击历史套牢峰

历史套牢峰的形成过程是：个股先呈横向震荡走势，并形成筹码密集峰；随后，股价向下跌破这个平台区，跌幅较深，并于低点企稳；此时前期高位平台区的大部分套牢筹码在筹码分布图上已消失，但筹码分布图只是筹码真实分布情况的一种近似写照，而且若个股在低位区的整理时间较短，基于投资者大多不愿在亏损状态下卖出离场的心理特征，那么此时在原高位平台区依旧有较多的套牢盘，于是便形成了一个历史套牢峰。

天量冲击历史套牢峰是指个股在低位区企稳之后开启了新一轮上攻走势，当股价涨至历史套牢峰附近时，个股放出了天量。天量的放出蕴含了两种信息：一是主力可能有大力减仓、出货行为；二是历史套牢峰的抛压十分沉重。这两种信息也预示着个股的短期上攻走势将结束，随之而来的将是深幅调整走势。一般来说，天量的放出效果越明显，个股的回落幅度越大。

图 7-18 是科新机电 2019 年 6 月 21 日的筹码分布图。此日后，个股处于横向震荡走势中，并形成了筹码密集峰；随后个股破位下行、跌幅巨大，从而使得之前的筹码密集峰变为被套筹码峰。

个股于低位企稳之后，向上进攻。如图中标注所示，个股涨至前期的被套筹码峰附近时，放出天量，这是个股短线上攻结束、调头转跌的重要信号。在实盘操作中，应及时卖股离场，以规避短线风险。

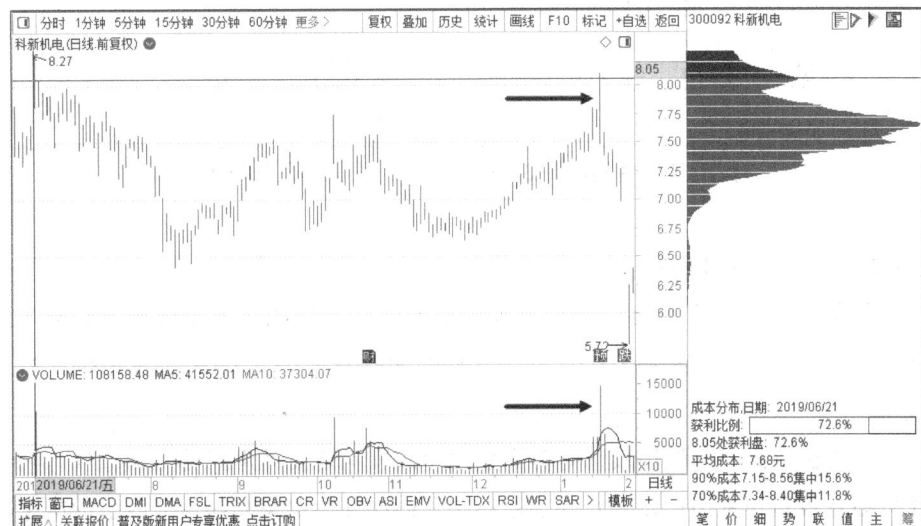

图 7-18　科新机电 2019 年 6 月 21 日的筹码分布图

7.3.3 低峰突破点的连续性放量攀升

低峰突破点的连续性放量攀升是主力资金入场的信号。在低位区，个股呈筹码密集形态；随后在筹码密集区的突破点，个股连续出现中小阳线，且成交量明显放大，股价一举突破了低位筹码密峰。

图 7-19 是金刚玻璃 2019 年 8 月 13 日的筹码分布图。如图中标注所示，个股在低位区出现了突破低位密集峰时的连续性放量攀升形态，这是主力入场吸筹的信号。

在低位区出现密集峰是筹码换手充分的标志。若低位区震荡时间较短，则主力无法充分吸筹。此时个股出现了连续性放量攀升形态，它将使得主力持仓成本相对较高，个股随后的中期上升空间也更为可观。

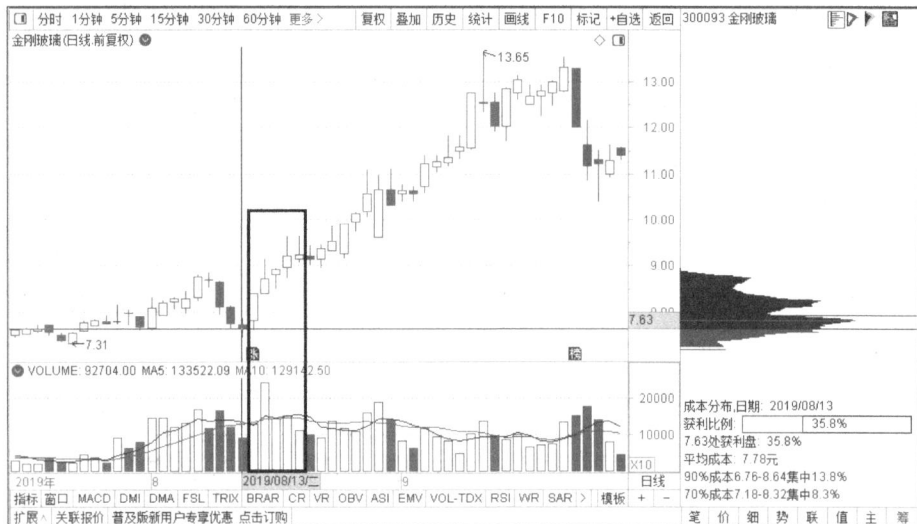

图 7-19　金刚玻璃 2019 年 8 月 13 日的筹码分布图

7.3.4 间隔性放量密集峰

间隔性放量是指量能呈现出忽大忽小的变化，量能的缩放过程不具有连续性。这种量能形态与主力的大力出货行为有关，而且它常出现在阶段性高点。

间隔性放量下的横向震荡走势会使得个股在此位置区形成筹码密集峰，由于间隔性放量与主力的出货行为息息相关，因而这个密集峰随后被跌破的概率更大，应在此位置区逢高卖出。

图 7-20 是乾照光电 2019 年 3 月 18 日的筹码分布图。如图中标注所示，间隔性放量的形态很明显。在实盘操作中，若发现了这种量能形态，我们就应在个股出现大阳线的次日及时卖出，而不应认为个股能够突破上行。在这个位置区的筹码密集峰中，主力是卖方，随后的破位下行将使该筹码密集峰成为套牢峰。

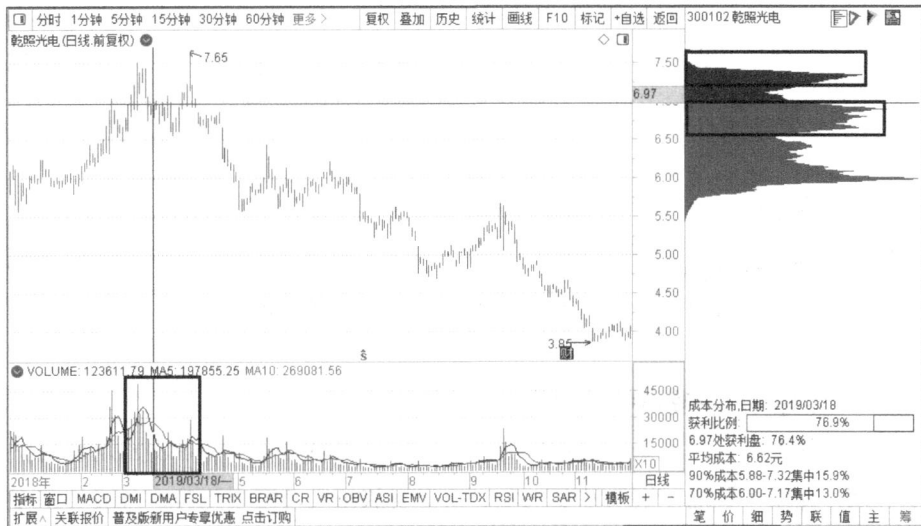

图 7-20　乾照光电 2019 年 3 月 18 日的筹码分布图

7.3.5　宽体长阳线天量穿越整理峰

宽体长阳线是个股低开高走、收盘价接近全天最高价的一种盘中宽幅震荡形态，且开盘时的低点与收盘时的高点至少相差 10 个百分点。这种形态常出现在个股发布消息时，是由于市场分歧加剧而引发的盘中巨震。在实盘操作中，当其出现在个股上升途中的整理走势中时，会呈现为长阳线上穿筹码密集区的形态，这往往是主力将在次日出货的信号。

图 7-21 是深物业 A 2019 年 9 月 4 日的筹码分布图。个股此前的短线上升势头良好，走势独立；随着几个交易日的横向震荡，个股形成了一个筹码密集峰，这个震荡走势看上去更像是整理，而非筑顶。若投资者追涨买入或持股不放，就短期走势来看，将亏损惨重。

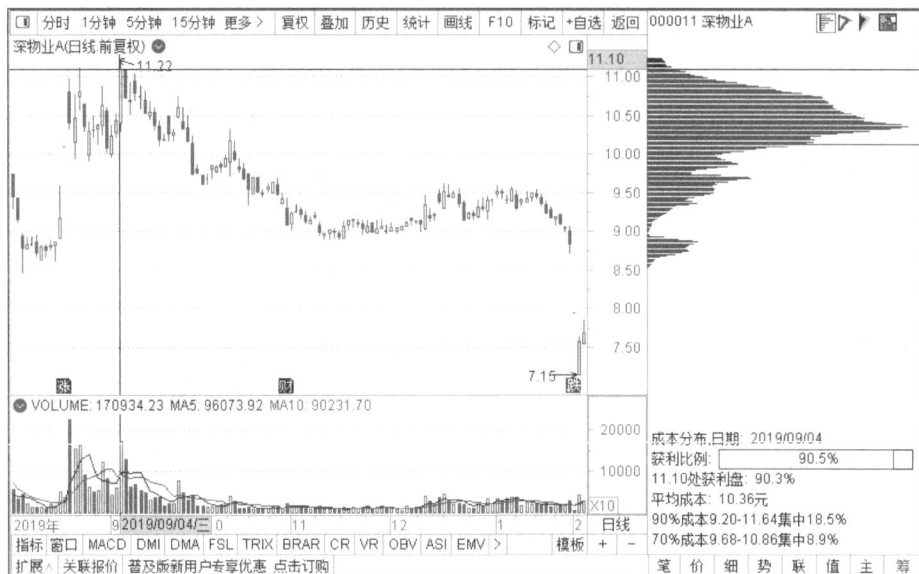

图 7-21　深物业 A 2019 年 9 月 4 日的筹码分布图

7.3.6　短线飙升后放量整理单峰

　　个股的上涨往往不是一波到顶的，在上涨过程中，个股会多次出现震荡整理区间。如果个股能在短线独立上攻之后出现放量震荡整理走势，且股价重心不下移，筹码呈单峰密集形态，则其往往蕴含着两种市场信息。

　　（1）主力之前在股价较高时吸筹，因而其能力不是很强；震荡时放量就说明筹码换手速度较快，所以主力的持仓成本也较高，主力要想获利出局，在此震荡整理区出货显然不合适。

　　（2）单峰密集形态的出现说明筹码换手充分，低位区的市场浮筹大多已获利出局；随后上涨时，个股面临的获利抛压将相对较轻，即个股的整理效果较好。

　　图 7-22 是泛海控股 2019 年 12 月 30 日的筹码分布图。从图中可以看到，个股首先出现了一波独立、强劲的短线飙升走势，这是市场资金追捧、主力参与力度较高的重要标志；随后，在短线高点，个股并没有因获利抛压而逐步下行，成交量也在放大，并使得筹码呈单峰密集形态，这代表着主力仍在加仓，个股处于整理阶段，后期仍有上升空间。在实盘操作中，我们可逢个股震荡回落低点买股布局。

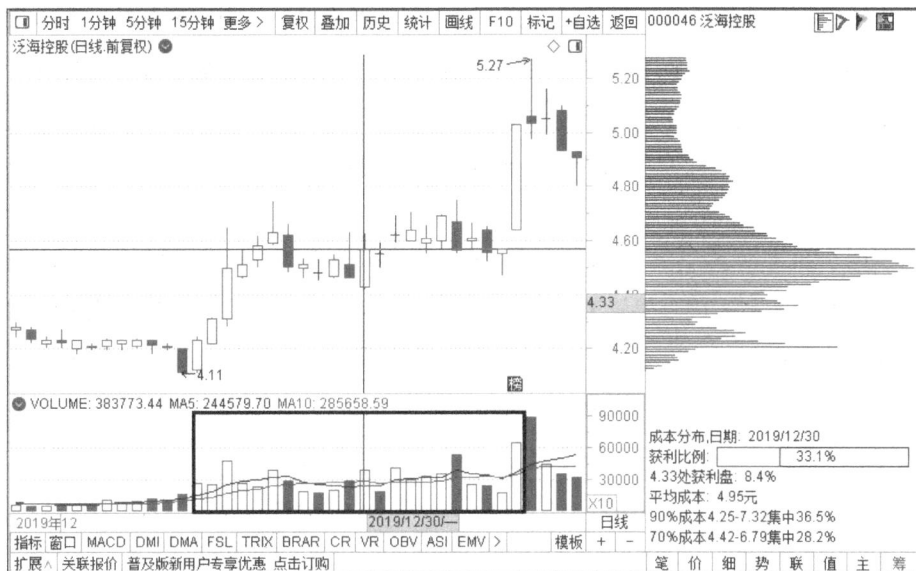

图 7-22　泛海控股 2019 年 12 月 30 日的筹码分布图

7.4　"缩量"筹码形态实战

能力较强的投资者不仅善于观察放量，更懂得研究缩量。缩量可能是主力参与力度较高的信号，也可能是市场交投清淡的标志。在实战中，将股价走势、缩量、筹码形态相结合，我们可以更好地分析主力参与情况，把握个股走势。

7.4.1　缩量与低位筹码慢转移

一些有业绩支撑的个股往往吸引了较多的中长线资金入驻，若这类个股因大盘的系统性风险而大幅度下跌并进入低位区，则此时我们可以关注中长线资金是否已离场。若仍在其中，则这类个股在大盘回暖的时候，将有着较强的上涨动力。由于中长线资金在低位区也有着较强的加仓意愿，所以个股随后的走势或将远强于大盘。

判断中长线资金是否离场的重要依据之一就是筹码换手速度。若中长线资金在原高位区或在下跌过程中已大量出货，则由于大量的筹码掌握在散户手中，所以筹码向低位区转移的速度会很快；若个股在低位长期震荡之后，仍有较多的筹码位于下跌前的高位平台区，则多表明中长线资金仍在其中，此时正是较佳的入场时机。下面我们结合实例来看看如何通过缩量与低位筹码慢转移来把握中长线入场时机。

图 7-23 是许继电气 2019 年 4 月 25 日的筹码分布图。这是个股下跌之前的筹码分布状态，大部分筹码都位于 10 元上方。随后，受大盘系统性下跌风险的影响，个股跌幅较大，从而进入了中长线低位区。值得注意的是，该股是一只典型的绩优股，不少机构资金已入驻其中。

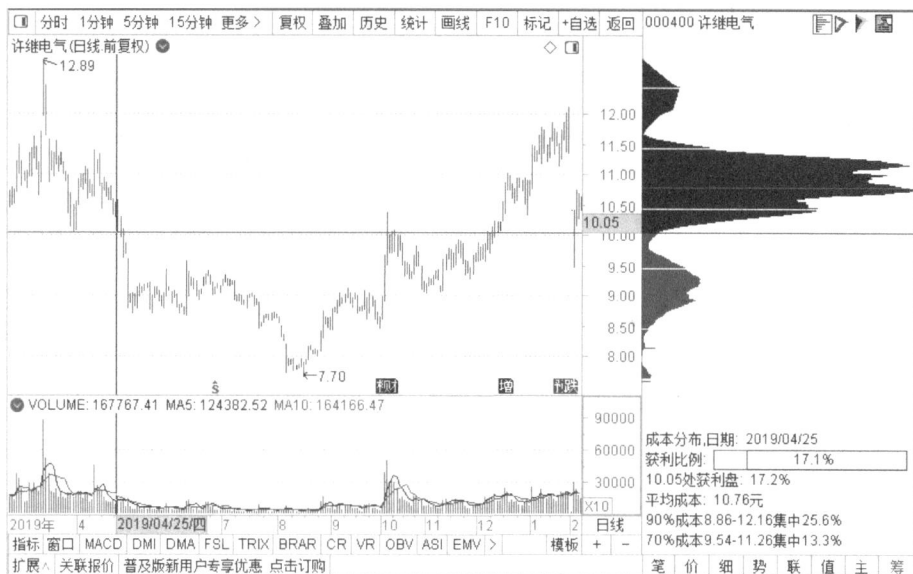

图 7-23　许继电气 2019 年 4 月 25 日的筹码分布图

如图 7-24 所示，个股从 2019 年 8 月开始止跌企稳，随后则是持续 2 个多月的震荡整理走势；至 2019 年 8 月 22 日，虽然低位震荡了 1 个月左右，但仍有约一半的筹码位于 10 元上方，筹码的转移速度很慢。从成交量来看，低位区的成交量随着震荡的持续而逐渐缩小，这说明大部分筹码仍旧掌握在卖出意愿不强的中长线投资者手中。

图 7-25 是许继电气 2019 年 11 月 11 日的筹码分布图。个股已在低位区震荡了很久，筹码逐渐向下集中，个股随时有可能在中长线资金的推动下步入升势。对于中长线投资者来说，此时是一个很好的入场时机。这个位置点既有市场做

空动能枯竭、低位企稳等技术面信号配合，也有价值被低估、股价便宜等基本面信号配合，是一个技术面与基本面信号共振的买入点。

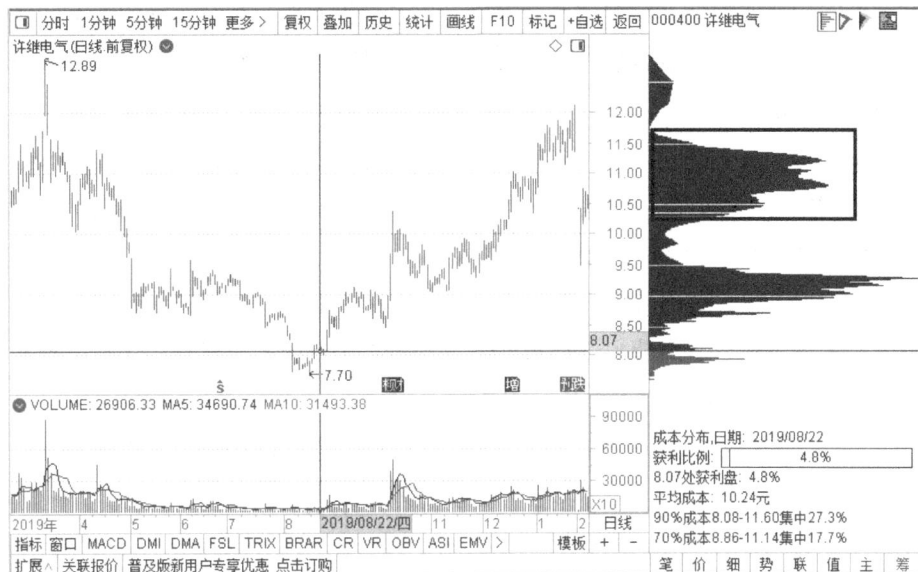

图 7-24　许继电气 2019 年 8 月 22 日的筹码分布图

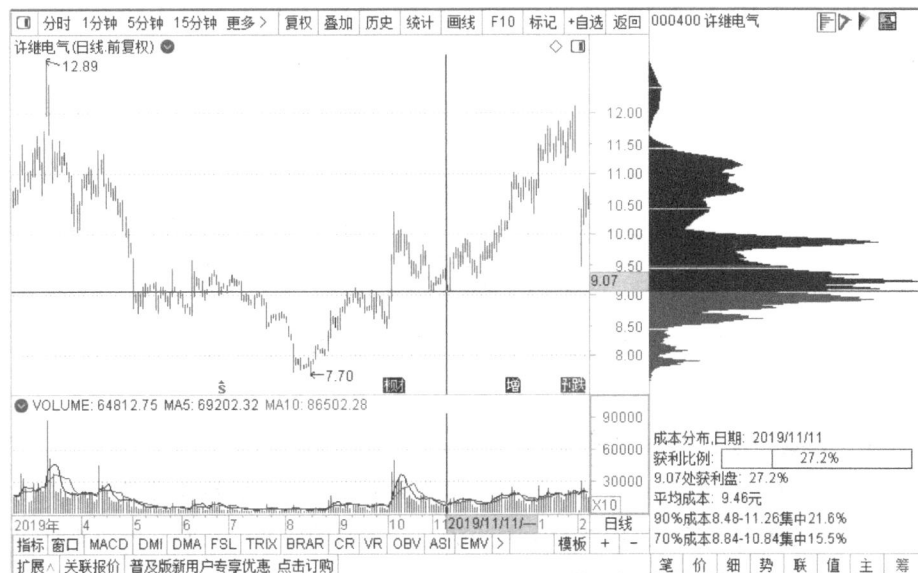

图 7-25　许继电气 2019 年 11 月 11 日的筹码分布图

7.4.2　平量穿越近期套牢峰

个股跌破平台区时的一波下跌走势使得此位置区的筹码峰变成了套牢峰。若个股随后自低位向上穿越这个套牢峰时，量能没有明显变化（即平量），则表明市场浮筹较少、主力参与能力依旧较强，只要个股中短线涨幅不大，就可以积极地买股入场。

图7-26是藏格控股2019年7月12日的筹码分布图。此时个股仍位于平台区，筹码呈密集峰形态。随后股价跌破了这个平台区，个股在低位企稳后向上运行且再度上穿这个套牢峰时，量能并未放大。

面对大量的解套盘及短线获利盘，个股在穿越套牢峰时却并不放量，这是主力持筹数量多、参与能力强的标志，也预示着个股随后可以继续上涨。在实盘操作中，此时可以买股入场。

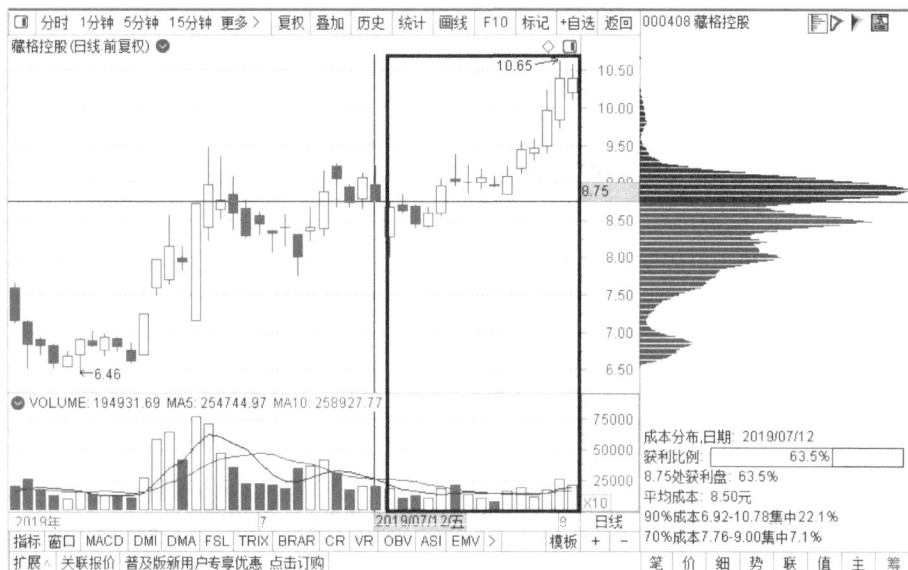

图 7-26　藏格控股 2019 年 7 月 12 日的筹码分布图

7.4.3　平量穿越长期盘整密集峰

盘整走势是一种横向震荡、趋势不明朗的形态，它可能是原有趋势运行过程中的中继整理环节，也可能预示着趋势运行方向的转变。长时间的盘整走势会使得绝大多数筹码汇聚于盘整价位区间，此时筹码呈单峰密集状。

这时若个股以连续中小阳线且不放量的方式向上穿越这个筹码峰，则表明多方力量在经过了盘整之后得到了加强，个股有突破上攻的倾向。若此时个股的累计涨幅不大（盘整区处于上升中继位置），或者前期累计跌幅较大（盘整区处于中长线的低点位置），则个股随后突破上行的可能性较大。

图 7-27 是通程控股 2019 年 12 月 11 日的筹码分布图。个股在经过了长期的横向震荡之后形成了密集峰。在横向震荡的过程中，股价重心既没有上移，也没有下移，难以预估多空力量对比情况。但在随后的上涨中，股价平量上穿密集峰，说明主力的参与能力在横向震荡之后有所加强。在实盘操作中，我们可以等个股短线回调、释放震荡区获利抛压之后，再买股入场，这样能更好地降低短线风险，也更可能在个股突破前的回调启动点入场。

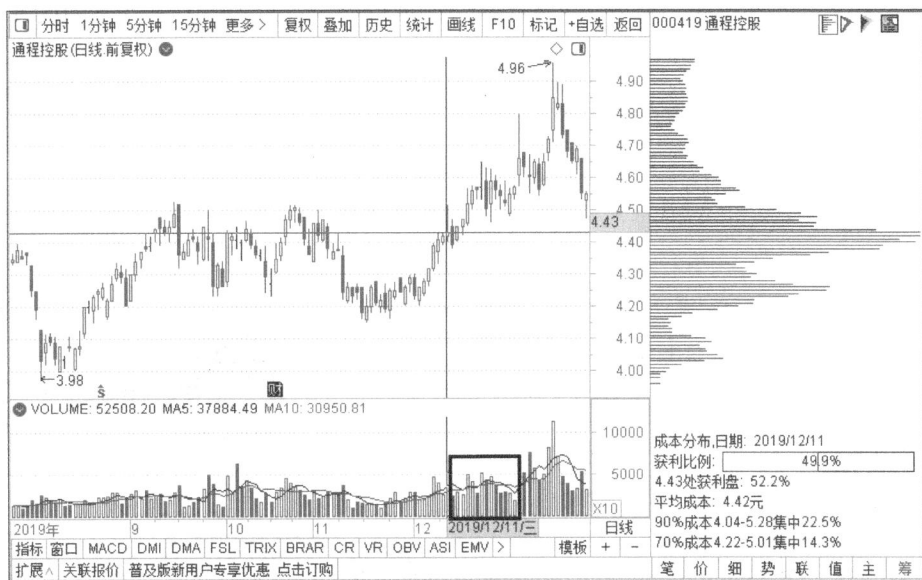

图 7-27　通程控股 2019 年 12 月 11 日的筹码分布图

7.4.4　缩量挖坑区筹码汇聚

挖坑走势是一种常见的整理走势。从中线来看，若个股此时回调，则会呈现出典型的挖坑整理形态，但是从短线的角度来看，也可能会出现破位下跌走势，因为如果个股随后不反弹，就无法构筑坑体区。在实盘操作中，当个股出现短线破位下跌走势并于短线低点企稳时，我们还必须结合它之前的走势特征来判断这是否是挖坑整理走势。

判断的重要标准就是：个股此前是否出现了独立的上涨走势，以及量能是否有明显的变化；在走势上是随波逐流，还是有自己的节奏。除了这些盘面信息外，还可以结合题材面、股本大小等因素来分析。下面我们结合一个实例来看看如何将独立走势、缩量、筹码分布相结合来预测个股随后的运行轨迹。

图 7-28 是丽珠集团 2019 年 12 月 17 日的筹码分布图。此日之前，个股的上涨走势较为独立，而且随着股价的上涨，量能有缩小的趋势。这种缩量式的上涨很难让个股站稳于高点，但它的力度较大、持续时间较长，是主力参与其中、个股行情独立的信号。

随后，个股出现了破位式下跌走势，并于 2019 年 12 月 17 日前于短期低点企稳，此时就是短线入场的好时机。

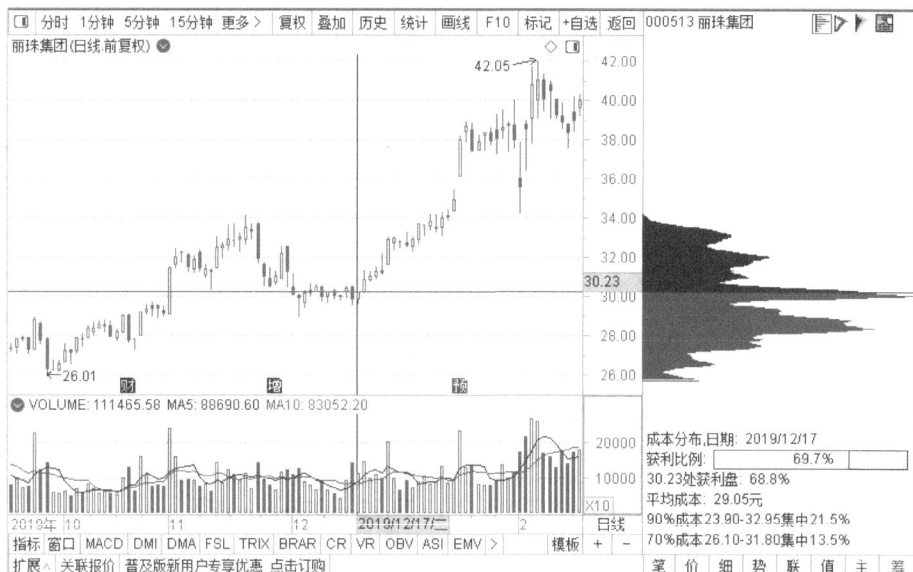

图 7-28　丽珠集团 2019 年 12 月 17 日的筹码分布图

7.4.5　平量突破低位峰

个股在低位区的震荡时间较短，且呈单峰密集形态；随后个股突破上行，若突破过程中量能没有明显变化（即平量），则说明主力在低位区吸筹较为充分，这也预示着个股后期的上升空间较大。

图 7-29 是航天发展 2019 年 12 月 3 日的筹码分布图。个股在低位区的震荡时间很短，随即开始向上突破，但在突破过程中出现的平量形态表明突破上行并未引发获利盘的大量离场，这是大量筹码掌握在主力手中的标志。由于个股前期累计跌幅较深、短期内上涨幅度较小，因而可以预计，个股一旦步入上升通道，将会在主力的积极参与下持续攀升。在实盘操作中，应及时地买股布局，紧跟主力。

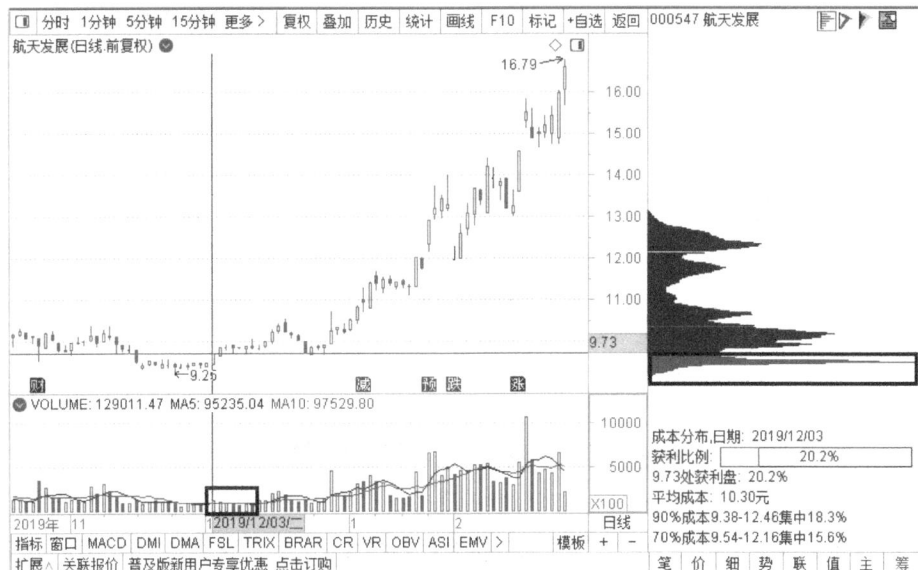

图 7-29　航天发展 2019 年 12 月 3 日的筹码分布图

7.4.6　低位峰突破点极度缩量整理

个股先在低位区形成密集峰，随后突破这个密集峰并于突破位置点开始横向运行，此时若量能极度萎缩，则表明市场抛压极轻，这也是主力手中筹码多、参与能力强的标志，这样的个股易成为黑马股。在实盘操作中，个股在突破位置点缩量整理时就是最好的中短线入场时机。

图 7-30 是神州信息 2019 年 12 月 5 日的筹码分布图。个股先在低位区横向震荡，并由此形成了筹码密集峰；随后在低位区的上沿位置点（即突破位置点）开始横向运行。值得注意的是，此时的量能极度萎缩，这正是主力参与能力强的标志，也是买股入场的信号。

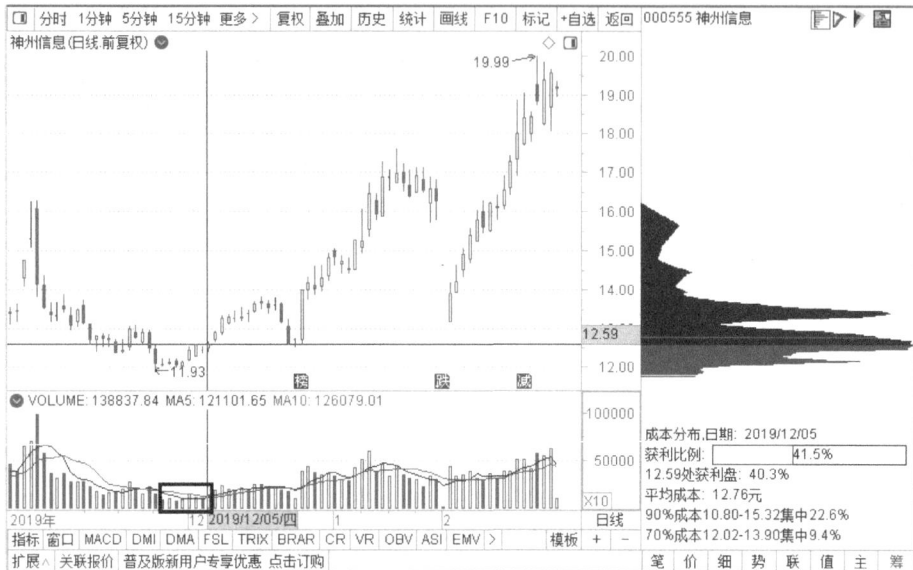

图 7-30　神州信息 2019 年 12 月 5 日的筹码分布图

7.5　"K 线"筹码形态实战

K 线直观、清晰地呈现着价格运行轨迹，同时它也是多空交锋情况的写照。不同的 K 线形态蕴含了不同的市场含义，将 K 线形态与筹码形态相结合，同样是我们展开筹码形态实战时可采用的一种手段。在本节中，我们就结合 K 线形态来看看如何展开筹码形态实战。由于 K 线形态多种多样，我们只选取一些典型的案例进行讲解。

7.5.1　筹码双峰二探底

筹码双峰二探底形态是指个股的筹码呈双峰密集形态，股价位于下峰的中间位置，一波下跌使得股价接近下峰的最低点，这个最低点也是个股震荡区间的箱底位置。

筹码双峰二探底形态的低点既是个股的中线低点，也是短线下跌后的低点，这是空方力量趋于枯竭的位置点。只要个股能在这个位置点暂时企稳，且大盘不出现系统性风险，则出现一波强势反弹的概率极大。

图 7-31 是 *ST 海马 2019 年 9 月 27 日的筹码分布图。此时的个股呈筹码双峰密集形态，随后出现了一波探底走势，结合之前的探底走势来看，这是股价的二次下探。当股价接近前期最低点时，个股出现了持续数日的企稳走势，这时就是中短线入场的最佳时机。

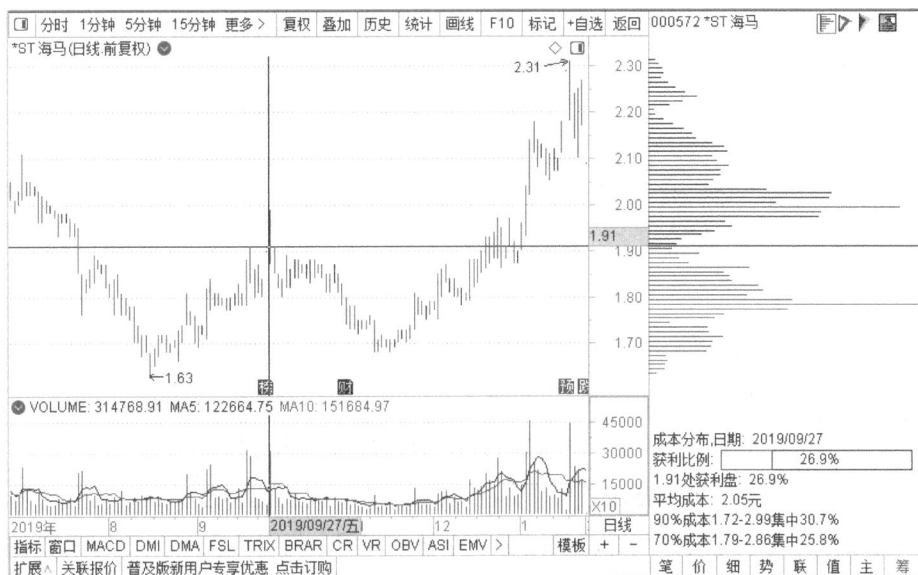

图 7-31 *ST 海马 2019 年 9 月 27 日的筹码分布图

7.5.2 规律性宽幅震荡与低点筹码汇聚

趋势的运行并不是非上即下的，很多时候是处于一个箱体区间内的，这就是宽幅震荡走势。一旦个股形成了这样的运行格局，就会引发投资者后续的习惯性操作，即在箱顶附近减持、抛售，在箱底附近加仓、买进。若个股没有强主力入驻、没有热点题材作为支撑，且大盘不出现过高的系统性风险，那么这种宽幅震荡走势很难被打破。我们可以结合个股的这种震荡特性来进行买卖操作，当然，如果再结合筹码形态的变化，就能够更好地进行低吸高抛操作。

在宽幅震荡走势中，若一波下跌使得股价接近箱底，且个股能够在随后数日内企稳，并在此位置点形成了一个筹码密集峰，则表明这一位置点的支撑力度仍然较强，个股有望走出强力反弹的行情，并重回震荡区间，这个位置点也是短线买入点。

图 7-32 是平潭发展 2019 年 9 月 30 日的筹码分布图。当日这个价位是个股几次都没有跌破的中期低点，也是宽幅震荡区间的箱底位置点，此时的筹码还

没有在低点汇聚，不好判断个股是否会再度破位下行，因而宜等待。

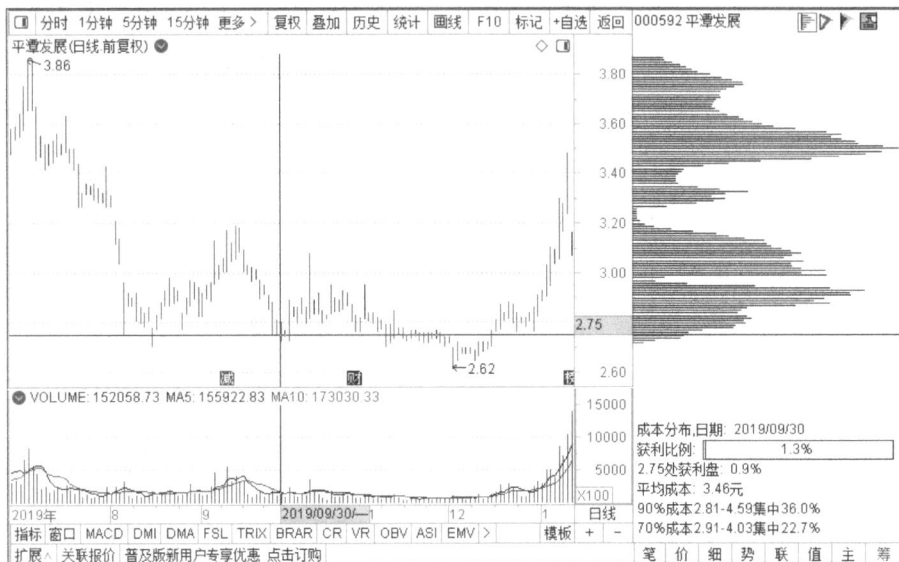

图 7-32　平潭发展 2019 年 9 月 30 日的筹码分布图

经过了一段时间的震荡之后，如图 7-33 所示，个股此时已形成了明显的筹码密集峰，这个筹码密集峰就相当于一个强支撑峰。而且个股又处于宽幅震荡区间的箱底位置，双重买入信号齐齐发出，所以此时是短线入场时机。

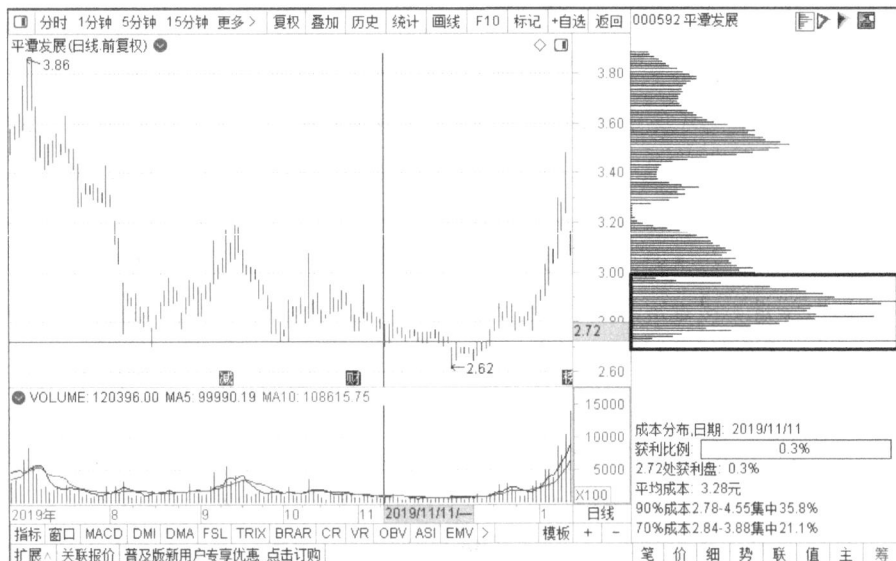

图 7-33　平潭发展 2019 年 11 月 11 日的筹码分布图

图 7-34 是平潭发展 2019 年 12 月 3 日的筹码分布图。由图可知，个股又一次回到了箱底位置点，又一次在箱底位置点出现了筹码密集峰，这同样是短线买入信号。对于这种相对有规律的宽幅震荡走势，我们只能克服恐慌、贪婪的心理，采取箱底入场、箱顶出场的买卖方式，才可能较为轻松地获取相对较高的利润。

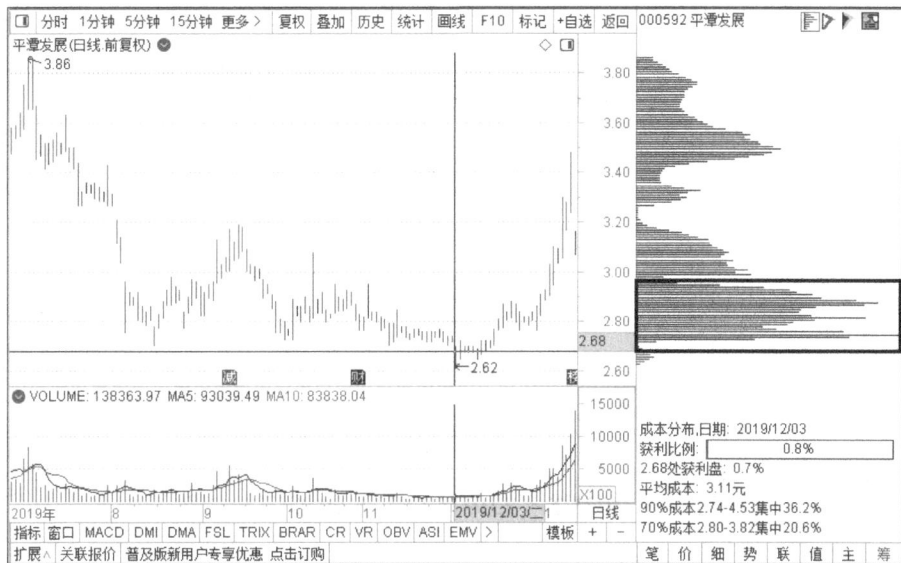

图 7-34　平潭发展 2019 年 12 月 3 日的筹码分布图

7.5.3　次新股回补密集区突破缺口

次新股是一种特殊的股票。自新股改革以来，新股上市后总是会先出现若干个无量涨停板，随后才会开板并恢复正常交易状态。在进入这个时间段后，有的新股有下跌的倾向，有的新股则能继续上涨，此时的 K 线形态、筹码形态便是我们预测新股后期走势的依据。

新股开板之后会因横向整理走势而呈现筹码单峰密集形态，若随后能够以跳空的方式突破这个筹码密集区，则多表明在此横向整理区间内有主力买入。但由于横向整理的时间并不长，因而主力的能力一般较差，个股难以直接上涨，需要等到获利抛压得到一定的释放之后，在个股回补缺口之时，才是最好的中短线买入时机。

图 7-35 是科瑞技术 2019 年 8 月 16 日的筹码分布图。此时的个股因横向整

理走势而呈筹码单峰密集形态；次日个股跳空高开，一举突破了这个筹码密集区，这意味着有主力参与该股，此时我们可以轻仓参与。随后，因受抛盘的影响，个股回踩筹码峰时才是更为稳妥的中短线买入时机。

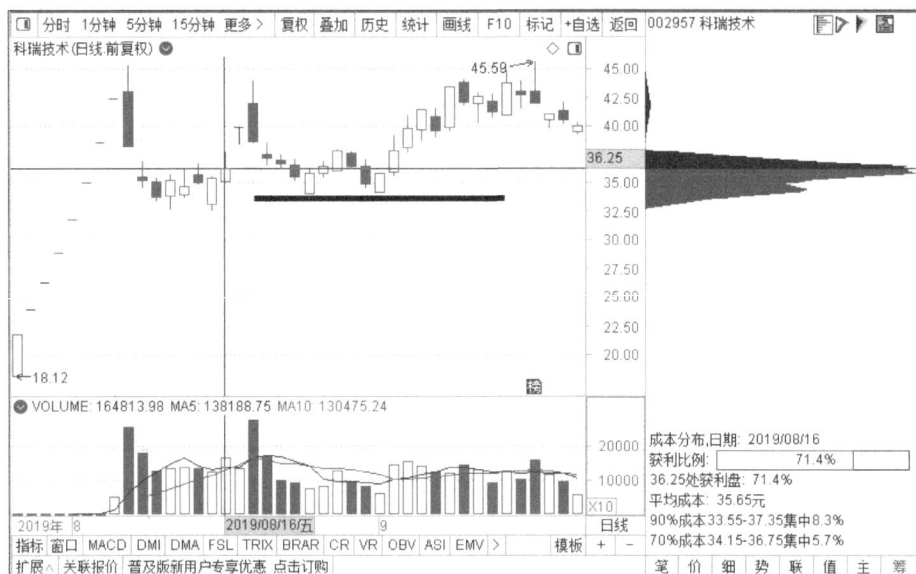

图 7-35　科瑞技术 2019 年 8 月 16 日的筹码分布图

7.5.4　W 底颈线筹码密集峰

W 底是一种经典的反转形态，但也有一些个股在出现 W 底形态后并没有真正反转，仅仅出现了一波反弹行情，随后再入跌势。如果个股在 W 底构筑之后，能在颈线附近形成汇聚度很高的筹码密集峰，则说明 W 底的颈线有着极强的支撑力，此时的 W 底是真正意义上的反转形态，预示着升势将出现。

图 7-36 是白云机场 2019 年 1 月 21 日的筹码分布图。在低位区，该股先出现了 W 底形态，随后于颈线附近企稳，此时大部分筹码都汇聚在颈线附近，并呈现出类似于单峰密集的形态。在实盘操作中，此时我们可以买股入场，但如果同期大盘走势相对较差，则还可以等到个股回调确认颈线时，再进行中短线买入操作。

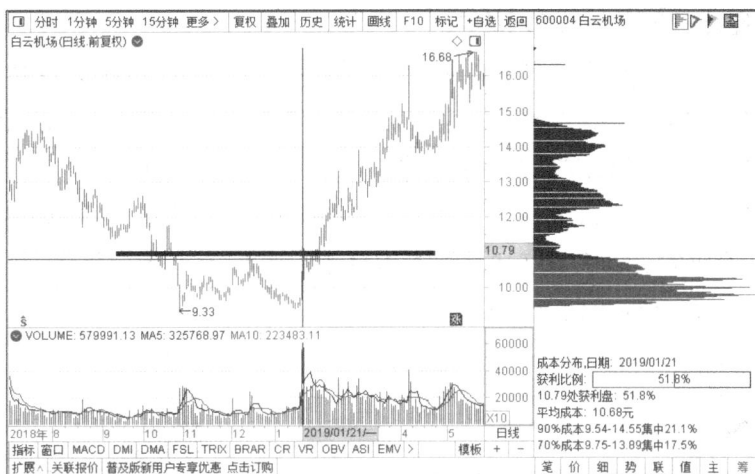

图 7-36　白云机场 2019 年 1 月 21 日的筹码分布图

7.5.5　宽幅震荡箱顶筹码密集

在宽幅震荡走势中，如果个股在箱顶位置徘徊不前，且呈筹码密集形态，则多预示着市场抛压重，个股难以突破上行，随后将再度跌回箱体区间内。一般来说，箱顶位置点的筹码汇聚度越高，则个股随后的中短线回落速度越快、跌幅越深。在实盘操作中，当遇到这种形态时，应及时卖股，以规避风险。

图 7-37 是上海电力 2019 年 8 月 16 日的筹码分布图。个股走势呈宽幅震荡状，股价靠近箱体顶部。随后，箱体顶部的筹码汇聚度越来越高，且股价开始滞涨。这种形态更多地预示着市场抛压沉重，是卖出信号。

图 7-37　上海电力 2019 年 8 月 16 日的筹码分布图

7.5.6　收敛三角形与筹码密集峰

收敛三角形的出现是空方力量开始逐步占据主动地位的标志，也是个股运行方向待定的信号。如果此时的筹码呈双峰密集形态，一般来说，这预示着个股将出现一波回调填谷的走势，股价将有可能跌破收敛三角形区域。

图 7-38 是山东钢铁 2019 年 4 月 25 日的筹码分布图。个股因横向整理走势而形成了一个收敛三角形，此时的筹码呈双峰密集形态，这预示着个股将出现破位下跌走势，投资者应及时卖股离场。

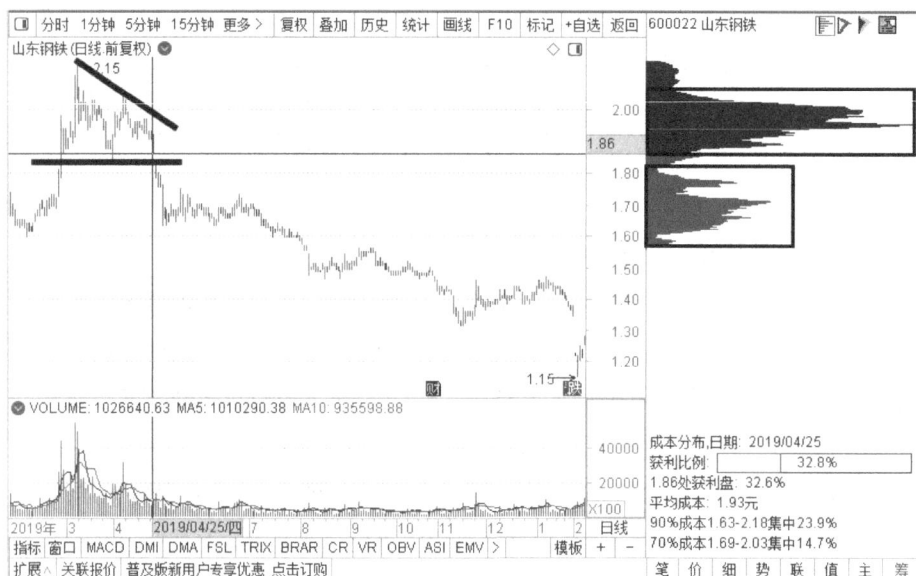

图 7-38　山东钢铁 2019 年 4 月 25 日的筹码分布图

第8章

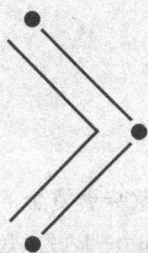

黑马股抄底逃顶
筹码实战

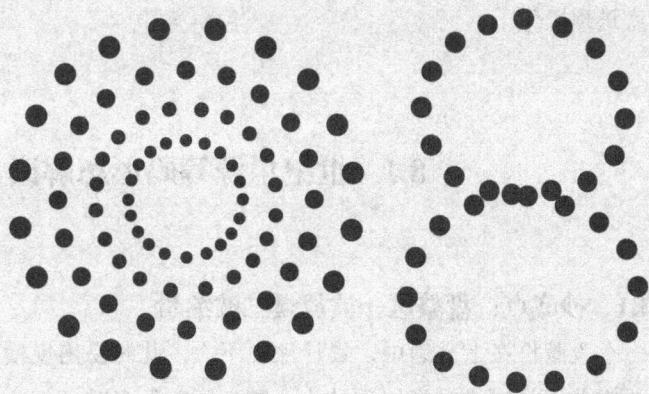

在股票市场中，黑马股永远是热门话题，成功捕捉到黑马股意味着资金的快速裂变，而这也是股市的魅力所在。捕捉黑马股的方法很多，相对来说，从盘而信息着手是更为可行的方法，这是因为近年来大部分股票中短线飙升并不是业绩出众引起的，而是题材较好、主力参与度较高引起的。借助于筹码形态，我们可以更好地分析主力行为、把握主力动向。在本章中，我们以筹码形态为核心，看看如何利用这一看似较偏，却十分有效的技术手段来针对黑马股进行抄底逃顶操作。

8.1　世纪星源筹码形态解读

8.1.1　抄底点：盘整区一波放量二波缩量

个股股价在上升途中，累计涨幅不大，此时易出现横向震荡走势。个股第一次震荡上扬时成交量温和放大，随后回落至盘整区间内；第二次震荡上扬时成交量相对缩小（相对于第一次震荡上扬而言），此时的筹码呈单峰密集形态。这种形态多预示着有强主力参与个股，当个股在第二次上扬后企稳时，可以在股价波动时逢低入场。

图 8-1 是拓日新能 2018 年 11 月至 2019 年 2 月的走势图。个股在横向震荡的过程中出现了这种一波放量二波缩量的形态，而且此时个股累计涨幅不

大，脱离底部时的一波上扬走势又具有明显的独立特征，种种迹象表明该股有主力入驻。而且在横向震荡的过程中，主力的能力得到了进一步增强，个股后期的上涨空间、上涨潜力是很大的，投资者可以在第二次缩量上扬后，逢个股盘中波动低点买入。

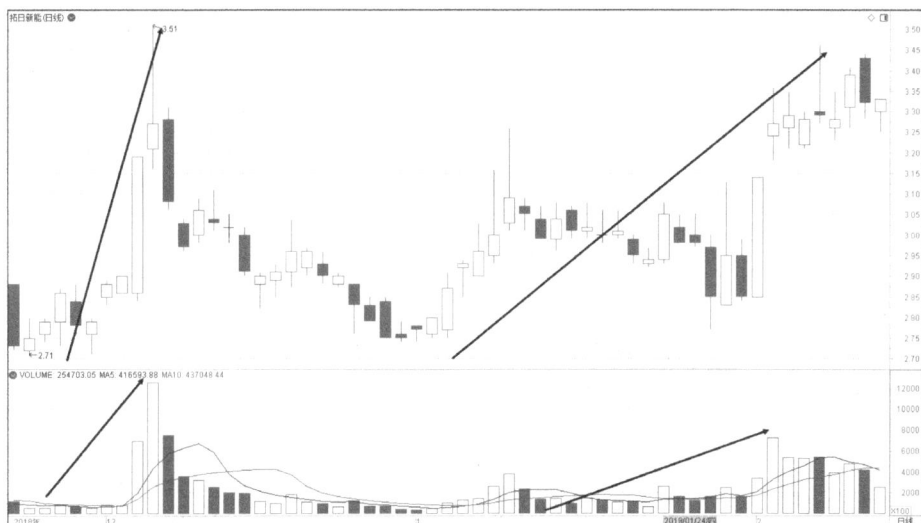

图 8-1　拓日新能 2018 年 11 月至 2019 年 2 月的走势图

8.1.2　逃顶点：趋势线转角与筹码汇聚

上升趋势的运行过程往往也是多方力量加速释放的过程，这体现在价格走势上就是，起初是稳步上升走势，随后是加速上涨走势，接着就是井喷走势。因此，单一的上升趋势线往往很难客观、全面地反映出整个上升趋势的运行过程，此时我们就应注意上升趋势线的角度变化，只有这样才可以及时地通过上升趋势线来把握价格的运行规律。

对于中长线牛股来说，上升趋势的运行过程就是一个由缓到急、累计涨幅巨大的运行过程，若上升趋势的持续时间较长，则趋势线也会经过多次转角。一般来说，上升趋势线经过两次转角（即画出第三根趋势线时）后将变得十分陡峭，此时涨速加快，多方力量处于最后释放阶段，但这也预示着升势将见顶，一旦个股连续数日滞涨，就应及时卖股离场，以规避风险。而股价滞涨、主力在顶部出货的信号之一就是大量筹码在此位置区间汇聚，从而形成了密集峰。

图 8-2 是拓日新能 2019 年 3 月 19 日的筹码分布图。如图中标注所示，在上升趋势线经过了两次转角之后，个股累计涨幅巨大，此时的滞涨走势使得筹码呈高位密集峰形态，超过 50% 的流通筹码汇聚于此滞涨区间，这正是主力在高位出货离场、个股难以再度上扬的标志，投资者也应跟随主力的操作，及时卖出，以规避风险。

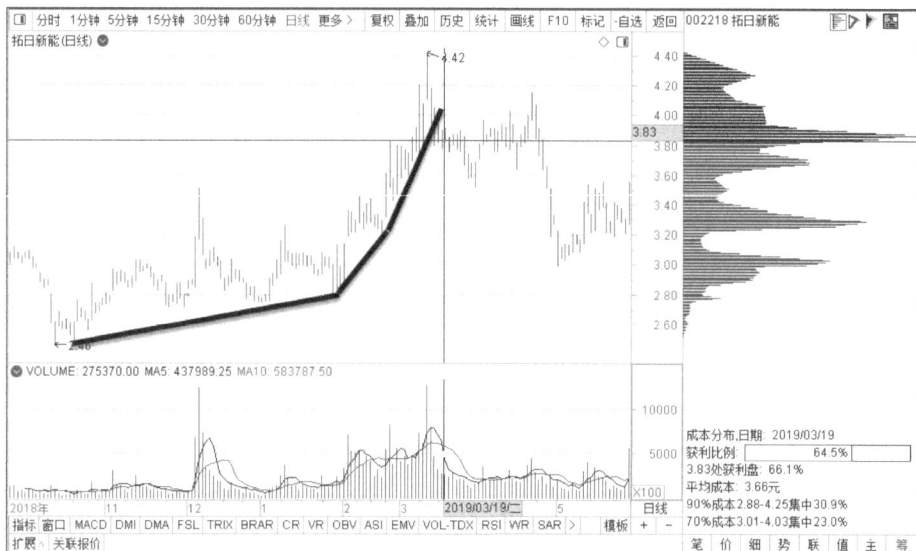

图 8-2　拓日新能 2019 年 3 月 19 日的筹码分布图

上升趋势线经过两次转角、形成高位筹码密集峰是中长线牛市高位见顶的常见形态，一旦出现这种形态，就应及时离场。为了更好地理解这一点，下面我们再举一例加以说明。

图 8-3 是中原高速 2019 年 4 月 2 日的筹码分布图。个股同样是特立独行的中长线大牛股，对于这种个股，一旦布局成功，就应耐心持有，以获取较高的利润。但是，当主力出货时，投资者也不可过度贪婪，应见好就收，卖出离场。对于该股来说，在上升趋势线经过了两次转角之后，由于滞涨走势的出现，筹码呈密集峰形态，这时就是中长线卖出离场时机。

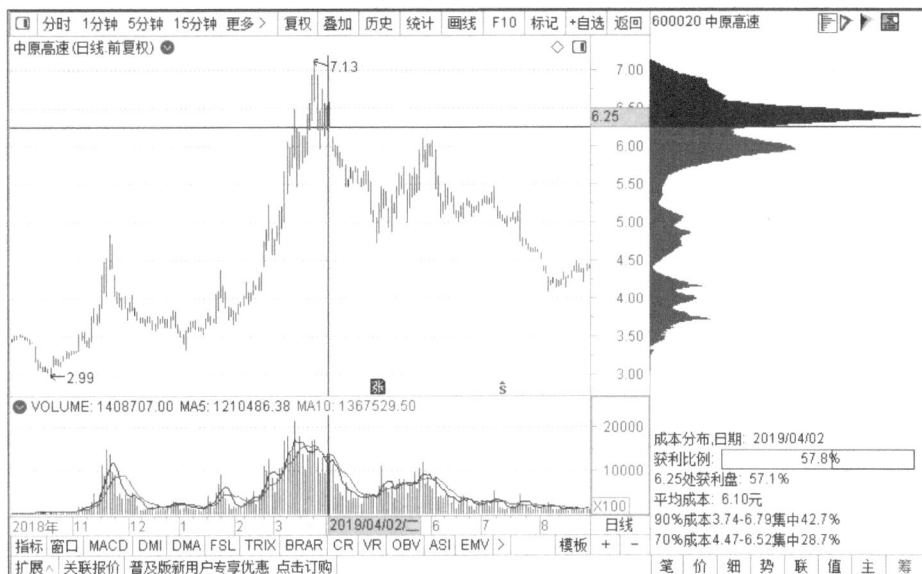

图 8-3　中原高速 2019 年 4 月 2 日的筹码分布图

8.2　华能水电筹码形态解读

8.2.1　抄底点：突破后平量快速汇聚筹码

　　个股以不放量的方式突破低位震荡整理区，这是市场浮筹少、主力能力强的标志。此时，在突破位置点，小阳线、小阴线交替出现，如果筹码快速汇聚在这个位置点，并形成筹码密集峰，则一方面说明个股将不会大幅回落，另一方面表明主力在此位置点仍在进行加仓操作。此时，主力的能力得到进一步加强，因而在实盘操作中，这个突破位置点就是中短线入场点。

　　图 8-4 是华能水电 2018 年 12 月 26 日的筹码分布图。个股在突破低位区时量能未明显放大。随后在整理过程中，量能也未明显缩小，且筹码汇聚于此突破位置点，这是主力资金不断加仓、提升能力的标志，也预示着个股有望成为黑马股。在实盘操作中，应跟随主力，买股布局。

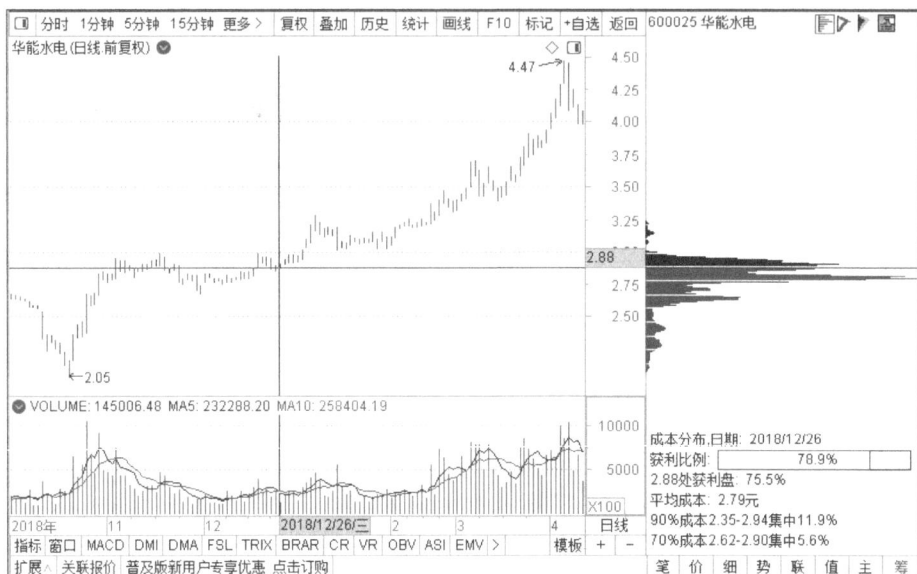

图 8-4　华能水电 2018 年 12 月 26 日的筹码分布图

8.2.2　逃顶点：宽体长阳线后的速成密集峰

在个股大涨之后，多空分歧会因主力出货或获利抛压过于沉重而加剧，衡量标准之一就是盘中振幅。如果个股在某个交易日出现盘中下探、尾盘收高的宽体长阳线，则往往预示着主力即将出货。我们应密切关注筹码的转移情况，一旦筹码开始呈密集形态，就应及时离场，因为这意味着主力派筹较多、能力大不如前，个股易跌难涨。

图 8-5 是华能水电 2019 年 9 月 9 日的筹码分布图。在经历了中长线持续上涨之后，个股已进入高位区，主力获利丰厚。如图中标注所示，2019年 8 月 19 日，当日盘中振幅相对于其他交易日而言较大，虽然收子阳线，但这根典型的宽体长阳线却表明多方力量大不如前，盘中抛压十分沉重，出现这种情况的根本原因就是主力正在出货。随后，个股横向震荡，低位区筹码快速转移至这一区间并呈密集形态，这正是主力在高位区派筹时的典型的筹码分布形态。综合来看，个股的上涨走势已进入顶部，持股者也应顺势离场。

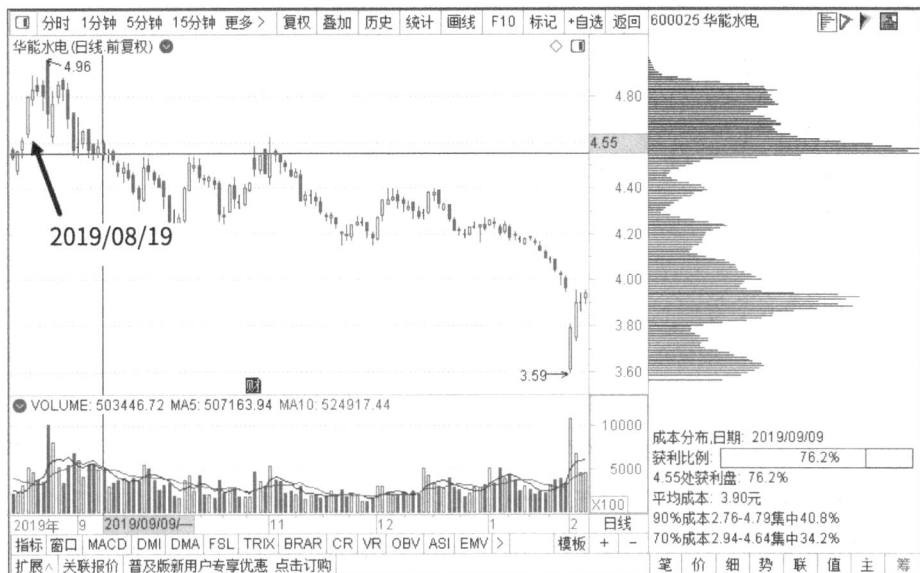

图 8-5 华能水电 2019 年 9 月 9 日的筹码分布图

8.3 欣龙控股筹码形态解读

8.3.1 抄底点：N 字涨停与筹码快速转移

N 字涨停是一种较为独特的走势，即个股以一两个涨停板来实现上涨，随后大幅回落，这是一次 N 字涨停走势；个股再度出现一两个涨停板以实现上涨，然后又是一波快速回落，这又是一次 N 字涨停走势。一般来说，至少要出现两次 N 字涨停走势才具有实战意义。

当 N 字涨停走势出现时，股价重心会随着涨停起落而不断上移，此时我们需要关注筹码的转移方式。若筹码能够随着 N 字涨停走势快速转移，这往往是主力借助于涨停、回落所引发的严重的多空分歧而积极建仓的信号，是个股随后有望脱离 N 字涨停走势、向上突破的重要标志。下面我们结合案例来进行说明。

图 8-6、图 8-7、图 8-8 是欣龙控股的筹码分布图。如图中标注所示，该股

在股价不断上移的震荡过程中，出现了 3 次 N 字涨停走势。虽然每一次涨停之后都出现了短线的深幅调整走势，但股价重心仍在不断上移，这也说明买盘占据着主导地位。

通过图 8-6、图 8-7、图 8-8 这 3 张图，可以看到，每一次的 N 字涨停走势都使得筹码快速汇聚并形成密集峰形态，而且前两次都是单峰密集形态，这蕴含了以下两种市场含义。

（1）个股的筹码较为分散，一旦股价短线波动加剧，就会使得筹码换手频率加快。

（2）市场平均持仓成本随着股价的震荡上扬在不断上升。

主力的持仓成本随着股价的震荡上扬也在不断上升，其能力随着吸筹数量的增加而加强，因而可以预计，个股随后有望成为黑马股，并向上突破这个 N 字涨停走势格局。在实盘操作中，第二个 N 字涨停回落点、第三个 N 字涨停回落点，都是理想的中短线买入点。

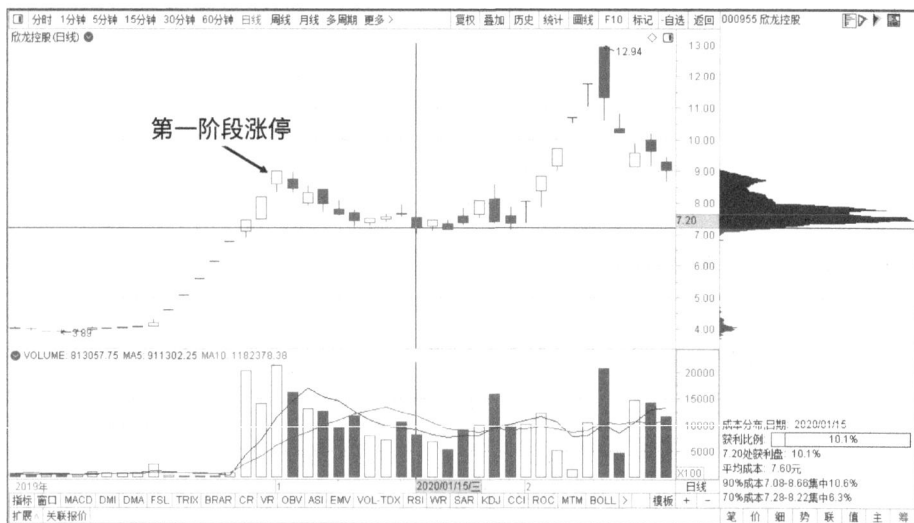

图 8-6　欣龙控股 2020 年 1 月 15 日的筹码分布图

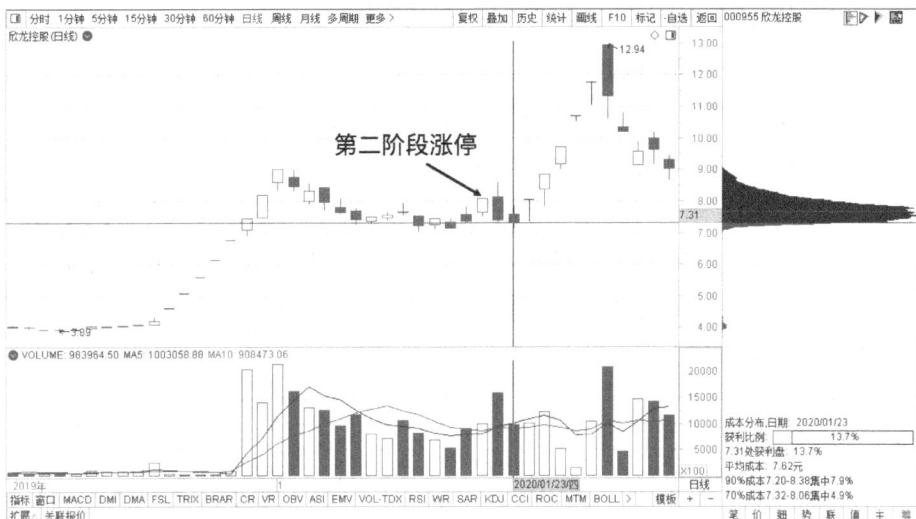

图 8-7 欣龙控股 2020 年 1 月 23 日的筹码分布图

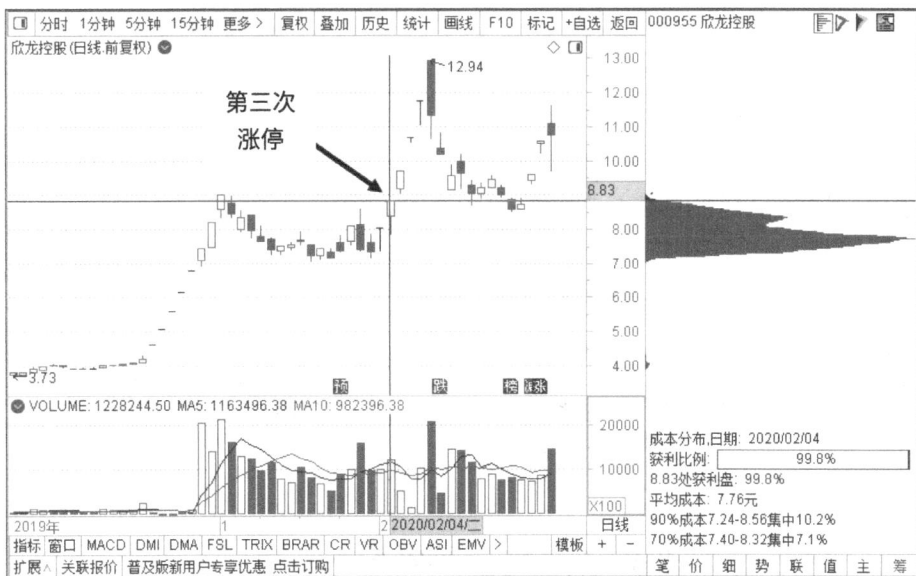

图 8-8 欣龙控股 2020 年 2 月 4 日的筹码分布图

8.3.2 逃顶点：长阴线下穿筹码密集峰

个股因高位区的震荡走势而形成筹码密集峰。若出现长阴线下穿筹码密集峰，则说明主力派筹较多，空方占据了主动地位，个股步入跌势的概率较大；

若个股之前的累计涨幅较大、短期涨速较快，则很有可能步入快速下行通道。

图 8-9 是欣龙控股 2020 年 2 月 10 日的筹码分布图。该股在脱离 N 字涨停走势格局后，出现了快速上攻走势，短线涨幅极大；随后出现了持续数日的横向震荡走势，虽然个股在这些交易日中都收于阳线，但筹码却开始呈双峰密集形态，说明至少一半的筹码已转移至这一高位区，此时应警惕主力出货行为。2020 年 2 月 10 日的长阴线下穿筹码密集区就是一个明确的信号，这说明高位区的筹码是从主力手中向散户手中转移的，而个股也将在短线盘离场、大盘震荡、主力派筹的三重抛压之下出现大幅度的中短线下跌走势。

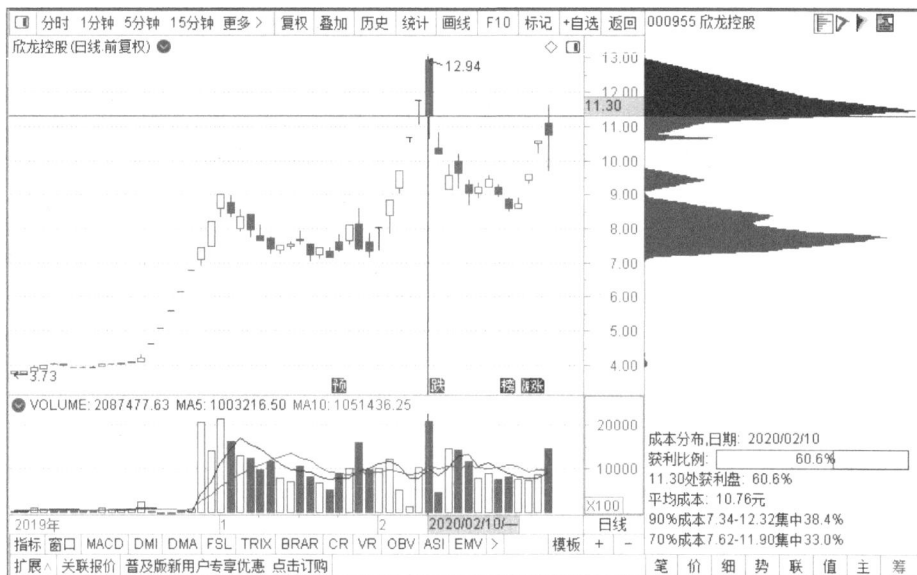

图 8-9　欣龙控股 2020 年 2 月 10 日的筹码分布图

8.4　东方能源筹码形态解读

8.4.1　抄底点：倾斜震荡底部筹码不消失

个股在上升途中累计涨幅不大的位置点开始震荡。此时的震荡走势格局为倾斜向上，即一底高于一底、一顶高于一顶，这是多方力量占据优势的运行格局。虽然个股震荡的时间较长，但底部区的筹码仍有不少，并没有完全转移至这个震荡区。

这种形态是主力手中筹码较多的标志，由于主力没有在个股震荡的过程中减仓，且个股累计涨幅不大，因而个股后期仍有较为充足的上涨空间，同时，这也是个股有望成为黑马股的重要信号之一。

图 8-10 是东方能源 2019 年 3 月 7 日的筹码分布图。在个股震荡上扬时，震荡区间的底部倾斜向上，表明有主力入驻其中。当个股运行至 2019 年 3 月 7 日时，虽然已震荡了很久，震荡幅度也并不是很小，且股价波动幅度较大使筹码换手速度加快，但此时仍有不少的筹码留在底部，这从侧面反映了主力持筹数量多、能力强，且在震荡过程中没有出货。对于这类有强主力参与的个股，一旦大盘走势企稳，其极有可能再度上涨。我们要做的就是在个股震荡回落时积极买入布局，并耐心持有，直至出现明确的中长线卖出信号。

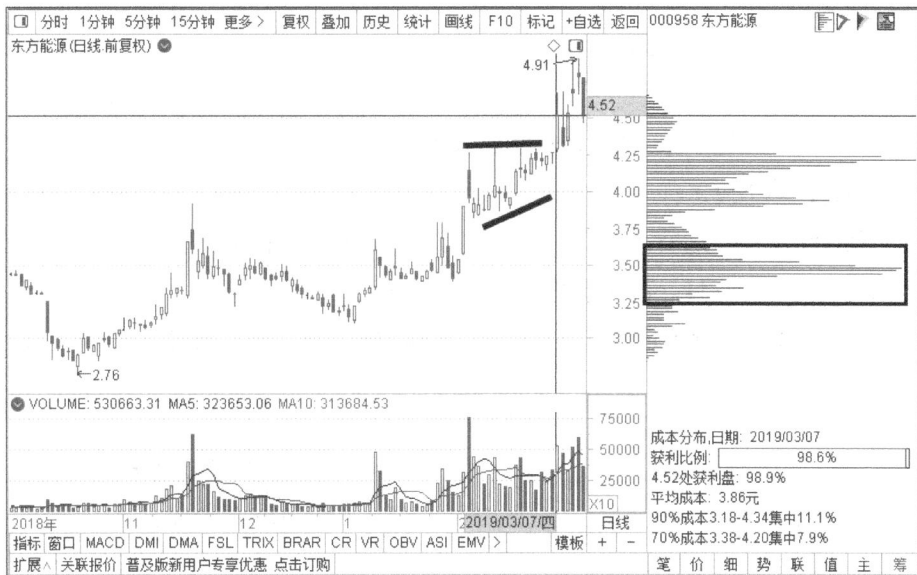

图 8-10　东方能源 2019 年 3 月 7 日的筹码分布图

8.4.2　逃顶点：低位强支撑区筹码消失

一些中长线牛股往往在低位区留有一个强支撑区，这个区域接近主力的持仓成本区域，也是对个股上涨形成强支撑的区域。一旦这个区域的筹码消失，而个股累计涨幅又较大，则多意味着主力已在高位区进行了派筹操作。

图 8-11 是东方能源 2019 年 4 月 17 日的筹码分布图。从图中可以看到，低

位强支撑区的筹码一直较多，而这也是个股持续上涨的动力所在。

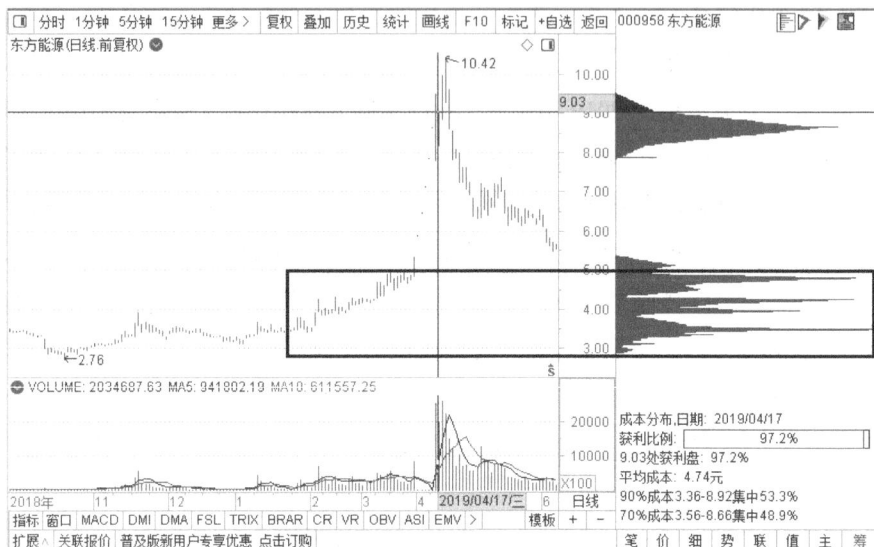

图 8-11 东方能源 2019 年 4 月 17 日的筹码分布图

但是，当个股运行到 2019 年 4 月 24 日时，如图 8-12 所示，筹码形态已出现了较大的变化。这时，高位区震荡加剧，大量筹码转移至此区间，从而形成了高位区筹码密集峰，而强支撑区的筹码所剩无几。这说明主力手中的筹码已大量减少，市场浮筹大量增加，这正是中长线牛股步入顶部、转势下跌的信号。

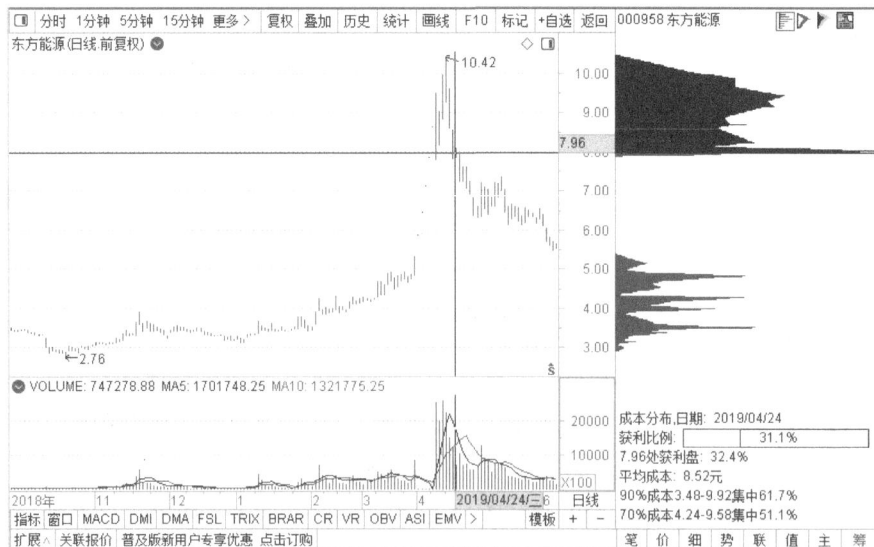

图 8-12 东方能源 2019 年 4 月 24 日的筹码分布图

8.5 中国中期筹码形态解读

8.5.1 抄底点：涨停突破点震荡缓升筹码汇聚

个股以涨停板的方式突破底部区，但随后涨势减弱，以小阳线、小阴线的方式缓步上移；筹码也在这个高位区内实现了快速换手，并形成了密集峰。

图 8-13 是中国中期 2019 年 2 月 27 日的筹码分布图。2019 年 2 月 22 日，个股以一个涨停板突破了低位整理区，此时高科技题材较热，而该股的累计跌幅又较大，因而从题材面与上涨空间来看，该股具有一定的潜力。但个股低位的成交量低迷，主力难以快速吸筹，借助于这个涨停板，筹码换手速度开始加快，主力有了快速吸筹的条件，此时在涨停板上方形成的筹码密集峰就是主力作为买方、散户作为卖方的体现，这也预示着个股随后的上涨潜力较大。在实盘操作中，我们可以在个股震荡时逢低买入。

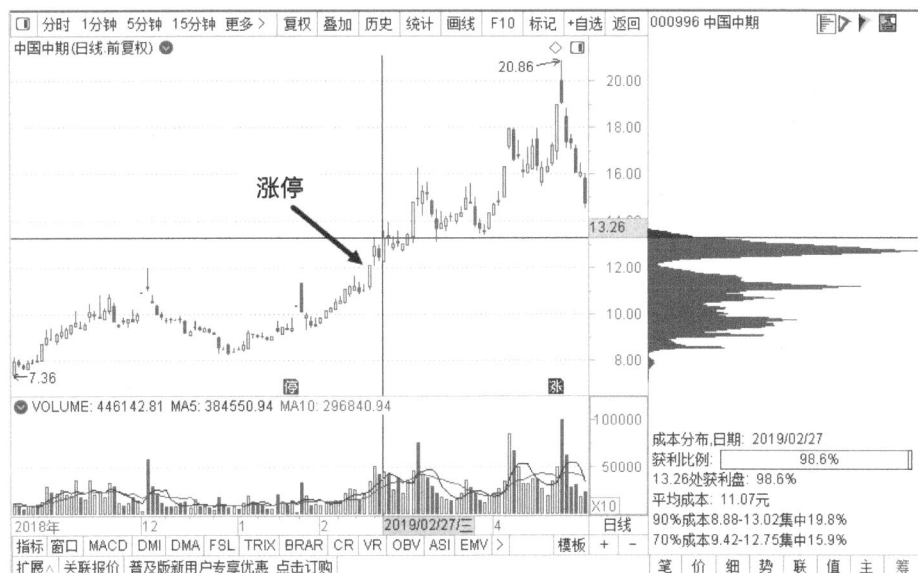

图 8-13 中国中期 2019 年 2 月 27 日的筹码分布图

8.5.2 逃顶点：新高长阴线的筹码密集区

若个股在高点位出现长阴线，从而使得大量筹码在出现长阴线的当日发生转移，则这根长阴线多是主力派筹行为的结果，预示着个股中短线将见顶，投资者应卖出离场。

图8-14是中国中期2019年4月19日的筹码分布图，此时仍全盘获利；图8-15为该股2019年4月22日的筹码分布图。对比两图可见，仅仅经过一个交易日，大量筹码就转移到了这根长阴线所在的位置区，而且此时的个股处于中长期高点，短线涨幅又较大，所以这根新高长阴线所在的筹码密集区就是主力派筹行为的体现。在实盘操作中，应及时卖股离场，以规避风险。

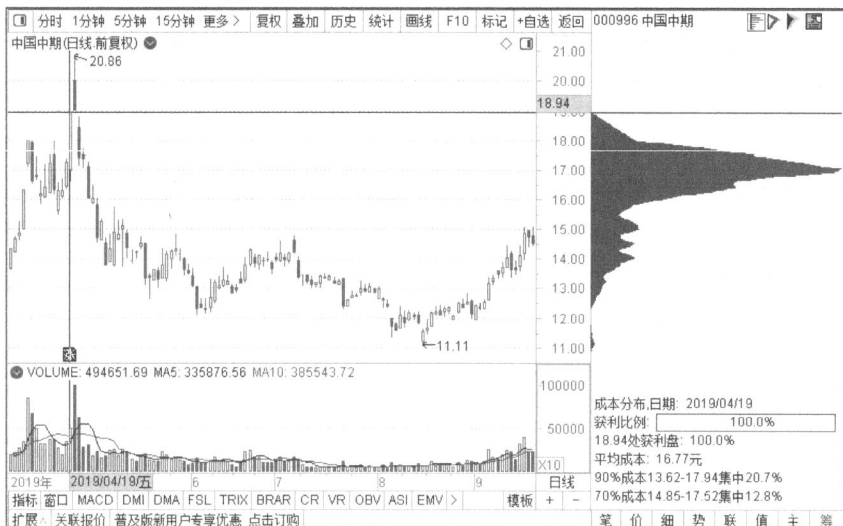

图8-14　中国中期2019年4月19日的筹码分布图

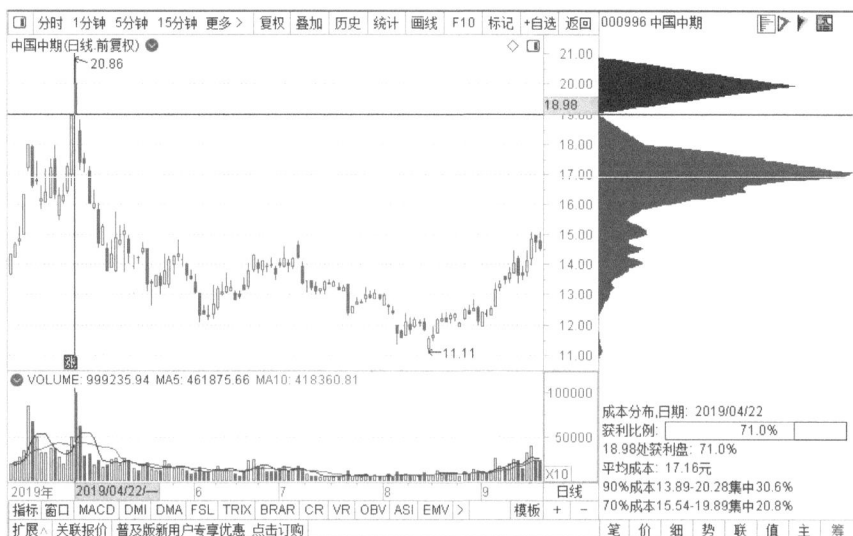

图8-15　中国中期2019年4月22日的筹码分布图

8.6 东信和平筹码形态解读

8.6.1 抄底点：高密度套牢区的大阳线反穿

在低位区的震荡走势中，个股形成了一个高密度的筹码密集区；随后个股破位下行，跌穿震荡区。当股价走势再度折转向上时，一根大阳线反穿了这个高密度的筹码密集区，这是有主力参与该股的信号。之前出现的破位下行走势多是因为个别投资者在大盘震荡之际离场。

主力的买卖方式多种多样，有的主力喜欢在个股上涨途中建仓，也有的主力喜欢在低位区吸筹，因而投资者只有深入理解个股走势，才能更好地做出买卖决策，而不是在起涨点处卖出。

图 8-16 是东信和平 2019 年 8 月 9 日的筹码分布图。此时的筹码因震荡走势而形成了一个高密度的密集峰，这个密集峰位于震荡区的上沿位置点附近。如图所示，个股在 2019 年 8 月 9 日之前出现了一波突破上攻走势，但并没有成功，随后个股破位下行。在个股快速下跌的过程中，量能并未明显放大，说明主力仍在其中。

随后，个股止跌上行。2019 年 8 月 27 日，一根涨停大阳线快速穿越前期的筹码密集峰，在大阳线出现之后的几个交易日内，股价虽有回落，但都未脱离涨停大阳线的范围，说明市场抛压尚在主力承接范围之内，主力的短线拉升意愿也较强，这是个股随后将突破上行的信号。在短线操作中，可以追涨，但应控制好仓位；在中线操作中，我们可以再观察一段时间，等个股短线回落确认支撑点时，再继续加仓将更为稳妥。

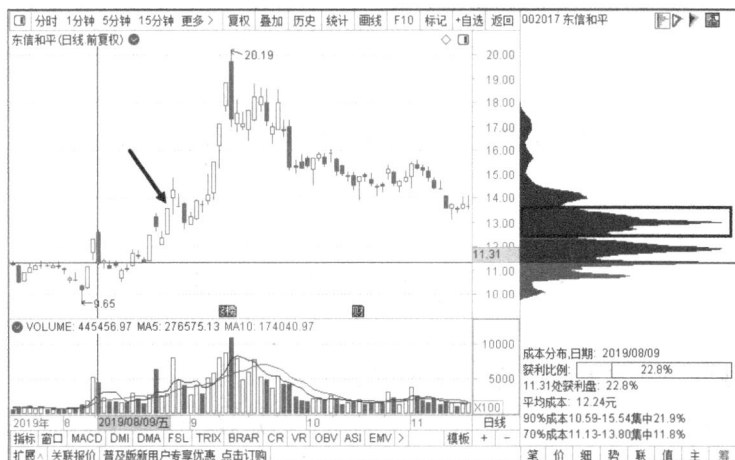

图 8-16 东信和平 2019 年 8 月 9 日的筹码分布图

8.6.2　逃顶点：高位旗形整理筹码密集区

在走势图中有时会出现一种类似"旗形"的整理形态，当其出现在中短线大涨后的高点时，往往是反转的信号。当个股出现这种形态，且这一位置区呈筹码密集状时，预示着主力资金的离场，持股者应果断卖出。

图 8-17 是东信和平 2019 年 9 月 20 日的筹码分布图。如图所示，个股在脱离了低位震荡区之后，步入了上升通道，累计涨幅巨大，随后在高位出现了震荡滞涨走势，这期间的震荡形态呈旗形，这是空方力量开始占优的信号。虽然旗形震荡形态的持续时间不长，但在这个高位区却已经呈现出了筹码单峰密集形态，筹码向高位区转移的速度极快，这正是主力出货的显著信号，持股者应及时卖股离场。

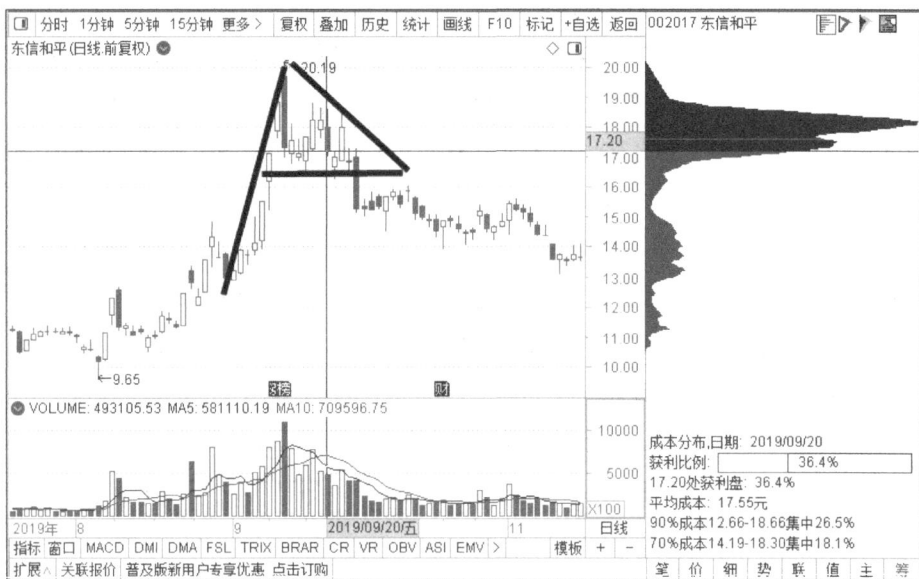

图 8-17　东信和平 2019 年 9 月 20 日的筹码分布图

8.7　南京港筹码形态解读

8.7.1　抄底点："妖股"第一次破位后买入

"妖股"是指那些独立于股市，且在上涨时连续出现涨停板的个股，它们往往有着很好的题材效应，吸引场外资金轮番参与。当"妖股"刚刚启动时，投资者很难判断是否应买入；而当短线涨幅过大，追涨又存在较高风险时，在"妖股"充分回调后逢低买入是较为可行的办法。这是因为若"妖股"第一波上涨幅度较小，主力的获利出货空间并不充裕，所以它往往会再度出现上涨走势，而这时也是我们获取短线利润的最好时机。

图 8-18 是南京港 2019 年 3 月 11 日的筹码分布图。个股先是以 3 个涨停板上攻，这是其显露"妖股"特质的标准信号。一般来说，如果个股短线涨停板少于 3 个，则不能称其为"妖股"。若"妖股"直线上冲、一波到顶，我们很难有好的短线买入时机，但也有一些"妖股"在第一次上冲后会进入相对漫长的整理期，该股就属于这种类型。

如图中标注所示，连续涨停之后的整理走势使得筹码汇聚于这一区间，但仍有大量筹码位于低位区，这说明市场浮筹相对有限，主力控筹力度较大，也预示着个股此前的 3 个涨停板并不是该股可一波到顶的信号。在 2019 年 3 月 11 日之前，股价跌破了盘整区，大量的筹码被套，回调幅度巨大，此时是最好的买入时机。

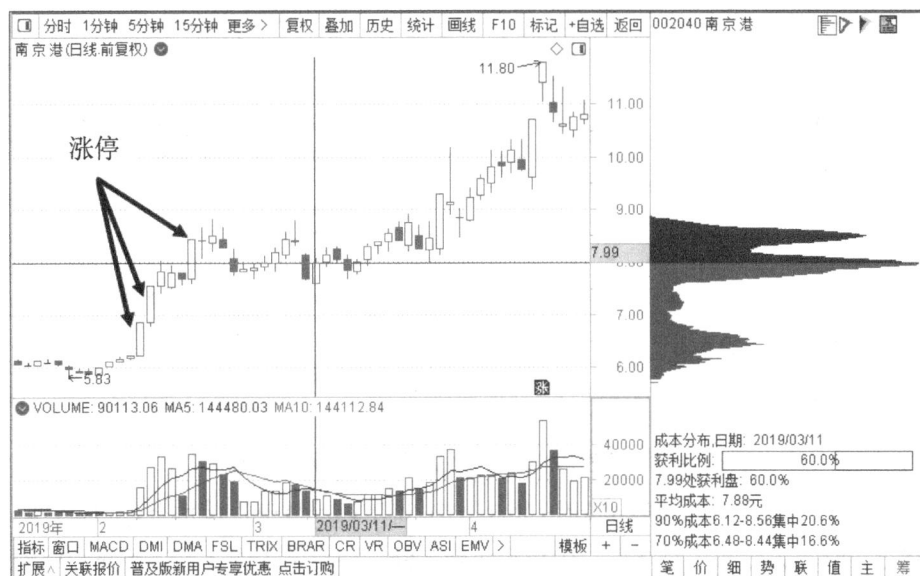

图 8-18　南京港 2019 年 3 月 11 日的筹码分布图

换个角度来看，即使我们在此位置点买入，个股也未能如预期一般开启二波攻势，但这个相对低点仍会因市场的惜售氛围而有着较强的支撑力，可以说这是一个预期收益高、短线风险低的理想买入点。

8.7.2 逃顶点：盘中巨震后筹码快速转移

对于南京港这一个股来说，其在不断上涨之后的高点，于2019年4月10日出现了一根当日上涨、盘中巨震的长阳线（见图8-19）。在随后的数个交易日内，个股横向整理，筹码快速向这个高点位置区转移，并形成了鲜明的筹码密集峰。这种组合形态与8.2.2节所讲的"宽体长阳线后的速成密集峰"形态较为相似；不同的是，本节中的这种形态出现在"妖股"二度上涨走势中，但因为同样是一波创出新高的走势，所以它也蕴含了同样的市场含义，即空方力量显著增强，主力正加速离场。

图8-19是南京港2019年4月12日的筹码分布图。该股的二度上涨走势较为强劲且累计涨幅巨大，主力获利丰厚，也有了更为充足的出货空间，此时应留意股价走势的变化。

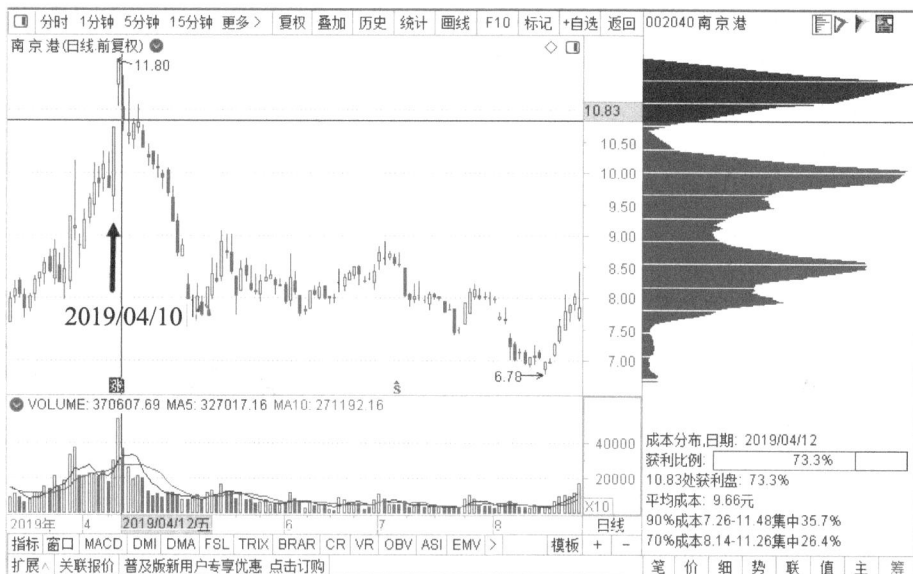

图8-19 南京港2019年4月12日的筹码分布图

如图8-20所示，该股于2019年4月10日出现了盘中巨震形态，当日振幅接近14%。该股于午盘下跌，午盘后大幅上涨，随后又大幅下跌，至尾盘时涨停。盘中的巨大跌幅显示了空方力量的强大。结合股价位置区间来看，尾盘前的异动是主力出货的信号；而且在随后的滞涨过程中，可以看到筹码快速汇聚，这正是主力高位出货的典型标志之一。在实盘操作中，当个股在这种情况下出现横向滞涨走势时，应及时卖股离场。

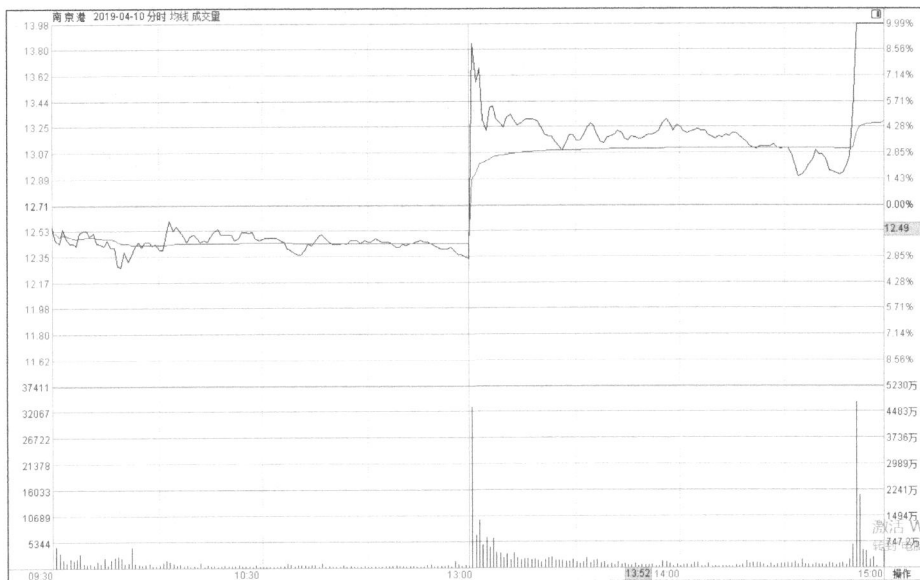

图 8-20　南京港 2019 年 4 月 10 日的分时图

8.8　上海机场筹码形态解读

8.8.1　抄底点：盘整区缩量反弹强势企稳

个股的横向震荡幅度较大，在盘整区内，首先是一波下跌使得大多数筹码处于被套状态；随后出现一波反弹上涨走势，上涨时量能缩小；在短线上涨后的高点，个股能够在短线获利盘、盘整区解套盘的双重抛压下强势企稳。

这种形态是主力因个股盘整走势而能力大增的标志，也表明主力在盘整区进行了积极的吸筹操作，否则个股很难以缩量的方式上穿筹码套牢密集区，也难以在短线上涨后的高点强势企稳。在实盘操作中，这个短线高点就是一个很好的中短线入场点。

图 8-21 是上海机场 2019 年 5 月 27 日的筹码分布图。对于该股的走势，我

们可将其划分为 3 个阶段。首先是盘整区的一波下跌走势，使得密集峰处的筹码均处于套牢状态；随后，该股缩量上穿了这个筹码被套区间，这表明市场浮筹较少；最后，个股于短线高点强势企稳，预示着多方力量较强。

此案例中，盘整区的筹码汇聚度较高，因此，当个股缩量上穿这个筹码被套区时，表明主力的能力较强，我们要做的就是等个股短线回落或横向企稳时择机买入。在实盘操作中，这个短线高点就是中短线入场点。

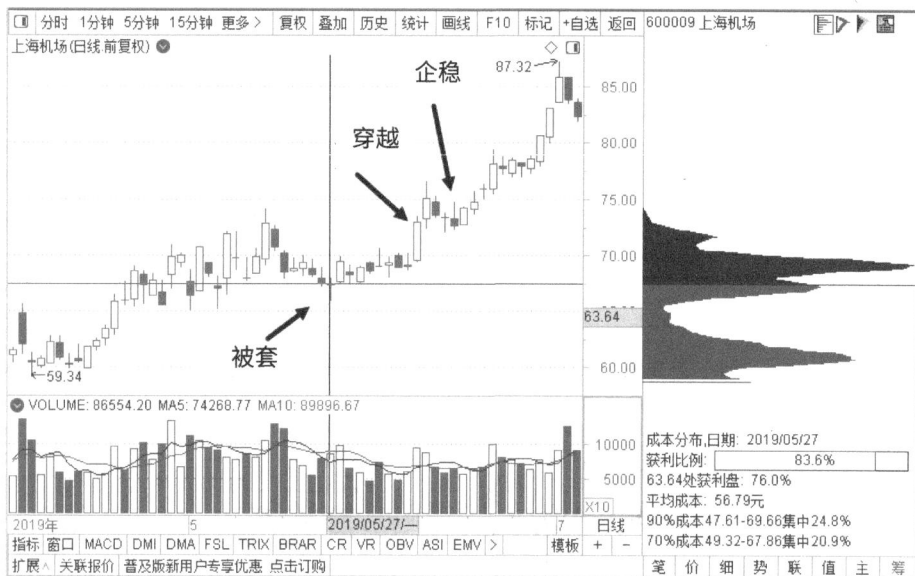

图 8-21　上海机场 2019 年 5 月 27 日的筹码分布图

8.8.2　逃顶点：上攻后单日被套峰快速止损

个股在持续大涨之后于 2019 年 7 月 2 日突然出现了一根低开低走的大阴线，当日量能明显放大。如图 8-22 所示，当日收于放量阴线之后，部分筹码也转移到了这个高位区，从而形成了一个鲜明的筹码短密集峰。

随后，股价未见反弹，且再度下跌，若个股在高位区出现这种状况，则可能是因为市场追涨热情大大降低。而且个股的中短线涨幅巨大，这表明多空力量对比格局也将开始发生变化。在实盘操作中，持股者应卖出离场。

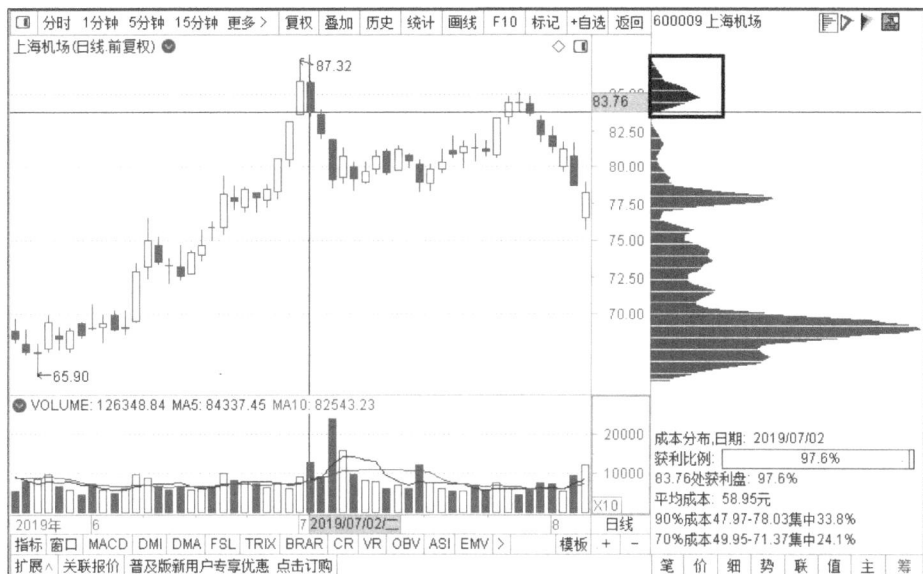

图 8-22　上海机场 2019 年 7 月 2 日的筹码分布图